U0586753

跨文化鲁迅论略

KUA WENHUA LUXUN LUNLUE

刘青汉 著

人民出版社

序 一

汲取健康的精神资源

雷 达

（原中国作家协会创作研究部主任，
兰州大学博士生导师）

　　多年来，本书作者刘青汉一直在默默地从事基督教文化关联中的鲁迅思想的研究。他以澹定的心态，衣带渐宽终不悔般的执著，博览群书，潜心钻研，逐渐形成了自己一套独特而系统的观点。刘青汉发表的文章不是很多，但仅在《鲁迅研究月刊》、《文艺研究》、《书屋》、《文学评论》等刊物上的几篇文章以及在国际学术研讨会上的一、二次发言，即已引起学术界、鲁迅研究界人士的重视。这部书稿《跨文化鲁迅论略》便是他十多年来的心血。

　　在本书中，作者抓住认识鲁迅、继承鲁迅和发扬鲁迅精神的几个重要问题进行了富于开拓性的研究，其中涉及的问题是作者经过长时间资料积累和深切思考所得，因而学术视野开阔，论据确凿可信。有些专题是以前鲁迅研究者较少关注而事实上极其重要的，例如，非暴力问题、爱的问题、宽容问题、忏悔问题、信念问题等等。这些问题或许是"五四"时期就应该大力关注的，然而，"五四"确实存在步履过于匆促，目标过于集中，甚至过于单一的倾向，以致于来不及在关注人心和人的灵魂的正面建设上做出更深广的拓展。从这个角度来看，《跨文化鲁迅论略》一书对鲁迅思想及相关问题的思考让人耳目一新。作者不仅仅在揭露、讽刺、批评方面有所论列，更主要的是，在关于人的正面哺育，灵魂塑造，汲取健康的精神资源方面，作出了创造性的阐发。我个人认为，刘青汉的鲁迅研究成果是较长时段以来，我国现当代文学研究领域里一项独特的重要的学术研究成果。

本书面对和思索了一些极其重要的关乎人类命运的共同性问题。鲁迅思想中关于暴力有过很多言说，鲁迅与暴力之间构成了一个历史、人文和社会性的对峙。一般人似乎过于把鲁迅说成一个斗士了。实际上，鲁迅首先是一个文化人，一个知识分子，一个人文关怀者，一个伟大的思想启蒙者。看鲁迅言说暴力的文章，他是那样敢于直面惨淡的鲜血，而他呼吁的目的则是追求没有暴力的文明社会，他关注的是人在精神上怎样强大起来，在文明和智慧程度上强大起来，在内在品质上强大起来。鲁迅的精神实质当然是非暴力的。作为一个伟大的启蒙者和教育家，特别是在前期，无论面对"王的"、"匪的"、"寇的"时代，还是面对所谓"太平盛世"，鲁迅首先是个极端厌恶暴力的非暴力者；而放在与基督教文化的对观中，我们发现，鲁迅的和平姿态，对众生的怜悯、同情与关爱，都显现出久远的价值。在这些方面，书中的论证是精辟的，透彻的，这在鲁迅研究领域是一个新的突破点。在著名的"幻灯片事件"中，我们知道，鲁迅意识到，凡是愚弱的国民，即使体格如何健全，如何苗壮，也只能做毫无意义的示众的材料和看客，病死多少是不必以为不幸的，所以我们的第一要着，是在改变他们的精神，使精神好起来，强起来。要透彻领会和准确继承鲁迅的这一思想精神，有必要深入探究这个问题，在今天它仍然有着重要的理论意义和实践意义。

比如关于爱，由于受极"左"思潮影响时间比较长，以前我们怕谈爱，忌讳爱，所吸取的爱的精神资源也是狭隘的和不开放的，仅仅止于阶级之爱或劳动人民的人性爱。实际上，就全人类而言，爱的资源是极为丰厚的，除了老子、孔子、墨子等阐发和提供的中国传统思想的爱的资源以外，基督教文化中爱的资源同样是全人类共同的宝贵财富。虽然你未必作为宗教来信仰它，但全人类所有人都有权利，有可能在这样的文化资源中汲取营养元素，也应该在这样的资源中使自己的心灵向善、向积极、向光明、向安宁、向纯净的品质去训练，去教育。面对人类良好的精神资源，鲁迅的心胸是很开阔的。本书结合鲁迅思想对无条件的、绝对的、永远的爱和有条件的、相对的、暂时的爱加以比较。对要爱你的邻居，要爱你的父母，要爱你的路人，要爱你的敌人的理论的阐释也是非常有意义的。我看到刘青汉在这样的研究中，不失一颗赤子之心。他是关照全人类共同幸福的，是肩负全人类共同责任的，是立足于坚实理论文献基础上的。在任何社会，任何历史阶段，这样的立足点和思考点都有助于人们向善，有助于人生福祉和社会的和谐。

事实上，在中国现当代文学的创作和研究中，对"宽容"的正面价值的阐释也是远远不够的，甚至在一定历史阶段，过于张扬绿林英雄式的鲁莽、狂躁和匪气，缺乏清正精神的根基。某些过激情绪往往是制造个人崇拜、家庭不幸和社会灾难的缘由。实际上，宽容是一种文明素质。胡适说忍耐比自由更重要，个中道理确实需要我们细加体会。不讲宽容的社会是可怕的。"文革"时期的文化和文学特点就好像是一个自命不凡、自以为永远正确、没有人性的专制者在借文学形象以作祟，耳提面命，颐指气使，那种文化认为自己是永远正确的，别人都是错误的，于是他总在无休止地清算、斗争和消灭别人。实际上，当我们在健康的精神资源里仔细看时，我们发现，人人都可能有错，人人都应该朝正确方向努力，但所有人都应该有宽容之心，有怜悯、同情之心，善意地对待他人。在健全的文化资源里，当人认识到人人都软弱，都可能犯错误时，人们就努力建造防止人的欲望膨胀的民主监督的社会机制，建造相关的体制和法律防范机制，去规范人，限制人，保护人。就是说，在健全文化中，人不是把精力放在对这些本性的斗争和消灭上，而是放在对这些本性膨胀的防范上，放在对人心和灵魂的正面引导、哺育和造就上。实际上，宽容是一个社会所有人的人生空间宽松的前提，是人生自由幸福的一个条件。宽容不是纵恶，宽容与助纣为虐完全是两码事。现当代文化与文学的创作者和研究者大都深切地体会过"文革"时残酷斗争无情打击的紧张、惨烈和痛苦，却较少在真正健康的精神资源里体味宽容、美好的人生境界。刘青汉的有关论述给我们提供了温馨而精警的启示。

本书一开始就提出了一个重要的学术问题：鲁迅研究的背景资源是什么？研究鲁迅究竟应该从哪里开始？应该站立的基础是什么？应该选取的角度是什么？刘青汉提出了一些有价值的看法。刘青汉认为，首先要做的，应该是全面地认识人类以往的历史经验，冷静地观察历史，全面地了解历史，避免卷入现时的流行思潮，分辨历史经验中的是非。然后，努力避免重蹈历史覆辙，拒绝历史经验中的负面的、恶的、残暴的、非人道的东西，找到历史经验的价值点，获取真正有价值的思想资源，这样才能真正进入要研究的对象。在进入研究之前要做的工作是如此漫长，如此重要，在动手写作之前进行的思考是如此谨慎。这就是刘青汉的学术性格。

确实，作为一个学术研究者，我们必须保证，首先不要重复历史的错误。学术研究的目的之一就是以研究对象提供的资源给后人以启发，那么，历史人生已经表明是可怕的东西，比如暴力，在我们对研究对象的思考和探讨中就应该明确否定；而历史经验中最可宝贵的却还没有被充分发扬的精神品质比如爱，在我们的研究中就应该是价值附着点。同样重要的是，我们用于研究的，用于思考的基础的思想资源是什么的问题。首先，现当代文学的思想资源应该是广泛的、全面的和开放的，应该面向全人类，应该关涉普遍人生（人为地限制或规定都不利于思想，不利于阐明问题）；其次，应该是文化眼光、文明理想和学术立场的（其他眼光往往是对探讨真实问题的干扰）；再次，应该是正面建设的（揭露、批判、讽刺当然有益处，但更好的是同时专注地进行正面建设）。人生苦短，人人都把精力集中在建设上时，社会状况就会更趋向于良性循环。

本书密切关注人心和人的灵魂的正面哺育和建设，这或许是整个中国现当代文化和文学研究中最紧迫和最关键的一环，在这一点上，该论著的价值是突出的。作为刘青汉读博期间的导师，本人并非鲁研学者，只是鲁迅作品的忠实读者和鲁迅研究的关心者，因而对于本书，我不是一个够格的理想的评论者。我恳切希望更多学者关注这本论著，也希望更多学者关注我们时代诸多真正有价值的学术成果。

2007 年 7 月 24 日于北京

序 二

孙 郁

（《鲁迅研究月刊》主编，鲁迅博物馆馆长）

    自从出现了鲁迅，我们这个民族才有了类似释迦牟尼、耶稣式的人物。一部《鲁迅全集》疏散的热力，我有时觉得类似于《圣经》那样的经典，后人在此唤起的思想是众多而巨大的。去年夏天的时候，读到兰州刘青汉先生的博士论文，写的就是鲁迅与《圣经》的话题，谈爱与暴力问题。那本精神力度很强的论文，让我生出了诸多感想，因为自知无力做这样的研究，所以对刘青汉的劳作很是敬佩，也从他的文字里读出了大的忧患与爱意。我知道选择类似的题目还涉及信仰的维度，他就是燃烧在这里的。唯学术而学术的影子在信仰者那里是不存在的。深味鲁迅者，在气质上也有类似的特点的。

    现在，刘青汉关于鲁迅的厚厚的专著完成了。在浏览了他大量的文字后，一条进入鲁迅神秘世界的通道在此打开了。先前人们写鲁迅，缠绕思想的多是暴力美学与血色的目光。似乎爱的影子与忏悔的影子隐没了。而鲁迅的迷人之处，恰恰是那挥之不去的悲悯，非暴力的激情。看到了这一点，大约也就明白了先生何以持幽愤深广与横眉冷对的人生态度。因为人性的美不得生长，于是才有呐喊的声音，自己背着沉沉的重负，用躯体融化着一点点冰水，去滋润着枯萎的土地。

唯有大爱者，才能对众生有忍辱负重的选择。刘青汉的文字里，处处着眼于爱心的鲁迅，从其苦楚里读出美的怜爱，是他内心的期待还是还原了先生的本色呢？从耶稣传统对照着鲁迅，自然能窥见常人不见的风景。一本关于爱的书，如果扬弃了学院八股，那么便生出生命的热流。鲁迅身上，何尝没有这样的热流？

康德以来的哲学家们，大多是反暴力的人道者。然而不幸的是，人类一直未能真正意义地远离屠杀、凌辱与摧残。鲁迅的第一篇白话小说，就是对吃人文化的抗议，后来陆续写下的关于死亡与寂寞的文字，大多是与杀戮有关的。有人曾不满意于鲁迅文字的血迹，以为阴冷得让人战栗。似乎他愿意深深地咀嚼着这些。然而鲁迅一生恰恰厌恶恐怖与流血。他最动人的文字，就是那些悼念被杀者的。《记念刘和珍君》、《为了忘却的记念》、《淡淡的血痕中》等都是。中国的雅士们要是写悼文时，只会哀人生之无常以及带泪的痛惜。而鲁迅却以自己的泉涌般的热流，照着惨淡的世间，又剥下了屠夫们的外衣，将屠刀的寒光和血的躯体呈现于人前，残酷的语体内是空旷苍凉的咏叹。这些文字，正人君子们怎么会写出来呢？然而浅薄的批评家却冷冷地说：鲁迅的内心是恶的。

反驳那些怪论并不需要多少文字。你如果看到鲁迅译介的那些文章、书籍，以及其整理的古籍、书画，爱者的面容便会浮出来，才知道写了血腥文字的人，原来有那么多柔软的存在。他自年轻时，就不愿看到暴力。当有人劝其加入刺杀团时，竟被拒绝了。精神深处是不忍卷入暴力冲突的，那不是美的所在。人要选择的是爱的生活。不幸的是，鲁迅一生就一直生活在白色恐怖中。一九二七年的清党，三十年代左翼被压，自己的遭受通缉，以及友人的纷纷遇难。这些构成了一个网，罩着他的世界。那时的文人，要么逃逸到象牙塔里，轻轻地说几句缥缈的梦话，要么充当着杀手，去剿杀别一类的人们。而鲁迅却站出来，和一切恶的力量周旋，以致把生命的油熬尽了。毁掉了绿色的与切断了河脉的暴力者，最后也用自己的血淹了自己。反暴力的鲁迅却在棘丛里拓出了精神的绿洲。

我读到刘青汉的著述，看到他从基督教文化的对比里打量鲁迅遗产，被其激情深深地感染着。因为有了上帝的概念及参照，一些关于鲁迅精神的模糊的背景清晰了。耶稣的形影与鲁迅的形影也久久萦绕在脑际。从鲁迅的文本讲鲁迅，有些话语是说不清楚的。但引入了希伯来文明的长卷，鲁迅的高与低，明与暗就清楚了许多。比如人性恶的问题，是靠善人来拯救呢，还是上帝的力量？不相信上帝的鲁迅何以有着耶稣类似的苦难感，而解脱的路径又是如此不同？我知道在直面人性问题与忏悔问题的时候，刘青汉有自己的思路。他一方面希望从上帝的爱里寻找出路，另一方面又试图靠鲁迅式的悲悯感调整自己。而且他在敬佩鲁迅的同时，也隐隐地觉出我们现代文化中所缺少的东西。那些不仅是鲁迅那代人所缺少的，也是我们现代人急需寻找的存在。我以为作者是有了目标的人，虽然我还不能完全领略这个目标，但在他的智性和布道式的激情里，我意识到了他的文字的力量。应当有更多的人关顾这本书，在一个精神贫瘠的环境里，和这样的文本相逢，我们的心将会在跳跃里抵达另一个天地。

许多研究鲁迅的人，最困苦的是无法说清他的世界的神异性的存在。当用希伯来文明这个镜子关照鲁迅时，一些盲点就会被照亮了。当然，假使还有对佛教文化的对比，民间图腾意识的对比，问题也许会更清楚。刘青汉在借着鲁迅的话题和基督教文化的话题，其实在讨论我们的灵魂的奥义。这是一本启导的书，一本忘我的书。其间讨论鲁迅的地方，尤让我一爽。虽然对基督教文化，我自己还是个无知者。但我相信细读过鲁迅的人，都不能不发现其中和耶稣相近的柔性的伟力。刘青汉从这里甚至读出了《旧约》里的神启。当黑暗压来，自己一无所有的时候，以生命的躯体肉搏着浓浓的夜，不也正是拯救着自己与他人？于是你也就可以理解，不主张暴力的鲁迅，何以关注着抵抗的意义；同情革命者的他，又为什么反复强调革命乃为了让人活，而非死？鲁迅表达暖意的时候，恰恰多是在灰暗里挣扎的时刻；恰恰也都在人们厌恶的沉默的语境里；恰恰是在所有的人陷入"瞒"与"骗"中……感知这样一个先行者，必须放下前定的各种语言，因为先生就是放下了各种先验词语的人，由于放弃，而得以飞腾，于是沐浴在太阳的光泽里，而那些讥刺与痛斥他的名流、学者们，却在脸上涂满了灰色。

　　刘青汉是解析了此一现象之谜的跋涉者。我在他的书里读出了沉重，也触碰到纯情的暖流。而且可贵的是，他有时并不完全依傍在鲁迅那里，同时又紧紧地追溯着鲁迅传统。追溯鲁迅，倘有了沉重中的暖流，便也可能得以光源的惠泽。鲁迅说，天太冷了，以文字喻为"热风"。发光与发热，乃大爱者的馈赠。我们是不是也由此自省：多多地馈赠别人？哪怕一点，也是好的。

2007 年 1 月 6 日于北京

目　录

跨文化

鲁迅论略

第六论题　不同姿态的疗救

附　近二十年来基督教文化关联中的鲁迅研究综论

第 一 论 题

鲁迅研究的资源背景

　　鲁迅研究的前提是拥有和站立足以让人把道理讲透和足以让人把道理听懂的全人类健全的文化资源、精神资源、思想资源、心灵资源及生命资源。

　　鲁迅研究的资源应该很多,鲁迅研究的背景应该宽广。以往鲁迅研究所使用的资源不够完备、不够健康、不够丰富,所站立的背景较为狭窄。认知和研究人类的而不仅仅是民族的思想,应具备的人类的而不仅仅是民族的思想资源自身首先应该是有价值的,资源本身应该拥有面向人类公共的知识学要素和是非善恶的价值判断系统,整个参照背景应该是全人类共同的历史经验。作为我们研究对象的鲁迅,只有在健全和足够的资源关联中时,其价值意义才可能凸显,才可能让人明白,也才可能被正面接受和发扬。鲁迅研究应该与整个中国精神、中国文化、中国人生的正面熏陶、滋养、哺育、造就与保守关联起来。

　　鲁迅研究,最重要的不是在不健全的、负面的、不足够的和黑暗的文化精神资源里反复咒诅、揭露、批判、否定、颠覆、仇恨、斗争、痛苦和绝望;最重要的是让人在健全的、正面的、足够的、光明的精神资源里滋养、哺育、茁壮、肯定、爱和蒙福。好的精神资源造就好的人生,坏的精神资源酿造坏的人生。人类或一个民族所有问题的根源在于使人成长的精神资源不健全。不健全的精神资源不能滋养健康的人心,不能培育幸福的人生。精神资源是因,不健康的人心和不幸福的现实人生是果。现实中一切的不善、不义、不法、不智慧、不中正、不幸福均源于生长出相关人心和人生的精神资源。至关重要的,不是去揭露、怀疑、批判、毁坏作为果的不好的人心和不好的人生,而是光明地、积极地、清晰地、建设性地看待和吸收作为因的、健全的精神资源。

　　面对鲁迅,面对与鲁迅相关的资源,我们究竟应该把精力放在对果的百般揭示和细致入微地剖析之中,还是应该直接看待和吸收作为正面建构阳光雨露的健全的因？

在鲁迅的生命经历和全部文字之后回望一眼，向真实的现实人生凝视一眼，无论在思想关怀层面还是在人生幸福层面，在恶的文化资源中，你实际上对堆积于鲁迅前后的很多问题都不可能有所奈何。这时，太多感想涌向你的喉咙，关于鲁迅和相关事情。但是，依然源于同一文化源头的关于鲁迅和相关事情的急切话语和痛彻声音已经够多而且响亮，而问题依然如初。实际上，你或许应该明白，冷静比热血澎湃有意义，思考比说话重要，理清头绪比惘然撞墙重要。

鲁迅之后的人文现实是，试图改造国民性者反被国民性改造，试图改革社会者反成了社会改革对象，这里面的缘由很简单。就鲁迅关注的社会人生问题而言，就鲁迅精神的实质而言，鲁迅呐喊和彷徨所站立的、鲁迅之后众多国民性改造声音发出、众多社会改革行动，掀起所依据的"五四"以来的中国文化精神本身究竟在多大程度上不是鲁迅所憎恶和想要革掉的国民性？

研究鲁迅的前提之一是远离针砭时弊，放弃横眉冷对，忍受边缘，防止让自己的胸膛与鲁迅及鲁迅所面对的现实合而为一。你要站立历史背景，你要关注思想根源，你必须防止把生命耗散在无物之阵。让一个民族能够获取珍贵而健康的生命资源，比让一个民族在不健全的资源里困斗要有意义。以国民性精神实质研究国民性问题不能把国民性问题澄清，以国民性改造国民性不能使国民性被改造。拿国民性改造国民性，拿国民性社会改造国民性社会，在其中指望好结果的，只能是更强势的国民性和更强势的国民性社会。以假论断假，以恶改造恶，只能是一个假战胜另一个假，只能是大的恶改造小的恶。

研究鲁迅的现代前提是从社会达尔文主义操纵的"发展"

与"进步"的旷世洪流中游离出来,走下速度与科技的赌盘,让自己的心静下来,拒绝仰望 GDP,拒绝参与毁灭地球。你必须答应首先要珍惜和爱护生命存在的根基。捍卫人类生命存在的根基时,这个捍卫本身就会洞穿使地球沙漠化荒芜化废墟化的"进步"和"文明"的底细。

你要压住慷慨的胸口而在具体的鲁迅面前走开,沉默着走离具体的鲁迅和作为鲁迅主要精神来源的中国习俗文化、游民文化与匪患文化土壤,远离虚假的文士,远离各样的装点、作态与粉饰,走向鲁迅背后的全人类资源背景,特别是与被讲说的中国文化资源多有出入的全人类的精神资源、灵魂资源、思想资源及生命资源。只有经过长时间的安静和思考,经过仔细分辨,经过长时间对负面资源的识别和拒绝,经过长时间对正面资源的吸收和储备,进入、拥有和站立全人类丰富的、全备的、健康的精神资源,只有当你真正具备了思考一个问题起码应具有的知识储备和思想资源,然后,你才敢说你看见了什么,看清了什么。然后,你才可能把问题说清楚,别人也才可能听明白。否则,你的鲁迅研究也无非是原地踏步地重抄鲁迅(现今很多所谓鲁迅学术研究,了无价值。一个基本公式是——题目:鲁迅主张立人,第一段:有人认为或有人不以为或有人可能不知道鲁迅主张立人;第二段:实际上鲁迅主张立人,某作品、某论著第几页有说;第三段:所以,鲁迅主张立人。我希望世界上没有这种学术)。

一把黑发在黑色背景下一片模糊,而在白色背景下秋毫可察。需要进入的人类健全的资源背景不是鲁迅自己站立过的两只脚印,不是安逸于已有历史的不公和不义,而是在历史资源中得到人生启发,而是看见线索,分辨是非。然后,放弃该放弃的,选择该选择的。只有这样,你才能较为准确地看出鲁迅身上的

4

明与暗、益与损、爱与恨、热与冷、破与立、绝望与盼望，你才不至于把鲁迅身上最宝贵的品质看为不足而把可怕的精神看为至宝。只有这时，你才能真正明察鲁迅存在的价值意义，才能使鲁迅的价值意义明确而健康地延展到现代人类的人生建构之中。只有当一个民族知道明确地拒绝负面历史人生经验而选取和坚持正面的、积极的、光明的、温润的、造就人的、建设性的精神资源时，这个民族才能真正走上正路。

张承志说："会有一天到来：那时的人都将认为拷打是重罪，侮辱他人心灵是重罪，仗势行亏是重罪。中国史在那一天将被改写一遍；无论开疆拓土的武功，无论百废俱兴的治世，都将在人道、人性、人心的原则面前重新接受审视。"①王晓明等人曾进行过多年"重写文学史"的讨论，说的是"重写历史"。"重写历史"是应该的、必须的和将来肯定会的，但那需要几代人努力才能真正做到。我这里要说的是，鲁迅研究的起点是全面站立人类的基本资源，重新认识人类、省察人类。如果不老实勘察和梳理全人类都经由的文化、精神、心理、经验、灵魂之基本资源，不真诚面对人生的全部维度，包括一些民族所陌生的神性之维、信仰之维、启示真理之维，要认清鲁迅或正面汲取鲁迅就没有可能。

人类在三本历史书中面目清晰——

第一本：人类野蛮史；

第二本：人类文明史；

第三本：人类心灵史。

---

① 张承志:《张承志文学作品选·心灵史卷》,海南出版社1995年版,第129页。

人类第一种历史资源：野蛮史

人类野蛮史就是由阴谋、野蛮、暴力对宇宙、地球、人类、动植物、人道践踏、侵犯、屠杀的历史，是人类以各种动听或可怕的名目、以各种诱人或骇人的方式向宇宙、人类、真理犯下罪行的历史。

野蛮施发的名义和方式多样而繁杂，野蛮所残及的对象不可穷尽。梳理和认清这一历史是困难的，选取有效的角度和方法亦极重要。我想，在认知人类野蛮史时，可以把它分为若干类别。可以以野蛮施发的不同种类和遭残害的不同种类来分。但是，我实验的结果是，如果把野蛮施发的不同种类清晰地梳理出来，让人们先清楚看到由人类施发出去的野蛮构成的人类野蛮史，然后再把遭受野蛮残害的不同类别梳理出来，让人们清楚看到由人类遭受的野蛮构成的历史，这样一种细致而繁杂的工作，对我来说太难了。我最后选择的较为简洁而又基本上能说明问题的方法是，把野蛮施发者和野蛮遭受者较为粗略地予以对应，突出一个中心意思：人类在人类的各种残暴野蛮里形成了人类野蛮史。这个较为粗略的勾画基于野蛮向人类犯罪的无所不在，人类向人类犯下的野蛮罪行如此之多，以至于我们根本无法把它们分门别类。比如来自寇匪贼的、来自侵略者的、来自军队监狱警察的、来自政府朝廷帝国的、来自元首皇帝的、来自政治党派的；比如以维护治安的名义、以教会教皇的名义、以真理正义的名义、以仁义道德的名义、以工业发展的名义、以科学创造的名义、以经济增长的名义、以现代化的名义；比如以劳动生产方式（如生产各种杀人武器、各种征服自然和改造自然的毒药杀虫剂核废料、空气污染、太空污染等)、以消费方式(如毁坏森林、掠夺榨取挥霍能源、污染生存环境)、以管理方式(奴役、欺压、侮辱、摧残);比如由于无知、由于人性的弱点、由于恶的环境、由于悖逆宇宙规律;比如以物质化来源与精神化来源之不同来分类等等。就我自己的能力而言,我只能粗略勾勒,达到我思考鲁迅的目的就行。

我最终选取三条线索:一、外显暴力屠杀构成的人类野蛮史;二、可视的物化痕迹在人类生存环境中形成的人类野蛮史;三、精神心灵受残害的内化野蛮史。

(一)由外显的暴力屠杀构成的人类野蛮史

暴力政治组织的历史演化为在地球各个角落横天霸地的国家和朝廷的历史,这一历史是人类野蛮史形成的核心。这一历史就是鲁迅说的"自有历史以来的虐政"[①]的历史,是国家朝廷垄断人类的历史。

从古希腊历史学家修昔底德的《伯罗奔尼撒战争史》之类的书中可以清晰看到人类平静家园是如何出现三五成群的盗贼,如何演化为铺天盖地的军兵,铺天盖地的军兵如何演化为王侯将相朝廷政府的。修昔底德说,在古希腊历史中,他所讲述的伯罗奔尼撒战争(公元前431—前404年)"是希腊人的历史中最大的一次骚动,同时也是影响到大部分非希腊人的世界,可以说,影响到几乎整个人类。"[②]在此之前,实际上已经有过一次希腊历史上大规模的战争——希波战争(公元前500—前449

---

① 《鲁迅全集》第6卷,人民文学出版社1981年版(下同),第181页。
② 修昔底德:《伯罗奔尼撒战争史》,上册,商务印书馆1997年版,第1页。

年），历史学家希罗多德在其史诗般的著作《历史》中有追踪性
记录。修昔底德说，在大战之前，被称为"希腊"的国家是不存
在的。希腊版图"在古时没有定居的人民，只有一系列的移
民"，人们生活在没有要塞保护，没有剩余资本，没有商业和交
通的土地上，遇到纷争或入侵（这种入侵是小撮的、民间的），他
们就放弃土地。当时希腊最富饶的地区人口变动最频繁，因为
这些土地使生存于斯的人得到比邻人优越的生活，也就容易引
起纷争。他说"在特洛伊战争以前，我们没有关于整个希腊共
同行动的记载。""希伦和他的儿子们在泰俄提斯的势力增长，"
后来以同盟者的资格被邀请到其他国家，称为"希伦人"，过了
好久以后，这个名称才有了希腊之总称的意思。"关于这一点，
在荷马的史诗中可以找得很好的证据。荷马虽然生在特洛伊战
争以后很久，但是他从来没在任何地方用'希伦人'这个名称来
代表全部军队"。修昔底德说，米诺斯是第一个组织海军的人，
此人控制了一些岛屿，建立了最早的殖民地。这些人实际上就
是海盗，他们把海上劫掠当作一个事业，"海盗的领袖是强有力
的人；他们袭击那些没有城墙保护而分散在四处的村镇；他们以
劫掠这些地区来谋得他们大部分的生活。""同样武装行劫的事
情在大陆上也流行"①。修昔底德说，海上行劫的人控制的殖民
地越来越多，后来就建立了海军，他们的财富不断积累，他们就
建立了城市。弱者越来越遭受强者的统治，那些因为获得财富
而势力强大的人渐渐成为城市的霸王。先壮大的海盗演化为军
队，自称为军队的人在掠夺还未壮大为军队的人时所使用的所
谓军舰完全是由未变为军队之前的海盗使用的海盗船改造而

———

① 希罗多德：《历史》，上册，商务印书馆 1959 年版（下同），第 3—4 页。

来。① 就这样,希腊的海军及其掠夺来的财富就成了后来希腊帝国的基础。

在此意义上,修昔底德"希腊国家由僭主们统治"之说就不难理解了②,而"僭主"的"主",在我看来,就是普天之下所有拥有自己家园的普通百姓。一些地方的僭主政治出现之后,小的僭主政治集体不断纷争,几经战乱,最终形成了诸如希腊、斯巴达这样的强大国家。③ 阿庇安在《罗马史》里说,公元前 753—前 265 年,即从罗马城的建立到意大利统一的五百年历史之后半段,罗马人实行的是新兴贵族的君主政治。盖约[朱理亚]·恺撒打败了其政敌庞培(公元前 48 年)而成为共和国真正的绝对统治者,但他还是被称为"大元帅"(imperators)这样一个军中总司令的称号而不是被直接称为国王。阿庇安说,在他写《罗马史》的二百年之前出现了帝国皇帝,二百年内,罗马帝国用暴力向外扩张,就出现了阿庇安认为广大、繁荣、伟大的罗马帝国时代。这一时期的罗马帝国是如此辉煌,以至于阿庇安说,"纵或我们把希腊史中最光荣的时代——大流士入侵以后雅典霸权、斯巴达霸权和底比斯霸权等相连续的诸时代当作一个时代,进一步把阿明塔斯的儿子腓力在希腊的霸权包括在内"——都不能与罗马帝国的辉煌相比。阿庇安所讲的这种武装势力由小变大,势力头目的名称由卑微到尊贵渐变的过程,正是由人攻打人,到帮攻打帮,再到国攻打国的野蛮暴力渐行壮大横行的历史。阿庇安以自豪口气夸赞的罗马帝国的辉煌实际上正是暴力的杀人越货,其疆域从西面海洋到高加索山脉和幼发拉底河流

---

① 希罗多德:《历史》,上册,第 12—15 页。
② 希罗多德:《历史》,上册,第 13—14 页。
③ 希罗多德:《历史》,上册,第 15 页。

域,通过埃及、埃塞俄比亚到阿拉伯以东,同时还包括地中海中所有岛屿及西面海洋中的不列颠。①

几乎所有的史书都对此有过关注。斯塔夫里阿诺斯的《全球通史——1500 年以前的历史》说,"早先,当一个公社偶遇外来进攻的威胁时,这个公社的成年男子便举行大会,选举一人担任这一非常时期内的战争领导人。但是,随着和平的间隔时间越来越短,这些战争领导人的任期便越来越长,直至成为永久的军事首领,最后当上国王"②。农具金属如何变为盔甲和其他武器、大批军队如何被招募、城市四周的城墙如何高起来和厚起来、王权和宫廷怎样复杂化禽兽化,在斯塔夫里阿诺斯的述说里有明确的显现。

翻开古罗马历史学家苏维托尼乌斯著的《罗马十二帝王传》、阿庇安著的《罗马史》、恺撒著的《内战记》③、法国历史学家雷纳·格鲁塞著的《蒙古帝国史》、美国历史学家普雷斯科特著的《秘鲁征服史》等重要历史著作,你会发现,人类野蛮历史在地球不同区域和不同时间里的惨烈景象如出一辙。阅读这样的黑暗历史,我心里反复不断地在想:这样的血腥历史怎么可以被如此众多、如此严谨而有学识的历史学家指称为"文明史"?在历朝历代残暴政府的垄断压制下,人类普通民众真的连对历史认知的起码感觉都丧失尽了吗?我一边在读,一边在想,把人类野蛮历史的真面目让人类看清,对认识和阐释鲁迅是多么重要。

以朝廷国家的名义,以国王元首的名义构成的令人毛骨悚

---

① 阿庇安:《罗马史》,上册,商务印书馆 1997 年版,第 14—15 页。

② 斯塔夫里阿诺斯:《全球通史——1500 年以前的历史》,吴象婴、梁赤民译,上海社会科学院出版社 1999 年版(下同),第 112 页。

③ 恺撒:《内战记》,商务印书馆 1999 年版。

然的野蛮残暴在《罗马十二帝王传》里面目清晰。自称为和被人民尊奉为"祖国之父"而被他的老师称为"掺和着血的污泥"①的那个冷酷残暴的提比略王几乎没有一天不在杀人。苏维托尼乌斯说,提比略的残忍行为根本无法写尽,因为那个人的残忍"无所不及,从不放过任何机会"。"任何罪过都处以死刑,哪怕是为了几句简单的话"②。一些人常常因把某个国王的雕像换了一下摆放位置,或因带着印有奥古斯都王肖像的戒指或钱币去厕所等被认为不干净的地方,或在奥古斯都雕像附近干了什么不体面的事情,或因为据说在某一首诗、一出悲剧、一本历史著作中说了什么话,而惨遭屠杀的人不计其数。一处记载说,"那些遭处死的人无一不被抛置格马尼埃,并被用钩子拖至第伯河中。每天被处死的总有 20 人,其中包括妇女儿童,"而那些妇女儿童是怎样地被折磨、被绞死更是不堪言说。提比略处死他的犯人时极尽卑鄙而对所谓犯人使用难以言说的酷刑,各种名目的大屠杀都残忍得不可思议。他召集大批人钻研和实施奇异古怪的酷刑,而当无数人被折磨屠杀之后,那些技艺高超的刽子手们也要被成批屠杀。当他命令把那些人扔到海里之后,"由水兵等在下面用带钩的篙和桨砸碎犯人的身躯"③。大规模的株连、灭口运动在提比略的手中就如同家常便饭。

伟大的盖乌斯·卡里古拉王也具有众伟大之王共有的残暴品质。"当角斗场喂养野兽用的牛肉涨价时,他(盖乌斯·卡里古拉王)便挑选罪犯作野兽的食物"④。盖乌斯·卡里古拉王把

---

① 苏维托尼乌斯:《罗马十二帝王传》,商务印书馆 2000 年版(下同),第142 页。

② 苏维托尼乌斯:《罗马十二帝王传》,第 145 页。

③ 苏维托尼乌斯:《罗马十二帝王传》,第 145—146 页。

④ 苏维托尼乌斯:《罗马十二帝王传》,第 170 页。

许多人用烧红的烙铁烙上印记进行折磨或抛给野兽，"他还把一些人像野兽一样爬着关在笼子里，或锯成几段"，"他命令连续几天当着自己的面用链条鞭子打监管角斗比赛和饵售的监工，直至他的头部化脓，让他闻到恶臭时，他才杀死他。……一位罗马骑士在被抛给野兽时大叫无罪，他把他带回来，割断他的舌头后再抛给野兽。"①"他想把一位元老院议员劈成碎片，因而收买一个议员在这个元老走进元老院时对其进行突然袭击，指控他为公敌，用铁笔戳他，然后把他交给其余的人乱刀相加，直至看见死者的四肢和碎块、内脏被拖过大街小巷，最后堆到他面前时，他的残酷兽心才感到满足。"②在处死他的犯人时，这个伟大的王几乎总是下命令先致其轻伤，慢慢折磨让其受煎熬，在漫长无度的痛苦中，犯人们向伟大的王的唯一请求就是速死。维特里乌斯王嗜血成性，他在连年的战场上走过，看见武器狼藉、烂尸遍野，他陶醉地说："敌人的尸体飘香，我们公民的尸体更芬芳"。③ 有人在向维特里乌斯王请安时被这位王处死，他随即命令人当着他的面杀之，他说："寡人想一饱眼福"。④

嗜血不是这些王们生活中偶然的或突发的事件，而是他们每天的家常便饭和每一时刻的呼吸。朱里乌斯王为了纪念他的女儿、提比略王为纪念亡妻而举行声势浩大的剑斗士角斗比赛，让那些为奴的壮汉互相残杀⑤。那个"祖国之父"，伟大的奥古斯都王常常举办剑斗士角斗，在市中心广场、圆形剧场、大斗技场、会场，但他更嗜好的是人兽相杀。有一次，"5 个穿便服的鱼

---

① 苏维托尼乌斯：《罗马十二帝王传》，第 171 页。
② 苏维托尼乌斯：《罗马十二帝王传》，第 172 页。
③ 苏维托尼乌斯：《罗马十二帝王传》，第 293 页。
④ 苏维托尼乌斯：《罗马十二帝王传》，第 295—296 页。
⑤ 苏维托尼乌斯：《罗马十二帝王传》，第 15 页。

网角斗士在与5个全副武装的追击角斗士决斗时不战而降;但当他(盖乌斯·卡里古拉王)下令处死他们时,其中的一个鱼网角斗士拿起三齿鱼叉,刺死了所有的5个获胜者",这时,王嗜血的心才略略得到满足①。

不分青红皂白,因着一丝怀疑或偶发情绪或临时一念或干脆是为了开玩笑取乐而滥杀无辜,是王们的一个基本品质。那个尼禄王仅仅为赌博消遣而纵火焚烧了整个罗马城,罗马14个市区中3个市区片瓦不留,7个市区部分烧光,人畜伤亡不计其数②。

罗马史或许是人类历史的一个缩影,"确实,整部罗马史从头开始一直是一长串的暴行和事件,它的第一章便是罗穆如斯(Romulus)杀其父来穆斯(Remus),罗马史之中没有公义。"③

印度的阿育王正在用刀剑折磨他的一个敌手,他的爱妃慢慢走到他跟前,他停下来,爱妃温柔地把他的右手拉过来放在她的小腹上,阿育王感觉了片刻,"啊!我有儿子了!"他迅猛地举起一只手,"我要交给他宝剑!我要让他成为一个真正的男人!我要让他做王!"爱妃怯怯地说:"如果是个女孩呢?""不!"阿育王断然说:"我要他是个男人,我要给他宝剑!"他怒不可遏地扬长而去。王要的是继承他杀人宝剑的屠夫。

尼采说,"最早的'国家'就是作为一个可怕的暴君,作为一个残酷镇压、毫无顾及的机器而问世、而发展的,这个过程一直发展到民众和半兽们不仅被揉捏、被驯服,而且已经定了型。我使用了'国家'一词,我的所指是不言自明的:有那么一群黄头

---

① 苏维托尼乌斯:《罗马十二帝王传》,第173页。
② 苏维托尼乌斯:《罗马十二帝王传》,第250—251页。
③ 汉斯·昆:《基督教大思想家》,社会科学文献出版社2001年版(下同),第85页。

发的强盗,一个征服者的主人种族,他们按照战争的要求自行组织起来,他们有力量进行组织,他们毫无顾及地用可怕的爪子抓住那些或许在人数上占据优势,但却无组织的漫游人种。地球上的'国家'就是这样起源的。谁能发号施令,谁就是天然的'主人',谁就在行动上和举止上显示粗暴"①。

托尔斯泰说,"每一个政府所赖以存在的条件,就是准备全力实现其意志的武装者,和受过某种教育的一类人,他们所受的教育就是如何杀死上司指示要杀死的人。这些人——就是警察,而主要的是军队。军队不是别的,它乃是一个严守纪律的凶杀组织。它的训练课就是如何杀人,它的胜利就是屠杀。……有史以来,所有的执政者从罗马大帝到俄国和德国的君主,他们最为热心的就是军队。……当人们认为政府豢养军队是为了抵御外来入侵时,他们忘了,政府对军队的需要首先是为了防御国内的被压迫者和陷于被奴役状态的臣民"②。托尔斯泰说,在政府和军队名义下的犯罪是人类最毒恶的犯罪,又是最被伪装、最被涂抹上正义色彩的犯罪。而经规范化、系统化、职业化训练的军队,到了一定程度时,纯粹就成了没有脑子的杀人工具。"假如我的士兵开始思考的话,军中将空无一人",国王弗里德里希二世曾经说③。

这种野蛮史分布在人类历史的各个时期和各个地域。在中国,《尚书·皋陶谟》记载,五帝时,有"有邦"、"一日"、"二日"、"兢兢"、"业业"等五种死刑。"有邦"是用火烤熟犯人供人食用,"一日"是将犯人绑于十字架而砍下其头颅和四肢,"二日"

---

① 尼采:《论道德的谱系》,三联书店1992年版,第64页。

② 列夫·托尔斯泰:《生活之路》,王志耕译,漓江出版社1998年版(下同),第332—333页。

③ 列夫·托尔斯泰:《生活之路》,第333页。

是将犯人绑于十字架而任其死去,"兢兢"是用矛刺犯人之喉致其死,"业业"是削碎犯人全身的肌肉①。秦代有"罪夷三族"的刑法,酷不堪言。隋炀帝时,谋反者罪及九族,车裂犯人,枭首示众,并煮犯人肉令公卿以下文武大臣食之。明朝时,对谋反者,凡共反男性,一律凌迟处死。凌迟之刑要割犯人 3357 刀②。不是为了说明问题,这样残酷的史实确实不是人愿意提及的③。

鲁迅说,中国的历史是"独夫的家谱"和"相砍书"④说,中国的"国魂"就是"官魂"和"匪魂",中国历史就是未做官的"匪"和由匪摇身一变的"官"承前启后、涂炭生灵的历史。中国传下来的二十四史实际上就是记载阴谋诡计和野蛮屠杀的历史。中国的野蛮史在鲁迅的视域中比在许多中国史家的视域中更加清晰分明。鲁迅说,"自有历史以来,中国人是一向被同族和异族屠戮、奴隶、敲掠、刑辱、压迫下来的,非人类所能忍受的茶毒,也都身受过,每一考察,真教人觉得不像活在人间。"⑤鲁迅说:"日本幕府时代,曾大杀基督徒,刑法很凶,但不准发表,世无知者。到近几年,乃出版当时的文献不少。曾见《切利支丹殉教记》,其中记有拷问教徒的情形,或牵到温泉旁边,或热汤浇身;或周围生火,漫漫的烤炙,这本是'火刑',但主管者却将火移远,改死刑为虐杀了。中国还有更残酷的。唐人说部中曾有记载,一县官拷问犯人,四周用火遥焙,口渴,就给他喝酱醋,这是比日本更进一步的办法。现在官厅拷问嫌疑犯,有用辣

---

① 马丁·莫内斯蒂埃:《人类死刑大观》,漓江出版社 1999 年版(下同),第 11 页。

② 马丁·莫内斯蒂埃:《人类死刑大观》,第 2 页。

③ 酷刑过于惨烈,笔者不愿过多引用,如莫言《檀香刑》述说的,如包振远、马季凡编《中国历代酷刑实录》(中国社会出版社 1998 年版)讲到的。

④ 《鲁迅全集》第 3 卷,第 17 页。

⑤ 《鲁迅全集》第 6 卷,第 180 页。

椒箭汁灌入鼻孔去的,似乎就是唐朝遗下的方法,或则是古今英雄,所见略同。曾见一个因在反省院里的青年的信,说先前身受此刑,苦痛不堪,辣汁肺脏及心,已成不治之症,即释放亦不免于死云云。……但现在之所谓文明人所造的刑具,残酷又超出于此种方法万万。上海有电刑,一上,即遍身痛楚欲裂,遂昏去,少顷又醒,则又受刑。闻曾有连受七八次者,即幸而免死,亦从此牙齿皆摇动,神经亦变钝,不能复原。"①

这样暴力血腥的社会状况绝不是中国历史中的一个片段或一个所谓特殊时期。鲁迅说,"我们不必恭读《钦定二十四史》,或者入研究室,审察精神文明的高超。只要一翻孩子所读的《鉴略》,——还嫌烦重,则看《历代纪元编》,就知道'三千余年古国'的中华,历来所闹的就不过是这一个小玩意。"②鲁迅说,在中国历史的尘埃中随便翻出两本书,你就会让中国人无缘无故毫无意义的杀人,为杀人手段之出奇的繁多和出奇的酷烈而震惊。鲁迅提到的《扬州十日》、《嘉定屠城记略》、《朱舜水集》、《张苍水集》等书中所记的屠杀③,就如同中国人共知的和外国人可以在普通书中看到的秦始皇的焚书坑儒、日本人的南京大屠杀、希特勒的血洗犹太人一样,暴力屠杀是中国社会在任何所谓"治"和任何所谓"乱"的时代一以贯之的全程化遭遇。在这样的遭遇里,中国人几乎未有过喘息的机会。在这样的历史里,你随便截取一段,稍稍用心看看,就会铭心刻骨地知道,野蛮暴力在中国人的生命里是怎样可怕地延续下来。鲁迅有一篇《病后杂谈》的文字,说的是随便翻翻史料,在中国人看来极小

---

① 《鲁迅全集》第5卷,第14页。
② 《鲁迅全集》第1卷,第211页。
③ 《鲁迅全集》第1卷,第221页。

的社会动荡里实际上暗藏着过于残忍的屠杀。鲁迅翻了几本明末清初的野史《蜀碧》、《蜀龟鉴》、《安龙逸史》，关于张献忠实施的剥皮酷刑："又，剥皮者，从头到尻，一缕裂之，张于前，如鸟展翅，率逾日始绝。有即毙者，行刑之人坐死"①。鲁迅说，中国医书之人体五脏图粗糙得见不得人，但虐刑的方法却极为精细。关于孙可望式的剥皮："可望得应科报，即令应科杀如月，剥皮示众。……应科促令仆地。剖脊，及臀，……及断至手足，转前胸，犹微声恨骂；至颈绝而死。随以灰渍之，纫以线，后乃入草，移北城门通衢阁上，悬之。"②野蛮惨不忍睹。

　　有些历史书对人类历史的基本真相作了尽可能切近的描绘，一些历史事件还是被如实记载下来。如阿庇安的《罗马史》里所记许多事件是作者亲历的、或调查过的、或见于许多资料而被认为是可信的。如 R. G. 柯林武德《历史的观念》所努力的，就是要让人类通过认识历史来认识自己，认识真理。但是，更多历史书，如古希腊历史学家阿里安的《亚历山大远征记》③等直截了当地把杀人和干坏事当作正当的事来指称，把由各种名义下刀剑屠杀的历史统统归于人类文明史。克劳塞维茨给战争的定义是："战争是迫使敌人服从我们意志的一种暴力行为"，他说，战争是政治的工具，战争是"暴烈性、仇恨感和敌忾心"，这种"盲目的自然冲动"是有计划、有预谋的政治行为④。他说，使敌人无力抵抗是战争的目的，入侵、损害和疲惫敌人是战争的主要手段。这一切似乎都是正当的。杀人越货、涂炭生灵在"战争"的名义下似乎成了可以招摇过市的光明正大的事。如此这

①　《鲁迅全集》第6卷，第165页。
②　《鲁迅全集》第6卷，第166—167页。
③　阿里安：《亚历山大远征记》，商务印书馆1979年版。
④　克劳塞维茨：《战争论》，第46页。

第一论题　鲁迅研究的资源背景

般的表述出现在大量有关国家、政治、革命的历史书中,所有骇人听闻的屠杀在国家朝廷政治党派的名义下进行时,血腥和惨烈居然成了正义与合法。德国历史学家维尔纳·施泰因编著的《人类文明编年纪事》把人类历史上最阴森野蛮的部分书写为"人类文明"的"政治和军事分册"①。美国历史学家爱德华·麦克诺尔·伯恩斯、菲利普·李·拉尔夫《世界文明史》、美国历史学家路易斯·亨利·摩尔根《古代社会》、英国历史学家汤恩比《历史研究》、美国历史学家 C. 沃伦·霍莱斯特《欧洲中世纪简史》等都把暴力血腥的开始视为人类文明的起源,把暴力横行的历史视为人类文明的进程。"历史往往被人当作'过去的政治'来对待。其内容主要局限于战役和条约、政治家的个性和政策以及统治者的法律和命令"②。爱德华·麦克诺尔·伯恩斯、菲利普·李·拉尔夫说,"有些古代国家显然是由于战争活动而形成的,就是说,它们是为了征服、为了抵抗侵略或者为了把侵略者赶出国土而建立的","只要考察一下现代战争(包括进攻性和防御性战争)对扩大政府权力的作用,就可以看出类似的影响当初在促进国家形成方面会是怎样起首要作用的"③。"战争"一词把人们与野蛮暴力的真实含义隔开了,人们遭灾难于其中,但人们似乎是与此无关的旁观者。警戒和防止国家、政府、制度名义下的杀人应该是全人类所有人、所有政府的人生使命和工作责任。

---

①　维尔纳·施泰因:《人类文明编年纪事》,中国对外翻译出版公司 1992 年版。

②　爱德华·麦克诺尔·伯恩斯、菲利普·李·拉尔夫:《世界文明史》,商务印书馆 1990 年版(下同),第 5 页。

③　爱德华·麦克诺尔·伯恩斯、菲利普·李·拉尔夫:《世界文明史》,第 24—25 页。

人类最骇人听闻的大屠杀都是在政府的精心组织安排下进行的,都是在合法政府机构的合法操作中进行的,政府组织都会使杀人看上去比想象的更神圣、更正义、更规范、更合理、更富有激情,都会使被杀者更加无处藏。而就参与杀人的人而言,政府的组织使所有的杀人者都只不过是被安排在一个相关的"工作岗位"上,具体的杀人者只不过是在干一个与工资相关的工作或在遵守一种工作纪律。因而,杀人者的罪恶感在根本上降低或干脆消失,使杀人变成了政府领导下的一个正常工作或者一项特殊而光荣的任务。希特勒的犹太大屠杀就是如此。造伪、行恶、仇恨被体制化、正义化,仇恨被合理化,斗争被日常化,行凶杀人被职业化,干所有的坏事都被国家体系解释为伟大正确。库佩尔(Leo Kuper)在《种族灭绝:它在二十世纪的政治用场》(Genocide:its Political Use in the Twentieth Century)中说:"行政部门将它稳妥的计划和官僚体系的彻底性融入了其他的等级体系中。从军队中,毁灭机器获得了其军事上的精确、纪律和冷酷。工业的影响则突出表现在会计、节约、废物利用以及屠杀中心等类似于工厂的效率。最后,纳粹党为整个机器配置了一种‘理想主义’、一种‘使命’感和正在创造历史的观念……,实际上有组织的社会的角色很特殊。尽管极大程度地被卷入到了集体屠杀之中,这个官僚机器之庞大物仍然注重正确的官僚程序、精确定义中的细微之处、官僚约束的细枝末节和对法律的遵从。"①纳粹党卫军总部负责屠杀欧洲犹太人的部门被命名为经济与管理厅(the Section of Administration and Economy),专门开设了一个大规模杀害无辜的屠宰场,其命名却是一个简单的政府机构。

---

　　①　鲍曼:《现代性与大屠杀》,杨渝东、史建华译,译林出版社 2002 年版(下同),第 19 页。

希尔博格在《欧洲犹太人的毁灭》一书中说:"德国的刽子手并非德国人中的特别一类……我们知道,管理计划、司法结构和预算系统的特性排除了将全部人员进行特殊选择和特殊训练的可能。秩序警察部门(the Order Police)的任何一员都可能成为一个犹太人隔离区或者一列火车上的警卫。帝国安全总局的每一个律师都被认为胜任领导机动屠杀机构;每一个经济管理总局的财政专家被派往死亡集中营服务都是一个很自然的选择。换句话说,所有必须的行动都是通过周围随手可得的任何类型的人来完成的。"一个普通的社会公民为什么能成为杀人集团的刽子手? 因为社会会制造一些条件使杀人看上去是合理的,使被杀者看上去是有罪的。比如:暴力被赋予权威、行动被例行化、受害者被剥夺人性。也就是说,暴力是通过合法政府部门的正式命令来实现,暴力是通过法律、规则、条理、政策来执行,受害人被强大的意识形态机器剥夺其天赋的人权和尊严,被意识形态的话语指称为罪该万死[1]。

从屠杀的规模和残暴的程度,从理性推断的缜密、技术手段的高超、组织机构的规范到人类良心被洗劫的程度,政府机构煽动、策划和组织的集群的大屠杀比任何个人密谋的屠杀都更可怕。"让我们考虑以下数字。德国政府大约杀害了六百万犹太人。按平均每天杀害一百人的速度计算,需要将近两百年的时间。群众暴力所依赖的错误的心理基础,依赖的是狂暴的情绪。人们可以被激怒,但怒气不可能持续两百年。……彻底的、全面的、无遗漏的屠杀需要用官僚机构代替暴徒,用服从权威来代替蔓延的狂暴。必不可少的官僚体系无论在极端的反犹主义者还是温和的反犹主义者的驾驭之下都会很有效率,显著地拓宽预

---

[1]　鲍曼:《现代性与大屠杀》,第28—29页。

备役的范围;它会通过组织化的例行行为,而不是通过唤起激情来支配其成员的行为;它只制定按设计应当制定的差别,而不制定那些其成员想制定的差别,比方说儿童和成人、学者与盗贼、清白与有罪之间的差别;它通过一种责任层次对终极权威的意志做出回应——不管是什么样的意志。"①国家政府组织中的屠杀是一种垄断集权下全面、系统、彻底的规范性灭绝,并且往往会被渲染为军队必须介入的"国家紧急状况"。"与偶发性屠杀相反,系统的灭绝只有通过极端有力的政府才能得以实施,并且也许只有在战争时期的掩护下才能成功。只有随着希特勒、其偏激的反犹主义死党以及此后他们对权力的垄断的出现,才致使大规模地屠杀欧洲犹太人成为可能。……有组织驱逐和屠杀的过程需要庞大的军事和官僚机构部门的协助。"②在政府、国家名义下的,在政治运动的形势下的,在狭隘民族主义激情席卷下的屠杀是具欺骗性、最野蛮、最恐怖、最具毁灭性、最让受害者无路可逃的屠杀。因而,也是所有个人、所有国家组织、所有民族机构都应时刻警戒、时刻反省、时刻抵制和防止的。

理清由外显的暴力屠杀构成的人类野蛮史为什么是鲁迅研究的首要话题? 因为悬起这样一面镜子,会有助于我们明白:1、省察中国历史文化实质时的鲁迅;2、思考人类生存经验时的鲁迅;3、面对现实中鲁迅(如面对执政府的大屠杀、革命、复辟、镇压、政治运动等);4、对改造社会不同力量的不同态度和不同期望的鲁迅(看清了暴力反复轮回残酷本质但又按捺不住想用暴力推翻坏势力的偶发企图,厌恶暴力屠杀但又渴望暴力革命,诸

---

① 沙比尼和西维尔:《摧毁良心洁白的无辜者:大屠杀的社会心理学》,见鲍曼:《现代性与大屠杀》,第121页。

② 戈尔顿:《希特勒、德国人和"犹太问题"》,见鲍曼:《现代性与大屠杀》,第127页。

如此类);5、如果鲁迅的企图和努力最终被实现,那么,现在,向悬在我们面前的历史的镜子里看一眼:鲁迅在呐喊什么? 他在呐喊内曜还是在呐喊匕首投枪? 鲁迅的努力与镜子之中的已存在有何异同? 鲁迅避开了什么? 重复了什么? 修改了什么? 鲁迅的精神核心何在? 鲁迅在这个镜子面前的价值意义何在? 我们应该汲取鲁迅的精神本身还是应该选取鲁迅给我们的精神眼光? 鲁迅依据和提供的精神资源是否足够引领我们走向真理?

(二)由可视的物化痕迹在人类生存环境中形成的人类野蛮史

此一历史由两个类别构成:1. 充满野蛮罪恶的地面建筑形成的野蛮历史;2. 由人类制造的罪恶和各种灾难在大自然中留下的可视可触之创伤形成的野蛮历史。

1. 充满野蛮罪恶的地面建筑形成的野蛮历史

古罗马斗兽场、埃及金字塔、中国的贞节牌坊、西班牙斗牛场、罗马"狄度凯旋门"、①法国巴士底狱等地面建筑无论从其被建造的原因和目的,无论从其被建造的过程,无论从其建成之后所发挥的作用,还是从其自始至终向人类散发的非人道的、残暴的、野蛮的信息看,这些建筑在人类生存时空中形成了一幅完整的人类野蛮图。在这样的历史建筑面前赞叹不绝、陶醉神往、流连忘返的人,有些是几经酷烈的杀人亢奋终于走到了这些象征得胜和王权的高台上,开始舔舐这些陈旧砖瓦之上浓烈腐朽的生生死死的自我慰藉,厮杀了大半生,终于占有了这些血腥的脏石头,这些与黄袍和玉玺相关的辉煌和苍凉,虽然血腥,但代表

---

① 维尔纳·施泰因:《人类文明编年纪事·美术、建筑和电影分册》,中国对外翻译出版公司1992年版,第40页。

得胜和王权;有些是即兴看见夕阳西下的一段好景致了,而他是专弄趣味的人,而他现在发现趣味了,他现在面对的是有趣的玩意,他玩起来了;有些是对历史无知,对人类的灾难没有感觉;更多人,是被历代强权下的愚昧教育愚弄、麻木(在此须向世人说清楚,一、世间博物馆里珍藏的刑具、枪炮之类并不是由于这些东西本身是好的或有价值的,而是由于它们为后世的人们有警戒价值;二、不能由于这些东西本身是无价值的而传到后辈手中时就项羽似的一把火烧掉,而是应该珍藏历史,如同珍惜现实一样)。

2. 由人类制造的罪恶和各种灾难在大自然中留下的可视可触之创伤形成的野蛮历史

此一历史又由不同的分支构成:

(1)处死人的刑具的发明、发展和"改进"形成的人类向人类犯下滔天罪行的历史

人类在这一罪恶历史中发明和使用的工具广泛而残忍。随便一个物品都被用为一种刑具,比如木头。木桩刑是"将人类的残忍性发挥到极致的创造之一",这种刑具被世界各地的杀人者广泛使用,这种酷刑无论加在犯人的哪一个部位,犯人一般都要承受三天以上苦不堪言的残忍折磨才能死去。土耳其人甚至用它进行过集体屠杀①。马丁·莫内斯蒂埃著的《人类死刑大观》一书说,用动物行刑、割喉刑、剖腹刑、投掷刑、饿刑、十字架刑、活埋、木桩刑、活剥、肢解、凌迟、碾刑、火刑、锯刑、毒药、溺刑、断头台、枪刑、毒气室、电椅、死亡注射等使残暴野蛮向人类生存的所有领域浸透,劫难如此浩瀚,如此广泛,以至于当我们面对这一历史时,我们甚至连被命名为"刑具"的物品和正常的

_____

① 马丁·莫内斯蒂埃:《人类死刑大观》,第90页。

日用家物都不再能分辨得开。公元前 7 世纪,亚苏巴尼巴尔,亚述王鼎盛时期的王曾用他的巨犬、埃及人曾用鳄鱼、被称为"女尼禄"的马达加斯加王后拉娜瓦罗娜一世曾用蜥蜴、印度人用大象,……豹子、狮子、老虎、鬣狗、猫、马、骆驼、鹰等几乎所有的动物都被用来当作杀人的工具。关于鹰,雅尼纳·奥布瓦耶《十三世纪以前的印度日常生活》中说:"这类最为凶悍的猛禽啄食他们的脑袋和眼睛,禽嘴尖利如匕首"①。人类为折磨和屠杀人类而呕心沥血亲手制造的专门刑具,罄竹难书。

鲁迅常常在他的朋友和亲人的死讯里遭遇刑具,鲁迅的心常常伴随着刑具在他的未庄、他的"首善之区"、他的革命的后方、他的绍兴、他的龙华、他的"文明监狱"、他的且介亭经受折磨。

(2)杀人武器形成的人类野蛮史

这一野蛮史经由人类不同历史阶段、不同地域暴力强权政府一以贯之的合法化、正义化、系统化的精心装点,在普世的人类心里,杀人武器的可怕性已极其淡然。远古时代的投石、长矛、钝斧,中古时代的火枪、土炮、利箭,完全技术化、规模化、现代化的飞机、坦克、核炸弹——所有的杀人武器——可以杀死一人的、可以杀死一群人的、可以在瞬息之间把整个地球变为废墟的,它们残酷和罪恶的性质似乎都被现今普通人心给略去了。关于杀人武器形成的人类野蛮史,现在的人类正以极其危险的方式、恬不知耻的心态、蒙昧无知的精神状况在大地之上横行招摇。这是鲁迅躲也躲不开的必须要耳闻目睹的所谓国家大事中的大事。

一是遍布世界各地的所谓"军事博物馆"。展出的是从长

---

① 马丁·莫内斯蒂埃:《人类死刑大观》,第17—29 页。

枪到核武器的所有那些曾出现过的杀人武器,野蛮程度由小变大、由可以想象到不能想象、由可以被理性把握到明显没有和明显不能被理性把握。而这一展厅中的可怕物品在很大程度上是被视为人类重要的辉煌而张扬供人们欣赏和崇拜的。

二是遍布世界各地的所谓"尖端武器实验室"。此室的杀人武器是站在前人肩膀上承前启后,开拓新的杀人市场、创造旷世未有的杀人奇迹的"科技含量最高"、"现代化程度最高"、"最具毁灭性"的"新型武器"。此实验室公然昭示人类:一定要在杀人的事上出新思想,上新台阶,一定要把杀人的事业进行到底,而且要比以往彻底得无可比拟。这一实验室在提醒人类:以前的杀人武器还不够残暴,现在和以后,我们要创造和使用比以往任何时候都更为凶残的、更具毁灭性的杀人武器。

三是遍布世界各地的所谓"儿童玩具武器游乐场"。据知,制造和营销仿照各种杀人武器的儿童玩具已形成当今人类的一大产业。我听说在美国等较发达国家和地区,孩子们会学着大人的样子拿着真枪就像拿着玩具枪满校园扫射。把一些卑鄙阴险的成人心理原版原样植入孩子心灵,人类世界怎么可能不野蛮?我常常想,难道说人类除了把自己的孩子培养成"战友"或"敌人"之外就真的不能给他们另一条出路?

(3)毒品、烟枪、贞洁锁、三寸金莲等慢性毒化、扭曲和摧残人类身体的外化物品构成的人类野蛮史

斯塔夫里阿诺斯说,即便在公元前3500至1500年那样的物质匮乏的时代,大批的穷人难以糊口,而王侯将相等大权在握者却大修坟墓,光是墓葬品,无论是陶器、铜器、贵金属制的珠子、精美的武器还是那些陪葬的人——从士兵、妻妾、乐师、马车夫到一般的仆人——都繁杂得惊人。就构成历史的内在品质而

言,所有这些物品就演化着一种野蛮,形成了一条踪迹鲜明的人类野蛮史①。现代的许多国家,毒品、烟酒行业的税收占国民经济总收入的重要部分。从初民到现代人,三寸金莲、毒品之类的东西都是被当作时尚来赏玩、来标榜、来追逐,但它们使人类的身心遭受摧残。它们在人类身上仅留下病态、残缺、畸形、扭曲和罪恶。

(4)人类制造的各种灾难在大自然中留下的严重创伤形成的人类野蛮史

灾难的痕迹遍及人手所能触及以及人手不能伸到甚至人脑不能想到的地方,森林毁坏、土地沙化、水质污染、空气毒化等使上帝赐给人类的最完美、最和谐、最有益于万物生存的良性环境系统不复存在。要把人类给宇宙制造的那么多和那么严重的创伤述说清楚已经没有可能,因为无论在人类生存的哪一阶段,人类对其在宇宙中制造的灾难的严重程度和毁灭程度的认识和估计都不可能是充分的。以科学家自己的私利、以某一军事集团、某一政治党派、某一民族、某一国家眼前利益为目的、极其有限时间内有益于少数人但在较长时间内后果难料的某些发明创造或经济开发,只要在科学的名义下,只要被宣布是在科学的公式、定理、规范里进行的,只要从事的是科学工作,这种发明创造就可以肆无忌惮、为所欲为。有人如果对生存于大地和海洋中的昆虫和动植物产生了要予以除灭的想法,他就可以发明和使用消灭那些生命的毒药,如 DDT 之类。现代工业社会以来,制造针对生命的毒药和武器的化学实验室及军工厂遍布地球,在光天化日之下堂而皇之地运转着,因为科学至上,因为是在科学的名义下,因为在进行科学的事,因为是科学家干的,是为人类

---

① 斯塔夫里阿诺斯:《全球通史——1500 年以前的历史》,第 144 页。

谋福利的,无可置疑。人类把完美无缺的江洋湖海变成了臭水毒水,把绿地变成黄沙,使无以计数的动植物绝迹,使地球本来良性的自我保护和循环系统毁坏。地球就这样在被人类"征服"和"战胜"。

为了在大自然中得胜,"人不但自己在体验痛苦,在堕落,而且他还把堕落和痛苦尽可能地到处传播,传播到整个自然界。在使一切都适合自己的时候,他歪曲了动物的本能,……他是个卑鄙的违法者,在这些规律面前仍然绞尽脑汁,想尽办法违反这些规律,突破这些界限,以自己的道德败坏和恶行跨越它们。他急于捕捉自然界里每个丑陋,每一种疾病,——保护和珍惜这一切,——而且还扩展它。他搞乱了气候,改变了所有的生活条件,更换了不能更换的东西,分割了完整的东西,把上帝的面孔从自然界里消除,把自己的歪曲了的面孔强加给自然界。他自己,作为自然界的主宰和折磨者,就处在这一切之中,他自己也在受折磨。"①

地球和谐、良性循环的规律被破坏,毁灭性的灾难在所难免。读一读奥尔多·利奥波德《沙乡年鉴》、巴里·康芒纳《封闭的循环——自然、人和技术》、丹尼斯·米都斯《增长的极限——罗马俱乐部关于人类困境的研究报告》、芭芭拉·沃德勒内·杜博斯《只有一个地球——对一个小小星球的关怀和维护》、世界环境与发展委员会《我们共同的未来》、艾伦·杜宁《多少算够——消费社会与地球的未来》、蕾切尔·卡逊的《寂静的春天》等这样的关注生态家园的书,在真实生存的大地上走一走,你会觉得,人类给大自然留下的创伤、形成的人类野蛮

---

① 罗赞诺夫:《陀思妥耶夫斯基的"大法官"》,张百春译,华夏出版社2002年版(下同),第76页。

史令人恐惧。如果人类不遵循自然规律,如果人类只知道在自我为中心的狂妄膨胀里为所欲为,那么,人类彻底摧毁自然规律的一天就是人类自取灭亡的一天。

有许多个鲁迅,进化论的鲁迅、阶级论的鲁迅、社会改造的鲁迅、救救孩子的鲁迅、理性的鲁迅、科学的鲁迅、彷徨的鲁迅、绝望的鲁迅。鲁迅多次说过,他只把握现实的可以把握的世界,对于不可知的世界他无暇理睬。但实际的情况是,无论哪一层面、哪一立场、哪一角度的鲁迅,只关注现实、理性的鲁迅仍然还是被现实和理性所压迫。在科学和社会斗争中远离上帝的人们,完全由人急功近利的心做万物的尺度时,人是有限和盲目的。人们为了追逐物质"福利"和"进步"而在那个他正在关切着的现实本体上亦即就在那个人类赖以生存的地球本体上进行着根基性毁坏,对这些,鲁迅的着眼点在哪里?

要用分类的方法较为清晰地认识人类给大自然留下的创伤形成的人类野蛮史也几乎没有可能。比如:一、物理灾难形成的历史,二、化学灾难形成的历史。如果说,诸如毁林开荒、开采矿藏、焚烧原野之类形成物理灾难的历史,诸如核泄漏之类形成化学灾难的历史,那么,给家禽家畜喂养大量抗生素、催长素之类,给蔬菜水果粮食施加农药化肥而使病态畸形的生命因素进入食物链;每年有数千万吨的原油泄漏到大海;实验室的不同病毒组合而生成迅猛繁殖而又极难被消灭的新病毒之类,你该怎样对这样的灾难予以分类?

鲁迅极其关注现实人生,鲁迅之后,我们不能只关注鲁迅的文字,我们要关注的同样应该是现实人生。当我们和鲁迅一样关注现实人生时,摆在我们面前的现实与摆在鲁迅面前的现实是何等的不同。鲁迅在闰土、祥林嫂的生存中看见了穷困、压迫、潦倒、麻木,鲁迅期望他们好起来,但问题是,怎样才能使他们好起来？是社会运动的办法吗？是政治革命的办法吗？是科技进步的办法吗？在鲁迅的境遇中，月光下瓜地里的少年闰土虽然穷苦，但充满生机，那生机的源泉在于永恒的原生态大自然。闰土虽然被眼前的社会和人压迫，但他好歹还有个永远可以依靠的原生态大自然。而闰土之后的我们，不但与闰土一样受社会和人压迫、遭受落后的困扰和压迫，而且，更为可怕的是，闰土之后的我们在所谓文明和进步的刀剑下整个生命的根基被瓦解，生命的源泉被卡断。我们在丧失着我们最根本的生态家园，我们受"进步"的压迫和"福利"的毒害，我们已经丧失了原生态的土壤、阳光、空气、雨水、粮食和蔬菜。

研究鲁迅的人，在研究关怀现实人生的鲁迅精神之前首先应该做的，是稍微离开那些他谋食的空洞文字的段段落落，到真实的生活中去，到严峻的生存状态中去体察、去经历、去认知；其次，放眼全人类而不是仅仅关注自己，在实际人生中直面人类共同危难、肩负人类共同责任、承担人类共同义务、解决人类共同问题。

（三）残害人精神心灵的内化品质形成的人类野蛮史

以哲学思理中的展示为例。

并非所有哲学沉思都有益，有些哲学沉思本身给人类带来灾难，这种哲学就形成人类野蛮史的一支。谨慎的、合乎真理的、有益于人生福祉的哲学沉思随时在为人类提供敏锐、智慧的头脑和眼睛，让我们能够洞穿和超越历史而看清其中的是非曲直，这一哲学支系又是帮助人的。

在整个人类历史中，自人类吃了分辨善恶树上的果子开始，人类一直在训练自己的聪明思理，人类总觉得自己有足够智慧，总在挖掘潜在的智源，总在探索人生宇宙的奥秘，总在把那些精

第一论题　鲁迅研究的资源背景

29

心思虑过的零碎道理汇集起来,这样就形成了智慧的哲学。这个资源中的材料堆积如山,泰勒斯的水①,毕达哥拉斯的数字,巴门尼德斯的一②,留基波和德谟克里特的原子,苏格拉底、柏拉图、亚里士多德的理念、城邦、灵魂、宇宙、知识、行而上学、伦理学、政治学③,克尔凯郭尔的存在,马克思的经济、阶级……

吃了分辨善恶树上的果子之后,人类一方面开始掌握和拥有智慧,另一方面却开始陷入愚昧。在基督教文化语境中,这个愚昧在上帝眼里是明了的,上帝称之为诡诈、贪婪、竞争、谋算和陷阱,而人自以为聪明。不是说人的聪明没有道理,而是说,离开上帝的真理时,人的聪明反而使人难免陷入片面、有限、盲目、矛盾、混乱,以至于人们在各自的有限性上各自讲了一大堆道理而各自的前后和相互之间却很难贯通,以至于人越讲道理就越没有道理,人越聪明,就越陷入自造的绳索和陷阱。

舍斯托夫说,在人类背离上帝的根本道理而一味寻求人自己的有限智慧和理性时,这样的所谓深思熟虑的哲学就是危险,"这样的哲学不能把人引向真理,而是使人永远脱离真理。"④他说,"我们的理性以我们的双眼破坏了信仰:它在信仰中'辨认出'人使真理服从于自己愿望的非法奢望,剥夺了我们最宝贵的天赋和我们参与创造性的权利,把我们的思想压缩成为平面的死板的 est(实有)"⑤。被世人尊奉为最具智慧的许多人实际上都为人类干了些什么,"人的智慧在造物主面前是愚拙,正如

---

① 罗素:《西方哲学史》,何兆武、李约瑟译,商务印书馆 1982 年版(下同),第 49 页。

② 罗素:《西方哲学史》,第 78 页。

③ 罗素:《西方哲学史》,第 143—290 页。

④ 舍斯托夫:《雅典和耶路撒冷——宗教哲学论》,徐凤林译,浙江人民出版社 2000 年版(下同),第 23 页。

⑤ 舍斯托夫:《雅典和耶路撒冷——宗教哲学论》,第 22 页。

彼此不同的尼采和克尔凯郭尔却同样洞见的那样,最智慧的人就是罪恶最大的人。凡不出自信的都是罪。"①人类历史进入本质上可怕的荒凉之地,往往是大队智慧人马苦心设想、热心实践、千辛万苦努力的结果。舍斯托夫对哲学的省察发人沉思,他说,他的《被缚的巴门尼德》"试图指出,大哲学家们在追逐知识的时候,失去了最宝贵的上帝恩赐——自由:巴门尼德是不自由的,是被缚的巴门尼德"②。哲学家们在过于实证的数据化、逻辑化、必然性追逐中把智慧引向实践、引向社会运动,这样的实践和社会运动终于把人类引向愚妄、鼠目寸光、赤膊上阵的生死拼杀,人们终于看到哲学被"实践""检验"时,"检验"恶果之前的漫长岁月已经给人类带来了无法修补和不可挽回的灾难。

以关于国家的思考为例。

柏拉图的《理想国》、斯宾诺莎的《神学政治论》、莱布尼茨的《人类理智新论》、黑格尔的《法哲学原理》、鲍桑葵的《关于国家的哲学理论》、列宁的《哲学笔记》、希特勒的《我的奋斗》、L.T.霍布豪斯的《形而上学的国家论》、基托的《希腊人》、梅尼克的《德国的浩劫》等材料提供的历史资源,可以让我们看清哲学理论在有关国家的论述中留下的可怕景象。

希腊典籍《伊利亚特》和《奥德赛》所表现的众神的嫉妒、诡诈、嗜血和由众神摆布的"傲慢跋扈"的阿伽门农、喜欢制造灾祸的阿喀琉斯们,向这个世界昭示的,从国家政治学的角度看,一个重要的构成是嗜血的英雄崇拜和过于豪迈、过于神圣化的爱城邦主义。斯宾诺莎说,他的《神学政治论》的主要目的是把

---

① 舍斯托夫:《雅典和耶路撒冷——宗教哲学论》,第23页。
② 舍斯托夫:《雅典和耶路撒冷——宗教哲学论》,第18页。

哲学和信仰分开①。他认为,哲学比信仰重要,目下的认识比永恒真理可靠,统治者比上帝可信。他说,人生重要的是自由,而人间的统治者是最能保护人们自由的,"此自由权可以,并且应当,交给国家和行政当局而无危险。"他说人的自由是争得的而不是天赋的,人自己应该是自己的自由权的监护人,而"我们只能把此等权利交给我们所委托保护我们的人,他们除了有保护我们的权利之外,还有安排我们的生活的权利。所以我就推断,统治者所享有的权利只能以他的权力大小为限。他们是正义与自由的唯一的监护人。凡有事端人民都应遵统治者的命而行,……","其次我要证明,掌握王权的人固是政治的规章的保护人解说的人,也是宗教规章的保护人解说的人。只有他们有断定什么是公正或不公正,敬神或不敬神之权。"②人以上帝的准则行事就等于是按着人一己的想法行事,而这对公众的福利是没有好处的,只有遵循统治者的法律而行事,人才能享受真正的自由而又无碍于公众③。鲍桑葵论及国家的哲学理论的兴起与条件时说,国家政治学说的诞生可以追溯到希腊城邦时的理论学说。希腊城邦所提供的经验模式、囊括经验的精神模式以及这种精神模式从此种经验得出的阐释模式都先后衔接着苏格拉底、柏拉图、亚里士多德等人的哲学智慧和政治设想。鲍桑葵说,希腊政治学说的基本思想是:人类精神只有在一个人类共同体中才能获得完美和高尚的生命。"国家是自然的"在柏拉图们那里意指一种发展演变,贯穿于其中的主要精神是,民主、智慧、理念、完整性、责任感、创造性和建设性,而经鲍桑葵的解释

---

① 斯宾诺莎:《神学政治论》,温锡增译,商务印书馆 1996 年版(下同),第 149 页。

② 斯宾诺莎:《神学政治论》,第 16 页。

③ 斯宾诺莎:《神学政治论》,第 278 页。

就成了"国家比个人重要"①。鲍桑葵认为亚里士多德"人类是生来就适于过城邦生活的动物"的论断是关于人与城邦的自然属性的关系的最真实的表达,"而且迄今为止还没有一种正确的政治哲学不是柏拉图思想的具体化。其核心观念是:在这个共同体里,每一种人——政治家、军人、工人——都具有某种使其成员适应其职责的独特的精神模式,……这种联系使他们服从共同的利益。"②契约、约束力、法律上的人的观念在早期的希腊城邦、亚里士多德的《政治学》、九世纪出现的民族国家经验、卢梭的《社会契约论》的内在发展轨迹里,是在寻求一种人的主权的合理化和世俗的合法化,越到后世,在鲍桑葵等哲学家的阐释中以及人们在政治实践的演化中,就更突出了作为共同体的集体性、共同体的优先性、集体权威的优先性和在社会控制方面暴力使用的必要性。在论述柏拉图、卢梭关于国家理念中的"自由"理念时,鲍桑葵的结论是,"国家是必要的暴力"。③"暴力是国家所固有的性质,没有任何正确的理想观点主张消灭它。因为,国家的暴力实质上出自它的这一性质:它是我们自己的精神的延伸,可以说是延伸到我们短暂的意识之外"④,在强调机构、规定、惯例的重要性时,鲍桑葵说,在社会秩序中的大我使我的精神向一个合乎同一要求的制度延伸,而如柏拉图所言,国家是大写的个体精神,那么,控制个人意志,履行政治义务就成了我们唯一正确的选择。⑤

① 鲍桑葵:《关于国家的哲学理论》,汪淑钧译,商务印书馆 1996 年版(下同),第46—49 页。

② 鲍桑葵:《关于国家的哲学理论》,第49 页。

③ 鲍桑葵:《关于国家的哲学理论》,第141 页。

④ 鲍桑葵:《关于国家的哲学理论》,第145—165 页。

⑤ 鲍桑葵:《关于国家的哲学理论》,第144 页。

鲍桑葵说,康德、费希特、黑格尔是卢梭理论的现代化应用,
"社会契约"往下走一步,"一个简单的事实是:康德、黑格尔和
费希特的全部政治学说实际上就是建立在把自由作为人的实质
这一观念的基础上的"①,黑格尔、卢梭最后实际上把自由解释
成了绝对顺服国家意志,"卢梭却用自由意志证明这样做是有
道理的('国家绝对有理'),而且他没有考虑国家的积极权利
(或'法律')就对上述问题(国家存在的理由和根据)作出这样
的回答:人是有自由意志的,……所以卢梭说:根本的问题是要
找到一种联合的形式,这种联合的形式以全部的共同力量来保
护和捍卫每个成员的人身和财产……"人又要自由又要其他很
多东西,卢梭说,这就必须依靠社会契约,黑格尔说亦即每个人
根据自己的意志而归属于联合体,而这个体现公共意志的联合
体就是国家,"因为没有国家就没有真正的自由"②。康德《权
利哲学》在鲍桑葵看来是用非常不同的尺度衡量了卢梭从天赋
自由到"社会的道德的自由"的理论。天赋自由只有一项——
自由("不受别人的意志支配"③),这种自由在国家中如何体
现,康德说,国家的三种权力(主权或立法权、行政权和司法权)
都是政权机构,是国家概念,根据最早的契约,所有的人都要放
弃他们的外在自由以便成为国家中人民之一员。鲍桑葵十分赞
叹费希特关于个人在社会中是一个有机体的比喻,"人只有在
国家这个联合体中才能在事物系列中得到一个肯定的地位,即
在自然界中得到一个落脚点;每一个人也只是因为他实际上处
于这个确定的联合体之内才得到这样一个相当于别人也相当于

---

① 鲍桑葵:《关于国家的哲学理论》,第232—234页。
② 鲍桑葵:《关于国家的哲学理论》,第235页。
③ 鲍桑葵:《关于国家的哲学理论》,第238页。

自然的确定的位置。"①

鲍桑葵指出,费希特《封闭的商业国家》也许是"严格的国家社会主义的最早文献"。"把国家视为自由的实现原是黑格尔的《权利哲学》一书的主旨"。② 在康德、黑格尔、费希特等哲学家看来,"由于人类受到其动物本性的限制,暴力、自动作用和暗示对于支持和维护人类意识,从某些方面来说是必要的……掌握绝对权利的社会即国家就必须使用这些手段"。③ 鲍桑葵说,"我们认为"国家本身是文明生活的一个必要因素,"而且任何正确思想都不会倾向于把国家的个性减少到最低限度或者说限制它的绝对的权利。"④"我们认为",用强制手段(法律等)迫使个人服从于团体,是社会团体对个人最后而有效的调节,你要做一个文明人,你就必须服从于作为文明标志的国家。"所以,那个社会就是一个国家,通常被认为是一个可以合法地使用暴力的组织,""也许这样说是正确的:国家的活动本身虽然远远不限于公开使用暴力,但它完全是由社会活动的一个方面构成的,这个方面取决于最后裁判者或调节者、机械常规的维持者和权威意见的提出者的特性,这种特性就是有权使用暴力作为最后手段。"⑤

"我们"的口径越来越一致,语气越来越坚定:"正如我们所说,我们每一个人都必须属于一个国家,而且只能属于一个。国家之所以必须是独一无二的,就因为它是最后的权威。这种在一个包括肉体活动在内的领域中的最终权威,必须是可以使用

① 鲍桑葵:《关于国家的哲学理论》,第 240 页。
② 鲍桑葵:《关于国家的哲学理论》,第 241—242 页。
③ 鲍桑葵:《关于国家的哲学理论》,第 189 页。
④ 鲍桑葵:《关于国家的哲学理论》,第 190 页。
⑤ 鲍桑葵:《关于国家的哲学理论》,第 191 页。

暴力的权威。正如我们所说的,也就是由于这个原因,暴力才被纳入国家的独特属性。"①谈到医治和惩治犯罪时,鲍桑葵说,把残酷的刑法和恐怖与罪行联系起来是必要的,他引述康德之言说,一个社会即使根据协议即将解体,它也必须把关在监狱中的最后一名杀人犯在解体以前处决掉。

不是"我们"没有听说过宽恕人、怜悯人、爱人的道理,而是"我们"认为,只有暴力和恐怖是最直接有效的。

在别的理论那里也许要寻求忍耐、宽容、教育、改良或永远拯救的路途。但在鲍桑葵们眼里,道理已经很清楚,人有错误或人不服从国家意志,那么,我们就组建强硬的社会机制毫不留情以刀刃见血。L.T.霍布豪斯警觉地发现这种理论和实践的本质:"如果不能使这个世界变得远比过去美好,这种奋斗就是没有结果的,我们最好还是加强军国主义,用足以毁灭生命的高爆炸药把好战的国家武装起来。不管怎样,最后的问题已经挑明了。"②

这种哲学理论和社会实践在本质上诡秘地迎合了人性最黑暗的部分,隐秘而又张狂地与人身上的恶打成了一片。这种理论有三层表面假象:一、莽汉姿态。虽然愚笨无知,毫无道理,但憨厚、傻气,得人体谅,招人爱怜;二、侠客气势。手持公义的利剑杀人越货,在人心中是仗义、痛快、敢作敢当、维护公道;三、以暴克暴。这一层假象最具欺骗性,许多受骗者以为这种理论虽然残暴但它帮助我们消灭仇恨、不公和罪恶,但不幸的是,暴力的本质是帮着罪来消灭义,帮着仇恨来消灭爱,帮着刀剑来消灭

---

① 鲍桑葵:《关于国家的哲学理论》,第193页。
② L.T.霍布豪斯:《形而上学的国家论》,汪淑钧译,商务印书馆2000年版(下同),第112页。

和平,帮着恶毒来消灭善良,在每一个环节都是以后者的名义始,以壮大前者消灭后者的结果终。

哲学的灾难与社会的灾难恶性循环,哲学野蛮史携带着社会野蛮史的一支。

L. T. 霍布豪斯在《形而上学的国家论》阐释了黑格尔、鲍桑葵等人的国家论。霍布豪斯说,鲍桑葵等人的国家论不是根据个人的幸福来评价国家的幸福,而是根据国家的善性、根据个人所归属的那个整体来评价个人的幸福,实际上是把国家当作最终的目的,把人只当作手段。① 他认为,黑格尔《法哲学原理》中"国家的存在,是上帝在人间的活动"、"它是人间的绝对权力"、"它就是它自己的目的。它是对一个具有最高权力的最终目的,个人的最高义务就是作国家的成员。"鲍桑葵给国家下的定义是:"我们讲的国家是指作为一个单位的这种社会:它被承认为有权使用绝对的物质力量控制它的成员"②。霍布豪斯注意到了黑格尔等人的理论与历史的直接关系,"过去我们没有理会黑格尔对国家的颂扬,以为那只是一个行而上学的梦想家的狂言。这是个错误。他的整个想法是和欧洲历史上最不幸的发展紧密交织在一起的。现在时兴把德意志军国主义想像为俾斯麦时代以前盛行的一种美好伤感的理想主义引起的反作用的产物。这是非常错误的。这种政治上的反动,是从黑格尔开始的……正是黑格尔的国家概念企图证明自由和法律是一致的,藉以削弱民主的原则;想用纪律概念削弱平等的原则;要使个人成为国家的一部分,以削弱个性的原则;把国家推崇为人类社会最

① L. T. 霍布豪斯:《形而上学的国家论》,第13页。
② L. T. 霍布豪斯:《形而上学的国家论》,第96页。

高和最后的组织形式,以削弱人性的原则。"①

霍布豪斯说,黑格尔国家学说在 T. H. 格林的社会理想主义哲学中继续发展,他们要证明的是:否定个人是正确的,国权大于人权。而这正是现在的政府天天都在强调的,这些理论使国家超出道义,使战争在国家里面合法化,它蔑视人性。"总之,我们发现它是和我们所在的这个好战的和组织严密的时期配合得极好的一种理论。"②对于暴力理论,霍布豪斯指出,反对暴力并不是说没有人犯罪或没有人跟国家对立,而是说暴力的性质与人类幸福和美好生活格格不入,是因为暴力本身的性质是邪恶,因而,把暴力的使用减少到最低限度应该成为我们的一个愿望、一种能力、应该是"符合生活进步需要的一个因素"③。在使人类幸福的努力中,国家只是达到目的的手段,而国家专制主义与人类的幸福恰好相悖。行而上学专制主义国家论的实质是想通过在做坏事上先下手的方法、大规模下手的方法和把坏事做到极端恐怖以致于对方再也没有还手余地的方法而达到"治理"。

现代国家被特洛尔奇描述为"国家的世俗化"。刘小枫说,国家成为世俗的制度,成为具有自主性的军事——行政设施,其形而上的伦理的正当性依据是"此岸原则","现代的国家理念的逻辑是权利至上(中央集权和军事力量),⋯⋯现代国家成为人的才智(立法者和政治家)的设造,即依据现世原则设计出的世俗宪法、统治技术和官僚组织。现代国家抛弃了中世纪普遍式的、超感性的理念空间,试图建立自足的理性化的实在

---

① L. T. 霍布豪斯:《形而上学的国家论》,第 17—18 页。
② L. T. 霍布豪斯:《形而上学的国家论》,第 18—19 页。
③ L. T. 霍布豪斯:《形而上学的国家论》,第 69 页。

领域。"①

专制主义、恐怖主义的猖獗和在世界上犯下的骇人听闻的
滔天罪行实际上是黑格尔们国家哲学论的顺利延展。梅尼克在
《德国的浩劫》中说,十九世纪的两大潮流即国家社会主义运动
和民族主义运动的铁血政治不是无源之水,"德国的强权国家
的思想,其历史始于黑格尔,却在希特勒的身上体现了它的最恶
劣的和最致命的应用高峰。"②梅尼克说,十九世纪八十年代的
反犹主义都与当时的两大浪潮有关。两大浪潮的兴起究竟意味
着什么,"他们所争取的未来的社会主义国家,是只能作为一个
高度集权的和作为一个直到把日常生活都彻底组织起来的国
家,才可以得到实现的……,它从根本上有助于使人民群众集体
化,并且从内心深处来改造他们的权利感;也就是说每个个人的
权利都要黯然失色,而凌驾于个人之上的整体的权利却不断得
到加强。"③希特勒国家社会主义的伦理学,"一种过分激情的民
族主义已经成了对欧洲一切民族的十分严重的危险;他们正因
此而面临着丧失人类价值感的危险。"④

梅尼克说,第三帝国出现之前,国家社会主义的早期理论
里,青年人学习的目的完全是为了祖国,直截了当学好有用技术
和兢兢业业工作都是为了把自己尽快和毫不保留地献给党和祖
国。那种引向复杂技术分工的片面训练可能导致被忽视了的非
理性的灵魂冲动的猝然反应,急功近利,把一种对日常事物的简
单看法提升为不可理喻的原则性的世界观,片面地为当下的政
治集团服务、为当下的某一位领导人而战斗,在此一瞬息此一激

---

① 刘小枫:《现代性社会理论绪论》,上海三联书店 1998 年版。
② 梅尼克:《德国的浩劫》,何兆武译,三联书店 1991 年版(下同),第 24 页。
③ 梅尼克:《德国的浩劫》,第 27 页。
④ 梅尼克:《德国的浩劫》,第 40 页。

情之下为此一首领效忠、在彼一瞬息的彼一激情之下又誓死效忠彼一首领而誓死要把彼一时间被指定的仇人斩尽杀绝，这就是年轻一代学习和工作的基本定式和要务。"我们相信在许多纳粹领袖的身上就能看到这种类型"①。科学和武器迅速成为一个明显的目标，"于是就出现了这个口号：'武器就是科学，科学就是武器'。"②"于是在普鲁士——德意志的军国主义之内也就形成了一种核心组织，那里面集中了军国主义的一切有用的特性，而且可以说是以纯文化而被培育起来的：那个组织就是参谋部。"③这个参谋部与纯军事的国防部集军国主义的精髓于一体，最终演化为这种社会的全民意志。

军国主义与希特勒主义之间有广泛的历史契机，Exercitus facit imperatorem［"军队里出政权"］成了德国的一句格言，德国的伟大领袖通晓其中的奥妙。在希特勒的精心运作下，枪成了唯一的道理，掌握枪的军队成了国家的指挥棒，而指挥枪的党最终成为军队的灵魂。德国社会主义工人党领袖希姆莱把古老的军队和国家社会主义的崭新理论结合起来，建立了一支全新概念的、完全由党缔造的核心部队——武装党卫队（Waffen S. S.），这个组织就成了这个国家的核心。一个基本公式："集体利益高于个人利益"，唯一的使命："要不惜任何代价赢得权力！"④于是，梅尼克说，"军队里出政权"的意义就获得了新生，由此，这种武装党卫队的残暴的恶劣精神（Ungeist）就把德国人带进了历史的罪恶深渊⑤。

---

① 梅尼克：《德国的浩劫》，第 62 页。
② 梅尼克：《德国的浩劫》，第 70 页。
③ 梅尼克：《德国的浩劫》，第 70 页。
④ 梅尼克：《德国的浩劫》，第 88 页。
⑤ 梅尼克：《德国的浩劫》，第 83—86 页。

抽象集体主义的而非活生生的个人的、物质技术思虑的而不是心灵造就的、暂时有限的而非永恒关怀的、仇恨暴力的而非爱与和平的,这众多哲学理论体系形成一个历史,无论是关于国家、权利、政党、政府,还是关于饮食、医疗或别的什么,实际上是人背离永恒真理,鼠目寸光的思想试探,是离开宇宙人生基本规律、法则的舍大道而求小术。人越求小术、越精微细雕越自以为是,就越形成一套一套的盘算、设想,越铺天盖地涌现系统盘算、设想、思想、哲学,人越深越广地陷入自己的有限性、盲目性、混乱性之中。"我们的时代的历史表明,如果人们不再相信上帝,他们就会使自己成为权力的上帝,进化的上帝,种族、民族或者国家的上帝。他们会以这类上帝的名义去血洗一个大陆,青年们也会奉献自己,甘当殉道者。"①

说到一些观念和实践对人类的伤害时,别尔嘉耶夫说:"尼采、弗洛伊德、海德格尔的学说,现代的爱情、战争和革命的灾祸、古代的残忍性的爆发和新的虚伪的国家——这一切都使关于人的崇高学说痛心"②,"把此世的作为、此世的权威、此世的运动神圣化乃是 20 世纪的一大特征。然而,不管在西方还是东方,这些被神圣化了的、自诩拥有绝对真理的此世作为、此世权威、此世运动恰恰是人世灾难的根源。"③

为什么说这样的哲学理论及社会实践形成了人类野蛮史的一支? 笔者的意思是,这样的哲学及实践在人类命运的多种可能性中探索、指引和实践了最坏的一种,在人类可能行走的多条道路中选择了最野蛮的一种,多种可能性和多条道路中好的、善

---

① L. T. 霍布豪斯:《形而上学的国家论》,第 130 页。

② 别尔嘉耶夫:《自我认识——思想自传》,上海三联书店 1997 年版(下同),第 302 页。

③ 刘小枫:《走向十字架上的真》,上海三联书店 1995 年版,第 42 页。

的都被搁置一旁而单单选择了坏的、恶的和野蛮的,因而,这种哲学史本身就形成了人类野蛮史的一支。如同人类交通运输燃料采用形成的历史。翻开有关书籍,轮船史、汽车史、火车史等以石油做燃料的历史都是以"轮船文明史"、"汽车文明史"、"火车文明史"之类的观念来表达,而实际上,只要我们审视一下石油开采和石油燃烧给地球带来的毁灭性灾难,如果我们被告知,各种污染导致的臭氧层的破坏等会使地球在屈指可数的岁月里完全失去自我良性循环能力而迅速崩溃。比如气候、生态结构迅速恶化而使地球再也不适宜于人类生存,如果我们被告知,就是由于石油开采和燃烧原因使人类最终在地球上灭绝,那么,我们还能说开采和燃烧石油的历史是人类文明史吗?

必须把人类野蛮的历史从整个人类历史中分离出来,使其明确地、毫无遮掩地呈示其警视价值。

对人类野蛮史的澄清为什么能构成鲁迅研究的一个起点?因为研究鲁迅是要在鲁迅处寻找价值,鲁迅的价值点基于整个人类资源背景,而整个人类资源背景由众多小支系构成。现在摆在我们面前的事实是:一、总体人类背景中不同支系的性质或许在鲁迅心中是清楚的而在我们这里反而不清楚了,反而需要重新申述;二、作为鲁迅思想资源的背景存在有多个部分构成,其一是鲁迅生存于斯的中国文化背景,其二是整个人类文化资源、思想资源、精神资源、人生资源、灵魂资源背景,今天我们研究鲁迅时,鲁迅关于中国文化资源的价值判断和鲁迅自己精神的基本品质首先仅仅是整个大背景中的一个对象而不是全部,只有当这个研究对象被安置在整个人类全纬度、多角度的总背景下时,鲁迅精神的基本品质和价值才可能凸显出中国文化背景下不可能分明的品质。在人类整体资源背景下而不仅仅在中国文化资源背景下重新认知鲁迅时,我们才可能有眼光认知真理。我们研究的期望,我们试图改造社会的精神根基在鲁迅那儿和在我们这儿是否应该或者已经避免了重蹈人类反复遭遇过的灾难历史之覆辙？鲁迅之后改造国民性的努力究竟应该选取怎样的路径？是匕首投枪还是内曜？是个体的精神疗救还是民族集群的大规模革命运动？是仇恨嗜杀还是爱与宽容？是一草一木地培植还是酣畅淋漓地颠覆和毁坏？如何划清社会改造运动之人文内涵与暴力方式之间的界限？如何防止主观意愿与客观强力在运行中的转换导致的善意行为的被篡改、被颠覆、恶化与异化？

人类第二种历史资源：文明史

人类拿着"文明"这个词在指称和表达什么？"文明"是个是非、价值判断还是一个无实义的纯名词？笔者的理解是,"文明"一词无论在哪个地方被使用,它本身应该是一个是非判断分明的实义词,而在与"野蛮"、"愚昧"、"史前"、"未开化"、"土著"、"不文明"等词对应时,其内在的实义更为表露。但在众多文字表达中,"文明"一词似乎仅仅被用来把一个完整的历史化分成不同的阶段(如所谓牧业文明、农业文明、工业文明等)、或被完全对称于不同的国家民族而纯粹指代不同的国家民族(埃及文明、巴比伦文明、中华文明等)、或专指一种社会的发展状况(石器文明、铁器文明、电器文明等)、或特指一种正面意义上的社会事件的品质(你说话要像个文明人、在公共图书馆抽烟是不文明的等)。文明一词如此被过于随意使用,已经在人类知识传承中留下了太多歧义和混乱。

（一）辨析

根据《大英百科全书》的解释,英语中,文明,civilization,意思是:1、民事化;2、(a)人类文明的理性状态,其特点是完全消除野蛮状态和非理性行为,充分利用物质、文化、精神和人力的资源,以及个人在社会结构中的完全适应;(b)人类向文明进化的一个特定的状态或阶段;3、文明化的过程:艺术、科学、政治以及人类愿望与精神的进步发展;4、文明化;强迫接受外来文化;强制同化;文明化的行动;尤指全体居民接受一种外来文化;5、人类进化;人类开化;超出纯动物水平的人类文化和愿望的全面进步;6、文明、文雅、斯文、举止言谈符合习惯模式;思想、风度或趣味的高雅;7、(a)文明地区;文化发展地区;世界上文化、技术比较发达的那些地区;(b)都市的舒适环境;都市生活。

上述解释的诸种意思在是非价值判断里有经不起推敲的地方。把"强迫"和"强制"引入"文明"概念的论述之中,明显传达着人们对文明概念认识的封闭性和主观性。比如说你是西班牙人我是玛雅人,你是尖端非凡的基因人我是一般的普通人,你在"进入"我的家园毁掉我的一切时,你是在好意"强迫"我接受你的"文明"。我食用的"不文明"的原始的天然水果蔬菜粮食要在你的农药化肥防腐剂速长剂添加剂里成为"文明"的现代食品,你把我自然的"不文明"的阳光空气和水都给污染掉然后历经千辛万苦净化出一塑料壶"文明"的人工空气和人工水扔到我面前,理直气壮地说,你看我们科学的文明多了得,要不是科学的理性的文明,怎么可能在现在如此可怕的生存环境里提炼出如此纯净的空气和水呢？你就这样使用"理性"、"科技文明""强迫"我"进化","强制"我改变"原始的"、"落后的"、"不文明的"的生活状态而让我变成"文明人"。"都市生活"与"乡村生活"对应存在时，"都市生活"就是"文明"的，乡村生活就是野蛮愚昧的？

德国历史学家诺贝特·埃利亚斯在其《文明的进程——文明的社会起源和心理起源的研究》一书中详尽阐述了文明一词在法、德、英等文化和不同社会阶层中的基本概念。他说，文明一词包含很多不同意思：技术水准、礼貌规范、宗教思想、风俗习惯、科学技术的发展、居住状况、男女共同生活的方式、法律惩处、食品烹饪等等，因而，用几句话难以概括其义①。诺贝特·埃利亚斯说，"文明"一词在西方国家中意思不同，在英、法语中，这一概念表现了这两个国家对西方国家乃至人类进步所起作用的一种骄傲；而在德国，则指那些有用的东西，在英、法语中，"文明"一词可广泛用于政治、经济、宗教、技术、道德、社会现实；而在德语中更常用文化来表达，它的核心意思集中在思想、艺术、道德。在英、法语中，"文明"一词可指成就，也可指人的行为举止而不论有无成就；而在德语中，它很少指人的行为。"有教养的"与"文明"一词的意义接近，主要指人的行为和举止、人的社会状况、人的起居、交际、语言、衣着等。诺贝特·埃利亚斯说，"文明"体现某些民族的自我意识，含有殖民和扩张的意思。诺贝特·埃利亚斯还以道德、礼貌等词分析了文明一词在西方世界中的基本意思。这使我在人们对这一概念的基本相同或相似的认知之外又特别注意到其中一个意思："殖民和扩张"。殖民和扩张的内涵被人类默许和效仿贯穿于整个历史，在对历史的认知和注解之中，总是把暴力权势扩张的本质隐含在"文明"概念当中，笔者以为，这不是"文明"一词在不同国

---

① 诺贝特·埃利亚斯：《文明的进程——文明的社会起源和心理起源的研究》第1卷，三联书店1998年版（下同），第61页。

家中的多意和歧义，而是该词本身被污染上去的不洁。在承载着传达人类基本真相使命的全人类普通语汇当中，这一不洁，必须被洗掉。

斯塔夫里阿诺斯《全球通史——1500 年以前的历史》在考察文明的起源和性质时说，最早的文明中心可能不在尼罗河流域而在苏美尔，公元前 3500 年，生产技术的改进成功地完成了从新石器时代的部落文化到文明的过渡。他说，文明的特征包括：城市中心、由制度确立的国家政治权力、纳贡或税收、文字、社会分为阶级、巨大的建筑物、各种门类的艺术和科学等。他补充说，并非所有的文明都具有以上特征，比如南美安第斯山脉的文明是在没有文字的情况下发展起来的。他说，每一种文化都有自己的特点，"文明即一种先进文化"①。他说，一个文化一旦达到了文字被普遍使用，人文科学和自然科学已有某些进步，政治、社会和经济制度到了足以解决复杂社会问题的阶段，那么，该文化就应当被称为文明。② 汤因比说：文明即人们努力要创造的一种社会状态；文明在现代语言中流行的意思是文化在特定时代所经历的特定种类或阶段，"文明时代"似乎是五千年以前出现的；"文明"的知识论定义是"在城市中出现的一种文化"；文明的同义词即是"都市革命"或"工业革命"出现时代的文化③。

以上论述有两点需要辨析。一、在所谓"石器时代"、"部落

---

① 爱德华·麦克诺尔·伯恩斯、菲利普·李·拉尔夫：《世界文明史》第 1 卷，第 26 页。

② 爱德华·麦克诺尔·伯恩斯、菲利普·李·拉尔夫：《世界文明史》第 1 卷，第 24—34 页。

③ 爱德华·麦克诺尔·伯恩斯、菲利普·李·拉尔夫：《世界文明史》第 1 卷，第 60—62 页。

文化"或所谓"文明起源"之前似乎没有文明，文明只有在某一个社会状态或阶段才出现。"悠久的部落文化终于在文明的进程中化为乌有"、"印加文化终于在文明的炮火中消失"云云。但事实恰恰是，文明与人类同时存在，上帝何时在世上创造人类，文明何时就在地上滋养和繁荣。文明从来不是在所谓人类出现几千年几万年之后用"炮火"打出来的，恰恰是"炮火"这样的野蛮行为使真正的文明消失。文明之内涵从来不只包含人们已经指出过的那样一些（如种植棉花），也从来不包含人类一直在强行指称而本质上纯粹不是的那些含义（比如哪怕在人类发展的所谓文明高峰的陷害人和谋杀人的高超技术和武器），这关乎对文明概念的正确定义。二、不只是被文字等符号记载下来的那些存在才可以被叫做文明，正如斯塔夫里阿诺斯注意到的那样，有些文明并没有被文字记载。事实上，在人类巨大的文明宝藏中，最珍贵的构成深藏于人心，从来不以任何外在形式比如以文字形式向世界招摇。笔者常常想，那些终其一生一言不发虔诚躬行在真理上的人，其内心无法说尽的善良、谦卑、宽厚、爱、和平、喜乐等优秀品质，他默默为邻居、为路人的心，为地球上最细小生命所行出来的无数的善举，这样的心和行为才是人类真正的文明，哪怕是在所谓未开化的时代，哪怕未被任何文字符号记载，哪怕是在永远的沉默不语中。文明，我想，一方面，反而是常常被一些高声喧哗中的人忽略了的，比如爱心、善良、宽厚等；另一方面，文明的质地和容量也是一般眼光无法类比和不能测度的，比如追求和平的意愿和对人们向善的影响等。这同样关乎对文明概念的正确定义。

(二)确认

笔者给文明的定义：文明与人类同时出现，人类生存的每一阶段都同时并存各种性质的历史成分,任何一个历史阶段都包含好——坏、善——恶、爱——恨、和平——暴力、公义——偏见、光明——黑暗、幸福——灾难、建设——破坏等性质不同的以及无法说尽的更细微难辨的构成成分,即便在同一事件中也同时存在品质不同的多种成分。比如在一次车祸中,由车祸引发的各个环节各种人的各种行为举止体现着不同性质的精神成分。把性质不同的构成成分进行分类,就有文明、野蛮、罪恶等类别,由不同类别形成的历史股流构成人类总历史中的支历史。在历史之中,文明就是人类历史构成中具有良好内在品质的那个类别。人类文明史就是由具有良好品质类别构成的人类历史。历史构成之部分或许是伸手可触的,或许如汤因比所言"是肉眼看不到的"。文明的重要构成部分如拜格比言,其"线索"和"性征"是明显可见的,文明本身存在于"观念"和"价值"之中。①

　　文明或许与进化论无关。达尔文只不过是对人类及地球生物演化的可能性做出自己判断的一个人,其认识只不过是一种假说,该假说只不过是人类个体对世界的众多认识之一种。假若在万年以前,人与大自然中的万种生命在宇宙中和谐相处,人不仇恨人、不陷害人、不屠杀人,而是爱人、关心人,对宇宙生命心存敬畏和感恩,湖河江水清澈自然,水中的原初生命不可计数,水果蔬菜粮食,空气阳光雨露全是原本的、自然的。如果说现代人在农药化肥各种污染各种毒药武器的簇拥中灭绝物种、毁坏地球,使自身的肉体生命和精神品质异化,终生搅扰在恨人、害人和杀人的疲惫憔悴之中,没有信仰、信念、肯定和希望,只有怀疑、否定、颠覆与绝望。那么,现代人与万年以前的人相

---

　　① 汤因比:《历史研究》,桂冠图书公司1978年版(下同),第67页。

比,究竟是进化了还是退化了？究竟是进步了还是落后了？究竟是文明了还是野蛮了？或许人类总会凝视自己"发展"的一个阶段,那个阶段的人完全生活在异化的人造世界中,没有自然原本的生命存在,世界充满畸形、变态、无根、无生命、焦躁、分裂、空虚、窒息、病毒、凶杀、废墟和绝望。那时的人们可能会明白,正是他们所谓的"文明""发展"毁掉了人类,人类或许不得不重新寻找本原的生命状态,他们渴望异化之前的原生态,他们想弃绝曾经努力"进化"的"发展成果"而一步步返回到原始、自然的状态,回归到没有污染,没有异化,没有毁灭的生机勃勃的生命状态。

文明是什么样的。诺贝特·埃里亚斯在其《文明的进程——文明的社会起源和心理起源的研究》一书中记录和研究的文明是文明的本来样子。埃里亚斯的一个显著特点是,他所关注的文明就是指那些在我们正常的良心上不言而喻的好行为、好习惯和对人灵魂的好造就。比如关于就餐的行为,关于宫廷吐痰模式,关于人们用什么理由来说明这是"好"的、"更好的"、"坏"的,关于席间餐具的使用,关于擤鼻涕,关于吐痰,关于卧室中的行为,关于男女关系,关于骑士生活等。在关于卧室中的行为,《礼让之书》对英国男孩的要求是:"如与贵人同床,当问其睡何边。不可率先上床,此举尽失其礼。"（P257）"就寝手脚平置,睡前先道晚安。此乃就寝大礼,不可置之脑后"[1]。同一书之《男孩的礼貌教育》中说,在你脱衣服时不要让人看见那些一般要求掩蔽的部位,如与他人同睡,应静静躺着,不能掀动被子而裸露身体。《礼仪与基督教礼貌守则》要求,上床时不

---

① 诺贝特·埃利亚斯:《文明的进程——文明的社会起源和心理起源的研究》第 1 卷,第 257 页。

能在任何人面前脱衣服,尤其是未婚者,绝对不能在异性面前躺着睡觉。早晨一旦醒来,就应立即以讲究的方式起床,不能躺在床上闲聊或干别的事,以免形成懒惰或轻浮的习惯。① 关于吐痰,《男孩席间举止》要求,在吃饭时应把痰吐到餐桌对面的洗手盆内,而在洗手时则不能把痰吐在洗手盆内而应吐在其外。《男孩的礼貌教育》中说,吐痰时应转过身去,以免溅在他人身上。如果地上有痰或自己在地上吐了痰,就应该用脚蹭掉,以免别人恶心。把痰重新咽回去或太频繁地吐痰都是乡巴佬行为。在餐桌边应尽量不吐痰,如一定要吐,则须以礼貌方式不要引起别人注意。德·古尔旦的《文明新论》说,以前可以当着有身份的人的面吐痰,只要用脚蹭掉就行,但如今此行为就是失礼。《法国礼貌》中说,把痰从窗口吐到街上或吐在壁炉里都是不文明的。《礼仪与基督教礼貌守则》说,人不得不吐痰,把该吐掉的东西又咽回去是不合适的,"这样做让人看了难受。"②"有的孩子把痰吐在同学脸上,这是最不能容忍的无礼行为……我们再也不能原谅那些把痰吐在窗外、墙上或家具上的人"③。《上流社会的风俗习惯》说,"吐痰还是粗鲁鄙俗的,并且有害于健康。"④。就像埃里亚斯所说,对吐痰行为,无论你把它看为难为情、羞耻、肮脏还是把它看为一种自然的新陈代谢,无论在心理上予以禁忌、约束还是完全开放,我们或许不敢轻易地把吐痰仅

① 诺贝特·埃利亚斯:《文明的进程——文明的社会起源和心理起源的研究》第1卷,第258页。
② 诺贝特·埃利亚斯:《文明的进程——文明的社会起源和心理起源的研究》第1卷,第247—250页。
③ 诺贝特·埃利亚斯:《文明的进程——文明的社会起源和心理起源的研究》第1卷,第251页。
④ 诺贝特·埃利亚斯:《文明的进程——文明的社会起源和心理起源的研究》第1卷,第256页。

看做一种历史的水准或仅看做一个自然现象,但有一点是肯定的:注意这一行为,总是文明的,对这一行为的注意本身就构成文明,而对其不加规范听之任之或不闻不问就是不文明。

意大利希腊化时期有一个医生发现,哪怕是一个小小的动脉被切断,周身的血液都会在不到半小时的时间里流干净。同时的以弗所人卢福斯第一次精确地描述了肝脏和脉搏的节奏,并最早告诫人们,可疑的水须得煮沸方可饮用。① 诸如此类,关注人类肌体健康的努力在人类历史上的踪迹构成人类文明史的重要方面。阿·魏根纳的《大陆和海洋的形成》论及气候和海洋陆地的变迁,W. C. 丹皮尔的《科学史及其与宗教的关系》、霍尔巴赫的《自然的体系》探讨生命自然,诸如此类的认知、探讨和表述关涉人类点点滴滴好的心理、行为、事件所构成的人类历史才是人类文明史。

文明定义的几个关键点:

第一,构成性质。

人类文明史是指在品质上好的、善的、爱的、公义的、同情的、人道的、建设性的、造福于人的、无损于自然宇宙的人类思想、行为和事件构成的人类历史。以这种分类法考察人类历史时,不文明与文明泾渭分明。

福泽谕吉在论及中国和日本不能被叫做"文明古国"时说:中国和日本历史中主要充满的是残暴、不公、无人道、黑暗,但这一历史中确实也有为民请命、互帮互助、卓越的思理等,故而,他说,中国和日本只能被叫做有文明人士生活于其中的古国,而绝

---

① 爱德华·麦克诺尔·伯恩斯、菲利普·李·拉尔夫:《世界文明史》第1卷,第321页。

不能直称其为文明古国①。汤因比说,"社会原有的和谐与宁静开始消失,代之而起的是斗争与纷乱,文明进入了'战国时代',创造的'生力'已经扭曲之余,再加上'黩武的自杀'与'胜利的陶醉',整个社会自然每况愈下","他们对内压制,对外扩张,耀兵千里,扬威一时,建立了'大一统帝国'"。②他在分析以往有过的"救世的途径"时说,"手持利剑的救世者",那些大一统帝国的创建者无非是混战于人世,"战争解决不了问题,宝剑阻遏不了崩溃,历史上武功赫赫的英雄,并不曾为文明留下什么积极的影响。"③但在综观整个人类历史,在建立他面对历史的"模式"及"单元"时,在归纳出所谓"希腊模式"、"中国模式"、"犹太模式"时,在基本上以民族国家为单位列出 37 种之多的文明"单元"而逐个陈述时,他实际上总是把战乱、强暴、野蛮的历史归在"文明史"的总体构成里。④

第二,时段和地域划分不是最重要的

文明与人类同存在。有人说只有到公元前 3500 年或别的什么时间在底格里斯河、幼发拉底河、美索不达米亚、巴基斯坦、希腊、意大利、中国和墨西哥或别的确定地方才出现了文明⑤。汤因比的逆境论认为,逆境是高度文明形成的真正原因,诸如埃及和希伯来文明。亚里士多德、孟德斯鸠、埃尔斯沃斯·亨廷顿等认为,适宜的气候条件是文明产生的摇篮,而气候变化对文明状况有极大的影响⑥。汤因比按照"历史的形成"、"文明的诞

---

①　福泽谕吉:《文明论概略》,商务印书馆 1997 年版,第 43 页。

②　汤因比:《历史研究》,第 14 页。

③　汤因比:《历史研究》,第 99—146 页。

④　汤因比:《历史研究》,第 99—146 页。

⑤　斯塔夫里阿诺斯:《全球通史——1500 年以前的历史》,第 105 页。

⑥　爱德华·麦克诺尔·伯恩斯、菲利普·李·拉尔夫:《世界文明史》第 1 卷,第 25—35 页。

生"、"文明的成长"、"文明的衰落"、"文明的解体"这样的"阶段说"评说历史,这是众多历史学家面对历史时都愿意采用的模式。福泽谕吉认为文明是人的智德的反映,文明要在努力中实现,他常以"西方文明"、"东方文明"、"西洋文明的来源"、"日本文明的来源"这样的概念谈论文明,认为"现代的西方文明兴起于罗马灭亡时期"①,现代民主政治、自由政治、君主政治的因素皆源于此,他说西方有文明,东方无文明,认为某国在某次改革之后有文明,在此之前无文明。人类学家拉尔夫·林顿对马达加斯加岛的塔纳拉人观察研究的结果是:"塔纳拉人只是最近才过渡到文明阶段"②。

在论及农业时,人们往往以"农业文明"之类说大麦的最早培植地区可能在北非、波斯、小亚细亚和突厥斯坦,旧大陆很早就种植罂粟以提取鸦片,美洲印第安人很早就种植玉米、烟草、豆类、南瓜、马铃薯等。斯塔夫里阿诺斯总结说,早期农业传播的最后结果是三大谷类种植区:东亚和东南亚的稻米区;美洲的玉米区;欧洲、中东、北非、中亚以及从中亚到印度河黄河流域的小麦区。这三大谷类种植区如同工业革命到来之后的煤、铁、铜三种矿物质一样,为人类作出过卓越贡献。实际上,有些构成文明标志的农业现象是不能归入文明范畴的,比如罂粟和烟草。中国清朝的官商阶层抽大烟是排场、时尚、身份的象征,是文明的重要标志,但在清朝后期,抽大烟又被看做败家子、丧门星、丑类而被禁。开拓殖民地时期,横行在新大陆的大亨和盗贼们热衷于在摆开一个高不可攀的架势之前先点一支极其粗大的雪茄,跋扈的意思之间就是说抽雪茄是一个人被排在文明行列的

① 福泽谕吉:《文明论概略》,商务印书馆 1997 年版,第 121 页。
② 斯塔夫里阿诺斯:《全球通史——1500 年以前的历史》,第 105 页。

第一论题 鲁迅研究的资源背景

第一标签,但不久之后,无论什么人在什么地方抽烟都被看为恶劣行为而被轻看、被隔离。并非文字承载的东西都是文明,事实上,有些文字承载的东西恰好是背离文明的垃圾,而有些未有文字记载的沉默却包含着难以测度的文明。

有人在论及阿尔太米拉洞壁的"受伤的野牛"时说,这个不可查证的远古人的刻画是如此精美,"即使现代的文明人若不经一定的绘画训练,可能也难以画得那么正确生动"①。笔者要说的是,画出这样精美作品的人就是文明人,此作品就是文明,相反,以"现代"之类观念把之前的人看为未开化的人而把自己宣称为文明人的人恰恰是野蛮人。

当我们关注文明构成成分之品质和价值区分时,在人类历史进程中,我们不能说在哪个时间之前全是非文明,在哪个时间之后全是文明;也不能说在哪个地域全是文明,而在其他地域没有任何文明。实际上,自有人类以来文明就始终与人相伴,在人类的所有经验中,时时刻刻既贯穿着文明,又浸透着非文明。所谓不同的文明,主要体现于存在的样式、载体及其在不同历史阶段的演化上。比如在所谓远古时代,文明可能在沉默人的心中,而在现代,文明在文字里、在转瞬即逝的速度节奏色彩、在铺天盖地的广告和竞选宣传之中。给受伤的路人疗伤、引导孩子走正路、保护小鸟,诸如此类的行动和事件,无论在多么"原始"的还是多么现代的人类,都属文明。无论用树皮、兽毛、棉花、化纤、人造革还是别的什么材料,只要是为人类的幸福而缝制衣服,这样的工作、这样的产品、这样的生活都是文明。

在考察历史和发现真理这件事上,以性质分类、无时段地域划分的方法会使我们把眼光集中在历史事实内在的本质上,在

---

① 迟轲:《西方美术史话》,中国青年出版社1983年版,第4页。

事实本身的是非、善恶、曲直、优劣上,这会使历史事理更确定、更易见、更体现其价值。

对文明史的定义:

简单说,人类文明史就是由人类干过的好事、善事、造福于人类的事形成的历史。这里不存在有人装作不懂一样质疑什么是好事、什么是善事、什么是造福于人类的事之类的疑问,上帝在创造人时就给了人起码分辨是非善恶的恩赐,辩证法往往使简单的事情变得复杂、使清晰的道理变得混乱、使明摆着的道理成为不可知,但在历史现实中,事理是明摆着的。比如爱邻居就是好事,杀人就是坏事,明摆着的,根本用不着辩证和解释。你绝对不能落入说做好事也有假惺惺的糖衣炮弹,杀人也有为解放人民解放全人类而进行的正义杀人之类的辩证法陷阱。好事就是好事,杀人就是杀人。无论何种借口的杀人都毫无疑问是邪恶的杀人,天下永远没有正义的刽子手。杀人辩证法的陷阱正是人类历史没有能按是非曲直进行分类梳理的原因和结果,也正是野蛮事件和刽子手被写在人类历史荣耀第一页的原因,也正是真正的人类文明史被刀枪诡诈任意糟蹋而不得见天日的原因。

人类文明史包括的精神、思想、经验和事件广泛到人类生活的一切方面,用所谓农业、工业、商业、医学、教育、经济这样的生活构成的思路来诸类陈述,或者用所谓牧业文明、农业文明、工业文明、绿色文明这样的所谓历史进程的思路诸阶段陈述,或者以希腊文明、埃及文明、华夏文明、巴比伦文明这样的国别或区域划分的思路来陈述,或者以所谓乡村文明、城市文明、西方文明、东方文明、上层社会文明、下层社会文明这样的诸项对应罗列类比法来陈述都难说尽人类文明史构成的本质。

在分辨历史中的文明与非文明时,一开始就要进入构成的性质和价值意义。如狗的驯养是不是人类文明的一个标志,这取决于狗的驯养在人与狗的关系中是否构成文明现象或文明事件,这只与贯穿于此事件中人与狗关系的内在性质有关。无论在任何时代,驯养狗不一定是文明,也不一定是非文明。如果为了造福于人,它就是文明,如果为了偷盗抢劫,它就是罪恶;如果对狗友善、人道、体恤,顺应狗的自然属性,就是文明;如果虐待它、折磨它,那就是野蛮;如果在驯狗这件事中同时带来大自然、人类、动物界的和谐共生和幸福快乐,它就是文明;如果带来失衡、痛苦和相关的灾难,则是野蛮。

因而,简单说,人类文明史就是由人类生活中善良、友爱、和平、利人、建设、避免和防止灾难发生的心灵、精神、思想、行为和事件构成的历史。

这是鲁迅研究首先必须澄清和拥有的资源。

人类第三种历史资源:心灵史

"我们对'永恒存在的上帝'不屑一顾,却对各种假象和虚伪的东西推崇备至。"这是卡莱尔在《文明的忧思》一书中面对人类信仰危机的状况,面对人类舍本求末的盲目行为而发的感叹。我们探讨文明却放弃了文明的创造者和保守者,放弃了文明的根源,我们在文字的字里行间寻找文明的文义却丧失了我们自己鲜活的心脏和灵魂。卡莱尔在追问人类文明时说,上帝的缺失,人之灵魂的缺失"是整个社会坏疽的根本,这种缺失正以可怕的死亡威胁着现代一切事物……没有任何信仰,也没有任何神灵;人们丢失自己的灵魂,只好劳而无功地寻找

'防腐之盐'"①。在没有上帝和人的心灵时,"一切都是徒劳的:无论是诛杀暴君,还是通过改革方案,无论是法国革命,还是曼彻斯特起义,都没有找到救世的良药。"②远离上帝的人们在手忙脚乱地改造社会,但当人类心灵缺乏神圣永恒的守望时,人生越忙乱,人类越危难。

　　在丧失信仰,没有心灵时,人们就进入两种看似相反却本质同一的与人之根本疏离的生存状况:一、全人类被发动起来轰轰烈烈卷入社会、人群,在集群化行动中,个人生命变得不再珍贵和不再实有。这是现代狭隘民族主义、专制主义社会的显著特征;二、个人一步步龟缩到"与他人无关"的单一自我角落,这是现代个人主义社会的突出问题。第一种状况之典范就是前面谈到的希特勒国家社会主义的理论和实践。后一种状况,卡莱尔有一个案例——一个失去丈夫、带着三个孩子、衣食无靠的可怜的爱尔兰寡妇四处求人援助,但无人管她,她向她的邻居申诉说:"看一看我的处境,没人帮我,你们必须帮助我! 我是你们的姐妹,与你们血脉相连;同一个上帝创造了我们,你们必须帮助我!"但他们的回答是,你不是我们的姐妹,你与我们不相干。结果,这个寡妇在饥寒交迫中被伤寒夺走生命,她的伤寒在小巷中传开,顺便夺走了其他十七个"不相干"的人的生命③。卡莱尔说,这个寡妇以死证明了她与别人血肉相连的姐妹身份,十七个"不相干"的人的生命也证实了这样一个不可否认的事实:一个人的确与他人相干。④ 本来相干的人为什么变得不相干了?

---

　　① 卡莱尔:《文明的忧思》第 1 册,宁小银译,中国档案出版社 1999 年版(下同),第 3—4 页。

　　② 卡莱尔:《文明的忧思》第 1 册,第 3—5 页。

　　③ 卡莱尔:《文明的忧思》第 1 册,第 7 页。

　　④ 卡莱尔:《文明的忧思》第 1 册,第 18 页。

因为使得人相干的人的心灵不存在了。不是人与人没有关系，而是人丧失了心灵。人的心灵为什么丧失？因为人离开上帝永恒的真理，人的心灵失去了保守。

心灵史是人类历史重要的一支，是人类历史的心脏。

(一)以人为万物尺度的心灵史

这一历史从人类的犯罪开始，在人类的犯罪中行进，在人类自酿的灾难中结束。在基督教文化资源中，上帝给他创造的人说："园中各样树上的果子，你可以随意吃，只是分辨善恶树上的果子，你不可吃，因为你吃的日子必定死。"①蛇引诱夏娃说，"你们不一定死，因为神知道，你们吃的日子眼睛就明亮了，你们便如神能知道善恶。"②"于是，女人见那树上的果子好作食物，也悦人的眼目，且是可喜爱的，能使人有智慧，就摘下果子来吃了；又给她丈夫，她丈夫也吃了。他们二人的眼睛就明亮了。"③基督教文化资源中，人类背离神道的起点是悖逆神而任凭人自己的意念行事。这个起点的本质是人按自己的心意猜想：(1)离开上帝的道，人不一定死；(2)人不行在上帝的道中反而可能会和上帝一样有智慧；(3)人可以完全脱离上帝而为所欲为。

摆脱上帝之道的人的心灵的自由意味着什么？非基督教国家的受教育者被告知，离开上帝，显示着人的勇敢、省悟、反抗蒙昧、理性、解放、自主。但信仰中的人知道，离开上帝意味着离开根本的律。就像那些虽然不信但却懂得宇宙规律的人在正常的

---

① 《新旧约全书》，中国基督教协会1989年版(下同)，创2:16—17。

② 《新旧约全书》，创3:4—5。

③ 《新旧约全书》，创3:6—7。

日子中对生命的内在感受,火车行出轨道意味着毁灭,庄稼不按时节种植和收割意味着饥荒,孩子离开吃喝拉撒新陈代谢的自然生长法则就意味着不能健康。违背根本的律、出离神的道的人的心灵就进入自以为是的诡诈。神问亚当:"莫非你吃了我吩咐你不可吃的那树上的果子吗?"①亚当推脱责任说:"你所赐给我、与我同居的女人,她把那树上的果子给我,我就吃了。"②神再问夏娃,夏娃说:"那蛇引诱我,我就吃了。"③

离开神的准则的人的心灵必然出离基本的律,比如宇宙世界运动存亡的律、人之所以为人基本的律、人类在真理和幸福里面的律、人类在恶和混乱荒诞中的律、人类与万物和谐相处的律、万事万物毁坏消亡的律等。鲁迅在《论辩的魂灵》里描述的是人们在混乱思维和狭隘观念之律中的状况:你主张读洋书,你就是洋奴;你说中国不好,你是外国人吗;你说甲生疮,甲是中国人,你就是说中国人生疮了,你既然也生疮,你就和甲一样了;我骂卖国贼,所以我是爱国者,爱国者的话是最有价值的,所以我的话是不错的④。背离共同的、永恒的律而进入各自为是的一己诡辩的人就这样在行事为人上陷入零碎小道理的混乱陷阱之中,就如同违背交通规则的司机们各自为政时街上必然陷入混乱和灾难。没有心灵根基,没有永恒准则而完全由一己的自我尺度行事的人必然使世界陷入无序与绝望。这样的人今天造反,屠杀官僚,明天黄袍加身,又蹂躏百姓;今天焚书坑儒,明天独尊儒术;今天消灭麻雀和一切动物,明天又把留下来的几只畜生供奉在庙堂之上。宇宙、大地、人生在这样的人的手中陷入

---

① 《新旧约全书》,创 3:11。
② 《新旧约全书》,创 3:12。
③ 《新旧约全书》,创 3:13。
④ 《鲁迅全集》第 3 卷,第 29—30 页。

绝望。

完全自我掌管中的人类不与上帝的神性同在，而是仅仅由人身上的人性和动物性主宰，也就是不与宇宙人生永恒的律同在而完全由个人偶发的临时道理主宰。因着缺乏上帝根本的道的浇灌、哺育、眷顾和保守，亦即缺乏人生根本道理的哺育和喂养，这样的人最终会使那与神同在时本来宝贵的、荣耀的、美好的人性也渐渐暗淡、变异、消失而最终成为没有心灵的人。这样的人是可怕的。表面上，有信仰的人与无信仰的人差异不大，实际上，在人生本质上是不一样的。真正有信仰的人以上帝的心为心，而无信仰的人以自己的临时算计为是，个人的临时算计总是暂时的、相对的、有限的、善变的。

梅尼克谈到希特勒的德国民族性格形成时说，那种可怕性格，"是由于自从歌德时期以来灵魂力量之持续换位的结果，我们可以把它理解为合理与不合理的两种力量之间的灵魂平衡受到干扰。一方面是过分突出了算计的智能，而另一方面则是感情上对权力、财富、安全等的渴望；于是行为的意志力便被驱入到了危险的境地。任何在技术上能够加以算计而又可行的事情，只要能带来财富和权力，看来似乎就被证明是有道理的，——甚至于就被证明是有道理的，只要它能为自己的民族服务。但是还必须加上国家社会主义这种新伦理学，这种 Secroegoismo[神圣的自私主义]，才能完成对这种灵魂力量的换位的正式加冕礼。"①

缺乏永恒灵魂准则的人的根本品质是，为了某个当下目的，他会不惜一切代价，为了解决一个小问题，就豁出去酿造大灾难。我们耳边回响着太多的"不惜一切代价"，"不惜一切代价"

① 梅尼克：《德国的浩劫》，第87—88页。

是一种极其危险的短视行为,这种短视行为往往是眼前灾难的直接原因,又时刻引发和酿造马上要来临的更可怕的新的灾难。人们并不想这么做,没有人愿意这么做,但当人们离开上帝的永恒准则、远离宇宙间根本的律、离开人生总的道理之后人们必然要进入这样的陷阱。不愿意做而必然要做,不应该做但总是在做。于是,这样的人慢慢就在自己摆脱不掉的困境里回过头为自己不恰当的行为寻找托词和辩解,甚至反转手段利用灾难而在灾难里把真正制造灾难的人转化为勇敢面对灾难的英雄,而乘机宣扬战天斗地的莽撞和浮躁。这样演化的结果是,灾难频繁来临的原因反而不再被关注,避免灾难的长远工作反而不再被重视。结果是,人们终日煞有介事的所谓正常工作完全成了拆东墙补西墙地应付接踵而至的灾难。

当人离开神圣、永恒的准则,当人完全任由人自己的准则控制时,人们就很容易被替代上帝的人间权威辖制、愚弄、践踏。而人们一旦陷入这样的困境,就极难摆脱。因为这时的人们完全由人的准则掌管,所有的依靠和盼望都是局限在人的权力范围内,而在人的权力范围内最大的权威恰恰就是那个正在辖制和践踏人的权力。就等于单位职工因受不了领导的压迫而上告求援,但审理案子的人正是直接压迫职工的那班人。这种困境是丧失永恒真理的人共同面临的,并非只是下层受苦者。整个人类,无一人例外(有人以为人间的压迫只是掌权者对无权者的压迫,实际上,人类一旦陷入压迫,那就是所有人进入压迫的恶性循环,在这个恶性体系里无人能得平安,墨索里尼被吊死、希特勒自杀、无数的皇帝首领被弑被诛、无数刽子手比普通老百姓更加惶惶不可终日,就是这个道理)。梅尼克说,在世俗权威的党和领袖们正在塑造集体主义、国家主义的国民灵魂时,集体和国家的利益早已被党和领袖们吞噬干净。当一个国家中的人民完全被固定在"Right or wrong, my country（对也罢，错也罢，终归是我的国家）"这样的灵魂上时，一方面，这样的国家和其中的人民，就坐上了任人宰割的强盗船，另一方面，这样的国家和其中的人民自己实际上也已经一同变成了吃人恶魔。①

柯林武德在其《历史的观念》的"作为心灵的知识的历史学"，讲的是关于心灵的知识学、关于过去的思想和行为作为永存的过去在现在的考察中形成的历史，关于心灵的挖掘，关于心灵展示的强弱及善恶。这种心灵科学或心灵哲学，实际上正是以人的准则为万物尺度的人的心灵的历史。

（二）心理学意义上的心灵史

心理学意义上的心灵史是指不做任何伦理、道德、是非判断的，而是作为纯客观存在体的人的心理展示形成的人类历史。

这一历史由现在已经比较完整的心理学研究呈现出来。个体心理学、群体心理学、儿童心理学、青年心理学、管理心理学、社会心理学、民族心理学、战争心理学、教育心理学等把人的心理当作一种纯客观研究对象而设置在各种不同境遇中予以认知，这种工作已经取得的显著成就，有助于人类冷静地看清人的心理这样一种存在物的基本特质。

研究成果表明，人的心理的有些特点非常可怕，比如当人以个体形式存在时，他或许是个文明人，但当人以群体形式存在时，他们或许就变成一群野兽。如果这些弱点被警戒、被克服、被其他优点替代，人就会行动在规范、善良和文明当中；反之，如果这些弱点被激活、被张扬、被不正当的人或社会集团利用、标榜和高举，那么，人心理的弱点就会酿成无尽灾难。请关注下面

①　梅尼克：《德国的浩劫》，第88页。

展示的实验结果,请注意这些结果与鲁迅语境的关联。

A. 沙赫特恐惧与亲和动机关系的试验发现,外加的恐惧越大人们的亲和感越强,没有恐惧或较小的恐惧会使人的心理处于一种宽松的无所谓状态。恐惧越大,寻求亲和的渴望就越强烈。这就是为什么有些暴力强权使人民过着暗无天日的生活,可老百姓不但毫无怨言而且往往发自内心集体盛赞、崇拜、歌颂、神化这样的强权。

B. 戴维·格拉斯等人在有关伤害人的实验中发现,拼命诋毁本来无辜的被伤害者会使害人者产生无罪感,会使不明真相的旁观者卷入亢奋的偶发性集群性易感氛围之中而趁火打劫。在一组电击实验中,一组不明真相的被试者被劝说向他人实施电击,当被试者未被告知电击对象的身份时,他们不肯动手;但当有人反复说那些该死的对象是些恶棍时,被试者就放心大胆行动了,因为现在他们知道那些对象原来是些该死的讨厌鬼,被电击是罪有应得。肯特州立大学曾发生过警察枪杀四名大学生的事件,事后,传言说,四具尸体上爬满了虱子,均染有梅毒,其中两名女生已怀有身孕。本来无辜的被杀者,历经百般诋毁,周围人就认为,死者罪有应得、死有余辜。斯大林死后,秘密警察头子贝利亚处于接班的有利形势,赫鲁晓夫用百般诋毁的方法说服最高苏维埃主席团成员很快把贝利亚搞成危险分子,逮捕,处决。赫鲁晓夫知道人们需要证据,所以他很快搞了一份据说贝利亚曾经强奸过的一百多女孩子和妇女的名单表。①

C. 关于环境影响、角色转换、内化等的实验发现,不良环境

① E.阿伦森:《社会心理学入门》,群众出版社 1985 年版(下同),第150—156 页。

会把人熏陶和培养到不可测度的坏的程度。腓利普·齐姆巴多在斯坦福大学心理系的地下室作了一次模拟监狱实验,把一组心志健全、知识丰富的年轻人用扔硬币的方法随意分为两组,一组当"犯人",另一组当"看守"。"到了第六天末,我们不得不关闭这所模拟监狱了,因为所见情景令人害怕。对我们或大多数被试验人来说,已经不能确定出他们在什么时候结束了自我而开始进入了角色。大多数被实验人确实成了'犯人'或'看守',已经不能分清自我和所扮演的角色。其行为、思想和情感各方面都有显著的变化。不到一周,关押监禁的经验就(暂时地)抹杀了一生的学习。人的价值观瓦解了,自我概念面临挑战。人类本性中病态的、最丑陋、最恶劣的方面显露出来了。我们所以感到恐惧,是因为看到了有些年轻人('看守')把另一些年轻人('犯人')当作最可恶的动物看待,以对别人施加残暴为乐;另一些年轻人('犯人')变成了奴隶般的、失去人性的机器人,他们所想的只是逃跑、幸存及对看守的加倍痛恨。"[1]希特勒们想把谁关进监狱谁就是囚犯,不需要证据,这是符合人类心理本质的。

D. 有人在把个体心理与集体心理做比较研究时发现,人在集体状态与在个人状态时,其心理会有很大不同。集体状态的人的显著特点是:匿名性、情绪性、易感染性、盲动性。个体状态中的每一个文明人一旦进入集体状态,他们会迅速变成一群不辨是非的禽兽。这就是许多阴谋屠杀都是席卷全国的轰轰烈烈的旷日持久的集体化大运动的原因。

E. 关于服从权威的试验,E. 阿伦森总结说,"米尔格拉姆的试验结果令人吃惊,并且有点使人沮丧,愿意服从权威而给别

----

① E. 阿伦森:《社会心理学入门》,第17页。

人带来痛苦的人多得出乎意料。在试验室以外的世界里有与该试验极其相似的事情。例如，我们在读这份报告时一定会想到米尔格拉姆的被试人行为与阿道夫·艾克曼的盲目服从行为之间存在着某种共同性。阿道夫·艾克曼把他自己屠杀千百个无辜平民的罪责归于因为他是个服从纳粹政体命令的好官。同样，在我们自己的近代史上，陆军中尉威廉·卡利被指控犯有杀人罪，因为他蓄意地、无故地在越南的美莱屠杀过妇女和儿童。他坦率地承认了这些罪行，但却说，他觉得这是在服从上司的命令，是情有可原的。"①

F. 不同环境造就完全不同的人。高桥敷在《人性的荒野》中说，他领着在南美生活了6年的儿子（时年6岁）和10年的女儿（时年10岁）回到故乡日本，回家的第二天，他跟儿子、女儿和一个来自南美的青年去日本一家动物园游玩。到长颈鹿园前，他们看见一个日文牌子："请游人不要给长颈鹿喂食物，以免破坏长颈鹿的肠胃。"而在牌子下，是一大堆争先恐后给长颈鹿喂食物的人。两个小孩不解地问爸爸：牌子上那样写着，人们为什么还喂呢？爸爸尴尬无措，孩子说，爸爸，你去制止他们！爸爸更加尴尬无措，因为他知道这是日本。正在这时，那位来自南美的青年问明原因冲上去吼散了那伙人。在日本生活了一年之后，高桥敷又领着两个孩子去逛公园，到长颈鹿园前，看见的是原原本本去年见到的情形。与去年大为不同的是，这两个孩子争先恐后地说：爸爸，给我食物，我也要去喂。②

G. 个体心理有稳定的品质，但一些与生俱来的可怕性仍然不容忽略。精神分析研究认为，人身上有两种基本本能——

---

① E.阿伦森：《社会心理学入门》，第44页。
② 高桥敷：《人性的荒野》。

"生命本能"和"死亡本能"。"死亡本能"(the death instinct)潜伏于人体内,"每个人的身上有一种趋向毁灭和侵略的本能冲动。""这个死亡的本能设法要使个人走向死亡,因为那里才有真正的平静。只有在死亡这个最后的休息里,个人才有希望完全解除紧张和挣扎。""这个自毁的冲动受生命本能的压抑而减弱,或改变了方向。不过有时候生命本能失去这种力量,这时死亡本能可能借着'自杀方式'表现出来。"①

H. 关于怀疑、无信、作弊、撒谎、腐败、欺压、残酷等品质,亨利·查尔斯·萨(Henry Charles Sirr)说到当时的中国民族,"对一切都以猜疑的目光去看。狡猾、嫉妒之深使人叵测";"横暴不逊地对待弱者,没有公正执法的法官,对强者却又奴颜婢膝。告状时,如果被告的是富贵人家,除非是告到京师并等候天子亲裁的大案件,否则没有受到公正裁判的机会";"上下各阶层都沉溺于赌博之中,欺诈是每日的游戏。中国小偷的巧妙、大胆、机敏早有定论,鸦片带来的罪恶更不堪言。各种不堪的道德行为仿佛最高权力者一样,支配着中国人的心灵。"②古伯察(Regis—Evariste)说,"中国人完全沉溺于世俗的兴趣之中,沉浸在感性的生活中,因此他们的生活完全是唯物质主义的。中国人的视线完全固着于利益之上,获得大小利益的热望吸引了他们的全部能量,热切追求富和物的快乐而无暇他顾。……他们从不把宗教看做是多么重大的事情,只不过是取乐的话题而已——并不看做是切身的问题。中国人对宗教的漠不关心,发展到了对教义的真伪善恶毫不介意的地步,宗教感情已经枯死

---

① J. 洛斯奈:《精神分析入门》,社会科学文献出版社 1987 年版,第 33 页。

② 沙莲香:《中国民族性》,中国人民大学出版社 1989 年版(下同),第 1—2 页。

了。……他们把一切的信仰斥之为独断，而只凭腐败堕落的本性生存。"①麦华陀(Medhurst. Walter Henry)说,"中国人缺乏容忍和实行没必要的痛苦的感受性。他们刑法残酷,虐待囚犯。平心静气地用极端的方式给犯人处以体罚和死刑。"②斯密斯(A. H. Smith)说,"中国人的爱撒谎,倒并不是因为根本喜欢撒谎,乃是因为撒谎有好处,这种好处非撒谎得不到。一面既不信实,一面对于别人又多疑善虑。"③麦嘉温说,"中国人最让人费解的癖好是说谎,'他们好像没有真实的念头',他们坦然地'装作不在','装病',说谎时尽力使它显得真实。所以,要从中国人的话里了解到真实情况是不容易的。"④费正清说,"在中国,个人需要依靠他在等级社会中的人与人的关系,像他在家庭所保持的那样,子对父尽孝,媳对婆尽孝,妻对夫尽顺,臣对君尽忠等等。无论在政治上,工业或商业上,个人都不能在任何地方享到法律和民权制度的保障";"从最早的时候起,做官就是取得财富和闲暇的钥匙,因为官吏拥有最大的机会去从已经得到的东西中增加他的份额。随着他的官吏身份带来了解决人事问题和从中取利的权利。"⑤严复、梁启超、陈独秀、胡适、蔡元培、梁漱溟、鲁迅等都注意到了这个民族性格的主要缺陷:无信、欺诈、没有公正、对宗教不关心、迷信、中庸、残酷、老奸巨猾、一盘散沙、贪污、不求准确、爱面子、好伪、愚昧、奴性、目光不远、家族本位、公私混杂、专制、空谈、缺乏公德、优汰劣胜、侥幸、模糊、无赖、不讲理、固执等。

---

① 沙莲香:《中国民族性》,第4页。
② 沙莲香:《中国民族性》,第15页。
③ 沙莲香:《中国民族性》,第48页。
④ 沙莲香:《中国民族性》,第76页。
⑤ 沙莲香:《中国民族性》,第124页。

　　关于人类的本性或民族习性，这些实验和观察令我们沉思。带着我们心理和习俗的可怕本性，我们应该怎样行动？应该警戒、预防、转移、替代、抑制还是应该迎合、激发、张扬、放纵、恶意地利用？实际上，希特勒等无数狂风暴雨式的社会集体化屠杀运动都只不过完完全全按部就班地迎合、激发、利用了人身上最黑暗、最脆弱、最恶劣的一部分心理品质，他们并没有多做或少做什么，他们不多不少，只不过诡诈或明目张胆地利用了人身上的弱点。就是说，在希特勒大屠杀中，真正杀人的不仅是希特勒们，在很大程度上是人类的弱点，因着这些弱点，在那些屠杀者的激发、怂恿、鼓动之下，杀人者就不再仅仅是那些发动者，而是所有参与者，亦即，是人性本身已经卷入了恶行膨胀的杀人体系而不仅仅是暴君在那儿单枪匹马地杀人。当我们的心理弱点被利用时，当我们在不知不觉中也变成了禽兽时，看上去我们是受害者，实际上，跑在最前面去杀人的正好是我们自己。

　　以上两种人类心灵史也是两面镜子。前一面镜子照亮我们离开神的根本的道之后完全由人的理性主宰的人的心思意念，这种心思意念趋向于贪婪、自私、诡诈、虚妄，是偶在的、盲目的、矛盾的、混乱的。后一面镜子照亮我们在心理学意义上作为人的客观自然的心理和习俗品质，我们的心理和习俗原来有那样多软弱、黑暗、不稳定，容易被引入歧途，容易被加剧、被恶化、被毒化、被利用。

　　以上两种人类心灵史也是鲁迅精神置身其中的，是鲁迅研究必须占有的基本资源。但它们不是人类真正的心灵史，它们只是人类根本心灵史的相关解释，是提供给人类以便于人类看清自己丑恶面而以资警戒、吸取教训的心灵史。人类善的一面、造就人的一面的心灵史是人类与上帝关联的心灵史。这一历史关乎人的信仰、盼望和拯救。人类真正的心灵史是上帝呼召人，人仰望上帝、寻求上帝的心灵的历史。

关于真正心灵史的一个必要防范：

以人的眼光审判神而书写的所谓神的历史，实际上不是人寻求神、人与神心灵回应形成的人类心灵史，如凯伦·阿姆斯特朗所著《神的历史》之类。凯伦·阿姆斯特朗从人类知识学角度罗列了据说是客观的关于神的知识，三位一体的基督教的神，唯一真主伊斯兰教的神，哲学家的神，神秘主义者的神，改革家的神，启蒙时代的神，死了的神，未来的神等，作者在纵横驰骋于这些知识领域时，始终没有自我寻求和回应的心灵踪迹。在凯伦·阿姆斯特朗看来，所有那些思考神的问题的人、有信仰的人、在信仰与不信仰之间经受痛苦煎熬的人都是傻乎乎的不幸的人和盲目好笑的人，而只有像她自己一样对此类问题一无挂虑的人才是有幸和聪明的人。这种没有心灵而纯粹以知识理念堆积的历史不能构成人类心灵的历史①。

(三)真正的人类心灵史

奥古斯丁对人类历史的解读认为，历史是两个方面的征战，一方是 civitas terrena，世俗之国，另一方是 civitas Dei，上帝之国。前者是灾难的历史，后者是拯救的历史。世俗之国与上帝之国的征战亦即灾难与拯救的征战。② 人类心灵史，就是在上帝引领、关照和眷顾中人类心灵的履历。奥古斯丁所说的"俗史"是指古代史学家记载的事件构成的历史，"圣史"是上帝启示给人的事件构成的历史，而《圣经》就是一部圣史。在奥古斯

---

① 凯伦·阿姆斯特朗：《神的历史》，海南出版社 2001 年版。
② 汉斯·昆：《基督教大思想家》，第 86 页。

丁看来,"圣史开始于创世第六天人被造出来之后,《旧约》描述的以色列人历史构成了圣史的前五个阶段,《新约》记载的耶稣活动史是圣史的最后一个阶段,圣史终结于耶稣献身,为人类赎罪。俗史发生的时间与圣史的时间平行,并且在圣史结束之后,俗史仍然在继续。"①赵敦华说,奥古斯丁"上帝之城"与"世俗之城"之理论其实也包含着一个完整的国家和社会学说。奥古斯丁之"城"(civitate)即"社会"的意思。由所爱之事物之不同而使作为社会群体的人被分成两组,"两种爱组建了两座城,爱自己、甚至藐视上帝者组成地上之城,爱上帝、甚至藐视自己者组成天上之城,前者荣耀自己,后者荣耀上帝。""一部分人命定与上帝一起进行永恒的统治,另一部分人与魔鬼一起永遭磨难。""实际上,这两座城在现世相互交织、混合,直到最后审判才把两者分开。"②奥古斯丁的二城也可以被理解为精神生活和物质生活之区别,也可以被理解为神圣生活与世俗生活之不同。

人类心灵史,是由人的心灵与上帝的爱和救赎真切交往的关系形成的历史。是上帝寻找和救赎人类及人类对上帝的寻找和救赎予以回应的历史。这一历史是人类对永恒真理的恳求,是活生生的心的寻求构成的历史。这一历史与信仰、祈祷、盼望、神圣、启示、永恒、无限、绝对、拯救有关。亦即,人类心灵史是人类心灵寻求拯救的历史,而这种拯救是理性、技术化和经济努力不能达到的。这一历史的前提是,人类除了肉体的需要、智慧的需要之外,还有心灵的需要。人类肉体在寻找满足,理性在寻求满足,心灵同样在寻求满足。如果只关心肉体满足,人类就

---

① 赵敦华:《基督教哲学 1500 年》,人民出版社 1994 年版(下同),第174—179 页。

② 赵敦华:《基督教哲学 1500 年》,第176—177 页。

容易陷入纯动物状态;如果只关心理性满足,人类就容易被纯粹技术、技巧、权术、谋略、算计所辖制而工具化、片面化、表象化、危险化。只有当同时满足心灵的需要时,人类才会永葆肉体和心志的健康、幸福。

理性主义往往使人陷入精心算计的成堆事务的相互矛盾的陷阱,最终束手无策、任由、绝望。朋霍费尔说:"理性主义的失败是显而易见的。理性主义者怀着最良好的愿望,但却天真地缺乏现实主义,他以为有那么一点儿理性,就足以匡正世界。由于目光短浅,他想对所有各方公平对待,不偏不倚,但在彼此冲突的各种势力的混战中,他却备受践踏,一事无成。他对自己的非理性感到失望,终于意识到自己的无用,于是退出冲突,软弱地向胜利的一方投降。"①如果邪恶是强势的一方,他就向邪恶投降,如果暴力是得胜的一方,他就向暴力投降。理性主义以聪明、合理的面貌出现,以无可奈何的愚蠢收场。朋霍费尔说:"治疗愚蠢的唯一办法,是灵性上的救赎。"②"历史的内在正义仅仅报偿和惩罚人的行为,而上帝的永恒正义则考验和裁判人的心灵。"③

"救赎历史的启示性质并不是世俗历史的明显景象,而是一种超世俗的光,照亮了人类无能的黑暗。"洛维特说,世俗历史的主人是亚历山大、恺撒、拿破仑和希特勒,而救赎历史的主人是基督耶稣。④ 按照《圣经》的教导,人类的救赎历史就是人

---

① 迪特里希·朋霍费尔:《狱中书简》,高师宁译,四川人民出版社 1997年版(下同),第 3 页。

② 迪特里希·朋霍费尔:《狱中书简》,第 9 页。

③ 迪特里希·朋霍费尔:《狱中书简》,第 11 页。

④ 洛维特(Karl Lowith):《世界历史与救赎历史——历史哲学的神学前提》,李秋零、田薇译,汉语基督教文化研究所 1997 年版(下同),第 233 页。

类以信为本的历史,亚伯拉罕因着无条件的信而被认为是人类信心之父,神叫一切以信为本的人都成为亚伯拉罕的子孙,神叫那以信为本的人和有信的人与亚伯拉罕一同有福。上帝的救赎计划在耶稣基督身上显现出来。人类救赎历史的基本图式,"是人违背上帝意志的罪和上帝拯救他堕落了的造物的意愿。从这一神学观点来看,历史的基本特征就是一个从违背向重新和解进步的运动,是为了通过一再重复的反抗和奉献活动在终结时达到开端而走过的唯一的大弯路。唯有人的罪和上帝的拯救才要求并且说明了历史的时间。如果没有原罪和最后的拯救,中间的时间将是不必要的。"①人类救赎历史亦就是人类信仰的历史,"基督教历史观和时间观不是理论澄明的可能对象,而是一件信仰的事情。"②人类救赎历史的核心是圣父、圣子、圣灵三位一体的神对人类无条件的爱。上帝救赎人类是不讲条件的,上帝要救赎人类。这个无条件的特性使得,一方面,不管人类干了什么,要干什么,在干什么,不管长什么样,有无疾病,有无罪恶,上帝是父,人类是子,上帝永远不丢弃他的孩子。上帝眷顾和救赎人类,不讲条件。这一侧面,说的是上帝对人类的无限宽容和绝对的爱,绝对,而不是相对,无条件,而不是讲条件。另一方面,就人类自身而言,人类确实犯罪不止,这就造成无穷灾难,这就使人类时刻处在危险境地,在诸如自以为是的战天斗地行为中,人类总把自己行进在毁灭的边缘。人类给自己制造着无穷灾难和痛苦,但人类又在他自己制造的灾难面前束手无策。在这样的境遇里,上帝的救赎才是根本性的。

① 洛维特(Karl Lowith):《世界历史与救赎历史——历史哲学的神学前提》,第 229 页。

② 洛维特(Karl Lowith):《世界历史与救赎历史——历史哲学的神学前提》,第 232 页。

就人类自身而言，人类自己通过数学、哲学、逻辑、法律等探索推导出来的真理是理性真理，由上帝爱的召唤发出由人回应而得到的真理是启示真理。与人类世俗历史相比，人类救赎历史更是在启示真理中的历史。人类救赎历史不仅仅是以色列的历史和基督教会的事件，以色列的历史和基督教会的事件只不过是较集中传达了基督救赎的福音，"中心事件的历史就像在福音中所报道的那样，到处都是以救赎历史自始至终不可分解的统一为前提的。耶稣基督的特殊历史同时也就是一个普世的救赎历史。"①上帝的创造、基督的临在、基督在人类受死、复活和再来、上帝的审判与拯救，展示着人类救赎历史的来自上帝的爱的一方，而人类自己的渴望、祈祷、归向、悔改、在基督里重生，展示着人类救赎历史中回应的一方。在人类救赎历史中，有苦难的人类，有怜恤人的上帝；有人的失丧，有上帝的寻找和眷顾；有人的祷告，有上帝的体察和垂听；有人的罪恶，有上帝的审判；有人自身的苦楚和无助，有上帝的安慰和救赎。而这一切都源于和系于人的心灵，这个历史就是人类心灵的历史。"基督教的信仰，如同在最初的基督教信经中所表述的那样，既不承认一个孤立的未来，也不承认一个孤立的过去，也不能被归结为'一瞬间'在存在上的'判决'。信经囊括了拯救的全部历史，无论是在未来还是在过去，但它并不在耶稣基督身上虚构这两者，它'昨天、今天、甚至永远都是同样的信仰。'"②简言之，人类救赎的历史完整展示在基督教信仰之中，信经囊括了拯救的全部历史。

---

① 洛维特(Karl Lowith):《世界历史与救赎历史——历史哲学的神学前提》，第 233 页。

② 参考洛维特(Karl Lowith):《世界历史与救赎历史——历史哲学的神学前提》，第 235—236 页。

心是人得到救赎的根。耶稣说："我也要赐给你们一个新心,将心灵放在你们里面。又从你们的肉体中除掉石心,赐给你们肉心。我必将我的灵放在你们里面,使你们顺从我的律例,谨守遵行我的典章。"①耶和华说："日子将到,我要与以色列家和犹大家另立新约。不像我拉着他们祖宗的手,领他们出埃及地的时候,与他们所立的约。我虽作他们的丈夫,他们却背了我的约。这是耶和华说的。耶和华说:那些日子以后,我与以色列家所立的约乃是这样:我要将我的律法放在他们里面,写在他们心上。"②耶稣基督说："虚心的人有福了,因为天国是他们的。哀痛的人有福了,因为他们必得安慰。温柔的人有福了,因为他们必承受地土。饥渴慕义的人有福了,因为他们必得饱足。怜恤人的人有福了,因为他们必蒙怜恤。清心的人有福了,因为他们必得见神。使人和睦的人有福了,因为他们必称为神的儿子。为义受逼迫的人有福了,因为天国是他们的。"③这些有福了的人都是心灵纯洁、心灵良善、心灵归正了的人。心是人百体的核心,是人一切行动的开端,人的心洁净了,端正了,合乎神的道了,人的一切行为自然会在神的律中,人就自然脱离罪恶。心是一个人的根本表征。使徒保罗说,门徒就是推荐信,在写给哥林多的信中说,"你们就是我们的荐信,写在我们的心里,被众人所知道、所念诵的。你们明显是基督的信,藉着我们修成的。不是用墨写的,乃是用永生神的灵写的。不是写在石板上,乃是写在心板上。"④

"心的能力超过理性的界限。理性从现象的分析中无法看

---

① 《新旧约全书》,结 36:26—27。
② 《新旧约全书》,耶 31:31—32。
③ 《新旧约全书》,太 5:1—10。
④ 《新旧约全书》,林后 3:2—3。

出超理性的东西,心却能领悟。理性提供我们形形色色的世界观,心则能体验超乎世界观之上的真实生命。更重要的是,当知性无法掌握道的奥秘时,心则能够契会。"①世事的纷扰或许使得我们言不由衷,人在江湖或许使我们表里不一,但我们的心却总是能体察、能感觉、能领悟,心在每时每刻体味真理,寻求真理、呼唤真理、品尝真理。

"人的心灵是自己最重要的地方。由于人是按照神的形象来造,所以人心灵里最深切、最真实、最真的我就是神的形象所在的地方。"②奥古斯丁认为,人寻求神的第一步"是由外面散乱的自己找回内心的真我。真我在那里就可以碰见神的形象,在神的形象里就可以接触到神。神的形象有爱,有神的真理,有神的知识。但由于那是在你的心灵里面,所以最后一步是由心灵超升上去,和神的形象进至拥抱,然后和神自己联合,到此,人才寻索到真正的我,满足地找到自己"。③

人类的心灵交织在爱和恨之中。人类罪恶历史的核心是恨,人类救赎历史的核心是爱。

在基督教文化资源中,耶稣基督是人类救赎历史的交会点,人类总有很多疑问,"上帝心的能力表现于创造与救赎,那么上帝心的能力究竟是什么? 是什么样的力量使得上帝能够将苦难转化为新创造的行动? 是什么因素使得他的痛苦不至于变成是病态的、伤害的及毁坏性的? 在我们的生命、我们的团契或我们

---

① 宋泉盛:《第三眼神学》,庄雅棠译,人光出版社 1989 年版(下同),第102 页。

② 温伟耀:《追求心灵的得失——评基督教灵修学四大传统的优点与危机》,基督教卓越使团 1998 年版(下同),第 15 页。

③ 温伟耀:《追求心灵的得失——评基督教灵修学四大传统的优点与危机》,第 15—16 页。

的社会中,何处可以找到这种转化的力量? ……让我直接回答这些问题。上帝心的力量就是无条件的爱(agape)。这种爱(a-gape—love)是上帝彰显于创造及救赎中的力量。换句话说,爱就是上帝整个的存在与一切的作为。"①

符合神意的人心就是充满爱的人心。神救人就是最终使人的那个恨人的心变为爱人的心。耶稣基督说:"我赐给你们一条新命令,乃是叫你们彼此相爱;我怎样爱你们,你们也要怎样相爱。你们若有彼此相爱的心,众人因此就认出你们是我的门徒了。"②耶稣说:"你要尽心、尽性、尽意,爱主你的神。这是诚命中的第一,且是最大的。其次也相仿,就是要爱人如己。"③新约的教训是:"我们应当彼此相爱,因为爱是从神来的。凡有爱心的,都是由神而生,并且认识神。没有爱心的,就不认识神,因为神就是爱。"④离开神,就没有爱,离开爱,人类就没有指望。"不是我们爱神,乃是神爱我们,差他的儿子为我们的罪作了挽回祭,这就是爱了。亲爱的弟兄们啊,神既是这样爱我们,我们也当彼此相爱。"⑤

神不是要人到寺庙、道观、教堂、旷野或别的什么特别地方去寻求神、去爱神,而是要人在时刻的日常生活中去爱人,用爱人的方式寻求神,用爱人的方式表达对神的爱。人只要去爱人,他就实践了神的律。人只有去爱人,他才能证明他的爱神。"神就是爱,住在爱里面的,就是住在神里面,神也住在他里

---

① 参考宋泉盛:《第三眼神学》,第103页。
② 《新旧约全书》,约13:34—35。
③ 《新旧约全书》,太22:37—39。
④ 《新旧约全书》,约一4:7—8。
⑤ 《新旧约全书》,约一4:10—11。

面。"①"我们爱,因为神先爱我们。人若说,'我爱神',却恨他的弟兄,就是说谎话的;不爱他所看见的弟兄,就不能爱没有看见的神。"②爱是基督教信仰和教理的核心,没有爱就没有一切。使徒保罗说:"我若能说万人的方言,并天使的话语,却没有爱,我就成了鸣的锣、响的钹一般。我若有先知讲道之能,也明白各样的奥秘、各样的知识,而且有全备的信,叫我能够移山,却没有爱,我就算不得什么。我若将所有的周济穷人,又舍己身叫人焚烧,却没有爱,仍然与我无益。爱是恒久忍耐,又有恩赐;爱是不嫉妒,爱是不自夸,不张狂,不作害羞的事,不求自己的益处,不轻易发怒,不计算人的恶,不喜欢不义,只喜欢真理;凡事包容,凡事相信,凡事盼望,凡事忍耐;爱是永无止息。"③使徒保罗说,:"如今常存的有信,有望,有爱;这三样,其中最大的是爱。"④

真信仰与伪信仰的明显区别就是看这个自称信仰者的人有没有爱。有人自称是某种宗教的信仰者,他的心里却充满仇恨,他的行为里却满是残暴,这样的信仰者实际上是以信仰之名行一己之实。离开神就无爱可谈,神是爱的根源和保障。耶稣基督说:"我就是道路、真理、生命。"⑤他说:"我就是生命的粮,到我这里来的,必定不饿;信我的,永远不渴。"⑥耶稣基督就是生命本身,"道成了肉身,住在我们中间,充充满满地有恩典,有真理。"⑦神的道在耶稣基督身上显现出来,"神本性一切的丰盛,

---

① 《新旧约全书》,约一 4:16。
② 《新旧约全书》,约一 4:19—20。
③ 《新旧约全书》,林前 13:1—8。
④ 《新旧约全书》,林前 13:13。
⑤ 《新旧约全书》,约 13:6。
⑥ 《新旧约全书》,约 6:35。
⑦ 《新旧约全书》,约 1:13。

都有形有体地居住在基督里面。"①

　　信仰是一种心灵的状态,信仰就是经历与神的同在。信仰是什么? 刘小枫说:"与基督的'我在'一同呼吸就是信仰。"②耶稣基督十字架的救恩是在人心的信仰的层面,"'世人'不可能懂得耶稣基督对自己的天父说的'成了',也不可能完全明白一个宣称自己就是'真理'、'光'、'道路'、'生命'的人身何以会如此受屈辱地被钉死在十字架上。要理解这一切,都超出了'世人'的理解和想像能力。一旦有'世人'把耶稣对自己天父说的'成了'变成自己对'世人'说的'成了',他就成了现世的'魅力领袖'——这个词在《圣经》中的意思就是恶魔"③。信仰基于人心灵的困境,基于人自身对终极事务的束手无策,基于人在罪恶中自己不能洁净自己,基于人在罪恶的历史中靠着人自己并不能在根本上拯救自己。

　　人辨别是非、认识真理和实践真理的能力是有限的,人实际上总是处在盲目、偶然、暂时、苟且、有限、相对、矛盾、混乱、绝望的状态之中。人的心灵的长久状态是,面对神、面对永恒真理,人心里感到歉疚。"认信基督是盲人对于光明的认识,这种认识只有当耶稣基督的眼睛'替我看路'才有可能。只有当'世人'的'我在'进入基督的'我在',耶稣眼睛的光明才降临到偶在个体的心中。基督救恩的普遍性和普世性仅在'我信'与所信的'我在'的个体关联之中,'我信'的基督救恩具有的普遍性是个体的普遍性。……'基督之外无救恩'的含义因此就是:'我'若不认信基督就不会得到基督的眼睛替'我'

────────────

① 《新旧约全书》,西2:9。
② 刘小枫:《看,你的儿子……我口渴》,载《上海文学》2000年2月,第75页。
③ 刘小枫:《看,你的儿子……我口渴》,载《上海文学》2000年2月,第76页。

看路的救恩。"①

"'拯救'一词的词源(salves)是治疗和复原,原义是有病、身心破碎的人得痊愈。在基督教的意义上,这个词的含义是人的救赎,即上帝亲自把人从种种沦落形态的束缚中解放出来,使来自神圣生命的人重返神圣生命,重新活在上帝生命之中。"②

基督教文化认为,在于人类远离基督的爱,在于人类没有顺从基督的爱的律法而顺从了魔鬼的恶的律法。人类文明能够延续的保障何在?在基督的爱。人类如何才能把未来交给文明而不交给罪恶?就是保证人类与基督的爱同在。比如人类要办好教育,就应该保证把基督的爱贯彻到教育体系之中,而不是把魔鬼的恶贯彻到教育体系之中。人类的生活质量要提高,人们的精神品质要好,人心要善良,人要有尊严,人要神圣、透明、干净,人要懂得珍惜生命,人要发自内心渴望和追求自由、平等、博爱,人要明辨是非、体会人生基本道理、体悟人生目的、意义和价值,要使人生充实、幸福、美满,总而言之,人生所有事情,只要是试图朝着积极、光明、高尚、尊贵、有价值、建设性的方向努力而不是相反,那么,唯一的路途就是努力与基督的爱同在。

(四)为什么梳理和澄清人类思想资源是鲁迅研究的前提

1. 需要健全的精神资源

人类,一个国家、一个民族、一个家庭,最重要的是让人心健全,最重要的是努力让人心在健全的精神资源里成长。

让人心好起来,让人心健全起来的办法显然是所有办法中

---

① 刘小枫:《看,你的儿子……我口渴》,载《上海文学》2000 年 2 月,第 79—80 页。

② 刘小枫:《拯救与逍遥》,上海三联书店 2001 年版(下同),第 157 页。

最复杂和最难见成效的,但却是最根本的和最终有实效的。福泽谕吉在《文明论概略》中谈到日本改革行动在几个重要方面应注意的前后顺序时说,让一个民族强大起来的办法主要是物质的丰富和精神心灵的改良,一旦做起来,肯定是前者易而后者难,但在选择二者的行动顺序时却必须是先其难者而后其易者。说,如果急功近利而避难就易,那么,物质的昌盛必定要带来比以前的灾难更大的灾难。这是一个多么简单而深刻的道理。

一个恶意复仇的管家要毁掉一个显赫家族的最意味深长的毒着是什么?就是故意引导这个家族的后代把心思用在理性的精明算计上,用在挖钱上,用在权力斗争上,而任凭他们的心在不健全的、恶性的精神资源里坏下去、滥下去、恶下去。有朝一日,人心坏到极处时,这个家族必然土崩瓦解、万劫不复。从第三者立场看,这样的家族当然不会兴旺,这个管家的毒着当然可怕。从自我立场看,任何家族都不愿意眼睁睁地看着自己走这样的路。一个民族、一个国家,整个人类,道理都是如此。

单一中国文化资源,特别是贯穿于中国日常习惯经验之中的生活资源很难不能造就健康的人心。鲁迅说中国根本没有适宜于儿童的读物,没有适宜于儿童生长的良好环境。我们的现实情况是,我们的儿童在不适宜于儿童的传说故事和现实图景里熏陶,在没有良好教育理念的家庭、在恶性争斗的毫无章法的社区环境、由大人行为垄断着的恶性的社会大环境中任游。正如鲁迅所言,中国家庭教育孩子大致有两法,"其一,是任其跋扈,一点也不管教,骂人固可,打人亦无不可,在门内或门前是霸主,是霸王,但到外面,便如失了网的蜘蛛一般,毫无能力。其二,是终日给以冷遇或呵斥,甚而至于打扑,使他畏葸退缩,仿佛一个奴才,一个傀儡。"①这样的环境充满暴力、谎言、凌辱、欺压、不义、抱怨、诋毁、斗争、残忍、绝望。这是中国孩子生存的真实的生活资源,而这又是人生潜移默化最要紧的一个阶段。一代又一代,一代又一代。儿童荣升为少年,少年荣升为青年,青年荣升为老年,在每一个更长的年龄阶段,人们遭遇着更加恶劣的生存环境,也更加制造和强化着原本恶劣的生存环境,这就使更长年龄阶段的人生活在比前一个阶段更糟的环境之中。这是一个被动的、苟且的、任由的、恶性循环的日常生活环境。一代又一代的儿童如此,一代又一代的青年、老年均是如此。所有中国人从头到尾生活在不健全的日常生活经验之中。

F.R.利维斯在《伟大的传统》一书中说到有人赞扬狄更斯的话:"在每个说英语的家庭,在地球上的四面八方,如果父母和孩子们在冬季的大部分晚上朗读狄更斯,那会是件有益的事。"②而我们通常都知道,许多国家的孩子都是伴着父母读的一段圣经入睡的。这些孩子成长的日常环境与中国儿童的完全不同,那就是,他们有健全的资源,他们知道应该主动教给孩子有益的基本材料,知道应该积极寻找和制定孩子成长的健康的路,知道用健全的资源正面滋润、哺育和培养孩子,知道避免孩子遭受坏的影响。这是一个家庭、一个民族、一个国家要健全成长的多么简单的道理。

很多研究者把胡适和鲁迅看成"五四"以来中国知识分子的两面旗帜,但正如孙郁所说:"无论是鲁迅的反抗,还是胡适的挣扎,都是个未完成的精神表达式。抵抗奴役的路,对他们而言,只意味着刚刚开始。中国的现代化进程中,这两类人,都是

---

① 《鲁迅全集》第4卷,第565页。
② F.R.利维斯:《伟大的传统》,袁伟译,三联书店2002年版,第31页。

非健全的"。①

近百年汉语鲁迅研究者基本上把鲁迅局限于单一中国资源视域中去观察、审视、追随、效仿,没有对超出中国文化历史、经验、精神、思想资源之外更充分、更系统、更完备资源的基本把握、体认和拥有,因而就没有体察全人类共同痛苦、共同罪恶、共同灾难、共同责任、共同义务、共同盼望、共同幸福、共同的爱、共同的拯救的基本眼光和能力。就单一的鲁迅研究而言,就不可能看到或延伸鲁迅精神的本来意义和当下价值。

必须在人类健全精神资源背景下思考鲁迅精神的人类性问题、世界价值问题。不能说鲁迅精神中之优良品质就是中国人的品质,鲁迅所揭示的人的劣根性就是中国人的或未庄人的或鲁镇人的劣根性。实际上,鲁迅揭示的人在很大程度上、在基本内在品质上是人类的人。我们必须认识到鲁迅精神的人类性、人类意义、世界价值。鲁迅或许主要关注一个民族,但这一关注涉及整个人类。

宋泉盛在《耶稣,被钉十字架的人民》一书中说,鲁迅就像希伯来人的先知,狂人的眼光启示我们,"要像希伯来先知和鲁迅一样,掀开被压抑的历史真相,修正被权势所扭曲的历史。"②认为,"我们在狂人身上看到的正是对于国家病症忧心忡忡的鲁迅本人。"宋泉盛认为,鲁迅在不遗余力地揭示为广大民众远远未能察觉的来自于人类本身的对人类自身的摧残性魔力。他认为,《狂人日记》正是"暴露了历史中摧残性的魔力对人类生命的斫伤"。③ 宋泉盛认为,鲁迅就像弗洛姆一样,勘察的是人

① 孙郁:《鲁迅与胡适的两种选择》,见谢泳编:《胡适还是鲁迅》,中国工人出版社 2003 年版,第 298 页。

② 宋泉盛:《耶稣,被钉十字架的人民》,第 42 页。

③ 宋泉盛:《耶稣,被钉十字架的人民》,第 42 页。

类摧毁性魔力的真相。在宋泉盛的阐释中，鲁迅身陷人类共同本性的灾难之中，鲁迅揭示的，恰好是人类共同本性的灾难，而不仅仅是某一政府或某一民族文化的缺陷。在这样的眼光中，要解决鲁迅试图解决的问题，就必须对人性予以警觉，对上帝神圣的爱的救赎予以回应。

鲁迅是人类的而不仅仅是民族的，需要明确的是，只有把鲁迅放在全人类共同资源的大文化视域而不仅仅拘泥在中国文化视域中时，鲁迅才是人类的；只有把鲁迅精神中源于中国文化精神资源的暗的一面的品质在人类大文化视野中审视清楚，鲁迅才是人类的；只有把鲁迅这座中国文化高峰的绝望处境对接到诸如基督教文化爱的、救赎的、希望的连接点上，由仇恨转化为爱、由斗争转化为平和、由否定转化为肯定、由怀疑转化为坚信、由刑法转化为救赎、由毁坏转化为建设时，鲁迅作为中国文化高峰的，主要以暴露、怀疑、颠覆、抗战、理性、绝望为特征的价值定位，才能转化为出离国家民族而面向世界的、关怀宇宙众生的、关怀共同危难、分担共同责任、分享共同幸福的以爱（而不是以恨）、以善（而不是以恶）、以谦卑（而不是以张狂）、以道理（而不是以情绪）、以盼望（而不是以绝望）、以建设（而不是以砸烂毁坏）为基本价值定位的全人类公共的精神财富。中国文化资源中的鲁迅研究者当然明白，鲁迅痛苦的目的不是为了痛苦而是为了实现幸福，恨的目的不是为了恨而是为了实现爱，怀疑不是为了怀疑而是为了实现肯定，暴露是为了治疗，破坏是为了建设。这很多不为鲁迅所拥有的光明的一面，正是鲁迅努力要实现的。而这所有光明的一切，在基督教文化资源中，都在基督的爱里。也就是说，鲁迅终其一生呐喊奔波意欲得到的恰恰都在基督耶稣的爱里，那么，鲁迅作为汉语精神资源、思想资源的高峰所显示的价值也就在这个根本启示里。

中国文化资源中的鲁迅研究者或许应该明白，我们要捍卫的鲁迅精神不是鲁迅自身已拥有的较为暗的那些品质，而是由鲁迅精神延展出去由基督的爱昭示的鲁迅的盼望和追求。因而，在鲁迅之后，以匕首投枪的战斗姿态、或以愤世的姿态、或以玩世的姿态出现的鲁迅的热爱者、追随者或保卫者其实只能算为部分理解和继承鲁迅的人。以爱、宽容、悲悯、仁慈等品质面对人生，宣扬和培育爱的人，才是对鲁迅精神积极继承和健康延伸的人。鲁迅精神的人类价值昭示我们，人类最宝贵的尊严、价值、意义都在鲁迅的眼前而不完全在鲁迅的姿态本身。

鲁迅精神的人类价值告诉我们，在中国文化语境中，鲁迅改造国民性的努力几近绝望，鲁迅是中国文化的一座高峰，而高峰的高处却是绝望。鲁迅确实是一座桥，中国文化资源中的人要最终走向盼望，就必须走进鲁迅，然后出来。必须走进鲁迅，就是必须开始不再蒙和骗，就是开始像鲁迅一样正视和直面现实。走出鲁迅就是走离具体的鲁迅而走向鲁迅的眼前、鲁迅的盼望：爱的人间。这是中国文化资源中鲁迅研究最应确立的价值定位，也应该成为中国文化精神资源自身不断净化的内在要求。鲁迅精神最辉煌的光明也许就是这一引领和昭示。

只有在出离有限的中国文化资源而进入人类共同的精神资源，我们才有可能关怀人类共同的危难、分担人类共同的责任、分享人类共同的幸福，以爱（而不是以恨）、以善（而不是以恶）、以谦卑（而不是以张狂）、以道理（而不是以情绪）、以盼望（而不是以绝望）、以信仰（而不是怀疑）、以建设（而不是以砸烂毁坏）谨慎而中正地面对和把握人生。

2. 鲁迅研究必须关照的中国现实资源

这确实是一个极端重要的问题，鲁迅生存于斯的民族缺少根本光明的精神资源，就人的根本造就和幸福而言，这里或许需要揭露、批判、痛恨、否定,但更需要的是一点一点用耐心呵护、用永恒准则规范、用爱的根本道理的阳光雨露去滋润、浇灌、喂养、培育和保守。

这确实是一个重要问题。如此简单的道理,单一中国文化资源中成长起来的人却很难听懂。人类确实不敢鼓动怀疑、否定、抱怨、迷惘、浮躁、愤怒、仇恨、斗争、毁坏和绝望,不能鼓动人去恨,比如恨人、恨政府、恨宇宙,而是要爱、要祝福。无论多坏的人或政府,就像你面对一个多坏的自然山河,唯一有效的、积极的、建设性的方法是努力让其得到尽可能丰足的阳光、雨露、空气和你永远不变的爱的滋润、浇灌、喂养、培育和保守,而不是用石灰、水泥、炸弹、核武器。永远要为执政掌权者祷告,为国家祝福,为天下所有人求平安。要使不好的人好起来,要使不好的环境好起来,唯一有效的、积极的、建设性的方法是让好去滋润、浇灌、喂养、培育和保守而不是让不好去滋润、浇灌、喂养、培育和保守。

没有诚实,只有欺骗,这是一种足以毁灭一个民族的极端可怕的精神状态。人心出了问题,比什么都可怕。生存本身被颠覆,比什么都令人担忧。任何一个有着正常思想资源、文化资源、精神资源、心灵资源的民族都不会发展到这一步。

对这种人心出了问题的现状该怎么办?有人采取的是瞒和骗的办法,有人采取的是强权遮掩和控制的办法,有人采取的是把坏事做绝做尽、今朝有酒今朝醉的办法,有人采取的是先下手为强掌握做坏事的主宰权和解释权,然后垄断一方称王称霸的办法,有人采取的是用表象经济指标掩盖根本灾难的办法,有人采取的是做一半好事又做一半坏事企图用好事掩饰坏事的办法,有人采取的是危害到自己就暴跳如雷危害他人则幸灾乐祸的办法,有人采取的是任人践踏听之任之的办法,有人则叫天天不应叫地地不答。

人心出了问题的可怕状态是一种心灵状态,理性算计的、经济的和权力的手段都不能使这种状况得到改观,也就是说,近现代以来人们热衷的三大办法都只不过是绕开本来问题兜了个大圈子之后又回到原地。改变这种只有欺骗没有诚实的可怕状况的唯一有效办法是改善人的心灵品质,汲取人心健康成长的良性饮食。

别尔嘉耶夫说,"我企图在最无人道的时代鼓吹人道",①实际上,别尔嘉耶夫抓住了关键。不是说别尔嘉耶夫认为这个时代没有问题,也不是说别尔嘉耶夫不直面现实或不与现实抗争,而是说,别尔嘉耶夫采取的解决问题的、直面现实的方法不是在恨的时代里鼓吹更恨而是鼓吹爱,不是在恶的时代里鼓吹更恶而是鼓吹善,不是在消极的时代里鼓吹更消极而是鼓吹积极,不是在只知道经济指标和只知道强权压制的时代里更加鼓吹用经济的办法或强权的办法而是鼓吹人心的重要性,他坚守的是根本道理。让人类过好日子的唯一路途是让人心正常,让人行在起码的道理上,让人知道善待和珍惜人生。

今天,在中国,最需要的是在健全的文化资源、精神资源、思想资源、心灵资源、生命资源里持之以恒地讲诚与爱的正确的道理,而不是在不健全的思想资源里一如既往地讲恶的、虚假的、欺骗的、指鹿为马的或掩耳盗铃的道理。中国人心的土壤最需要的是正面的、积极的、肯定的、建设性的培育、呵护。一点一滴,用爱、同情、善良、宽容、悲悯、仁慈、盼望、信念,去滋润、浇灌、喂养、培育和保守。道理是明摆着的,更需要的是希望(而不是绝望),是祝福(而不是咒诅),是培育(而不是揭露),是信

----

① 别尔嘉耶夫:《自我认识——思想自传》,第213页。

念(而不是彷徨)、是建设(而不是毁坏)。

二十世纪九十年代中国人文精神危机讨论的一个重要话题,是人文学术的存在依据,王晓明说:"作为一种人文学术,它自有与自然科学和社会科学都不同的存在依据。而在我看来,这个依据的最深的根柢,就扎在对终极价值的追问,和对人生意义的探究之中。"中国人最需要的是"对自己生命意义的新的理解,一种可能使他在无论什么样的冲击下都站稳身子,神情不乱的信念。"①

箴言说:"你要保守你心,胜过保守一切,因为一生的果效,是由心发出。"②

① 王晓明:《刺丛里的求索》,上海远东出版社 1995 年版,第 34—35 页。
② 《新旧约全书》,箴:4:23。

第 二 论 题

鲁迅与基督教文化

鲁迅与基督教文化资源的关联

鲁迅与基督教信息的关联是人本立场上的、文化性质的关联。

鲁迅把基督教看为一种宗教而予以肯定。1908 年鲁迅所写《破恶声论》是他全部文字中对宗教信息作了较集中响应的文章。该文在宏观上肯定宗教信仰，反对失掉灵觉的实利化。鲁迅认为，"宗教由来，本向上之民所自建，纵对象有多一虚实之别，而充人心向上之需要则同然。"①他说，人若只求物质功利，则"躯壳虽存，灵觉却失。于是昧人生有趣神秘之事，天物罗列，不关其心，自惟稻粮折腰；则执己律人，以他人有信仰为大怪"。② 他认为："墟社稷毁家庙者，征之历史，正多无信仰之士人。"因而，"伪士当去，迷信可存，今日之急也。"③鲁迅认为，希伯来、印度、中国、希腊等古文明之乡的"迷信"，④都是关怀人之心灵和精神，使人"内曜"的。谈到基督教时，他说："希伯来之民，大观天然，怀不思议，则神来之事与接神之术兴，后之宗教，即以萌蘖。虽中国志士谓之迷，而吾则谓此乃向上之民，欲离是有限相对之现世，以趣无限绝对之至上者也。人心必有所冯依，非信无以立，宗教之作，不可已矣。"⑤

鲁迅把基督教文化看为人类精神的一种枷锁而基本上有否

---

① 《鲁迅全集》第 8 卷，第 28 页。
② 《鲁迅全集》第 8 卷，第 28 页。
③ 《鲁迅全集》第 8 卷，第 28 页。
④ 此处即指宗教。
⑤ 《鲁迅全集》第 8 卷，第 27 页。

定倾向。在《人之历史》、《文化偏至论》、《科学史教篇》、《摩罗诗力说》等早期论文中，他较明确地把宗教看成禁锢人们思想自由的枷锁，终其一生，他一直把宗教看成"迷信"、"妄信"而予以拒绝。他说："中世宗教暴起，压抑科学。"①宗教盛行于欧土的十三世纪"科学隐耀，妄信横行"。② 他认为，阿拉伯人受学于犹太教和基督教，"眩其新异，妄信以生，于是科学之观念漠然，而进步亦遂止"。③ 在鲁迅看来，十九世纪之前的"旧教"是捆绑人类思想、学术、实业正常发展的绳索，"当旧教盛行时，威力绝世，学者有见，大率黯然，其有毅然表白于众者，每每获囚戮之祸。递教力堕地，思想自由，凡百学术之事，勃焉兴起，学理为用，实益遂生，故至十九世纪，而物质文明之盛，直傲睨前二千余年之业绩"。④ 鲁迅不去揭穿政治化的宗教压迫者反宗教信仰之实质，而是把宗教信仰与"罗马法王"⑤、"法皇僧正"⑥、"教皇"⑦、"冥顽的牧师"⑧混为一谈而统统予以憎恶和反对。有时，他肯定那些在他看来是"神话"、"神物"的"本土"的"宗教"（这里意指神话、民间传说等，并不指宗教信仰），但又似乎把景教（即基督教）看为不利于其他本土"神话神物"之保存的外来的、使中国生"奴才性"的东西而予以敌视。他说："且今者更将创天下古今未闻之事，定宗教以强中国人之信奉矣，心夺于人，

---

① 《鲁迅全集》第 1 卷，第 9 页。
② 《鲁迅全集》第 1 卷，第 9 页。
③ 《鲁迅全集》第 1 卷，第 9 页。
④ 《鲁迅全集》第 1 卷，第 48 页。
⑤ 《鲁迅全集》第 1 卷，第 27 页。
⑥ 《鲁迅全集》第 1 卷，第 27 页。
⑦ 《鲁迅全集》第 1 卷，第 47 页。
⑧ 《鲁迅全集》第 1 卷，第 47 页。

信不谬己,然此破迷信之士,则正敕定正信教宗之健仆哉。"①鲁迅不是以信仰眼光审视人类,而是以人性眼光审判信仰。鲁迅看重的是人文立场上以人为万物尺度的人的理性化的无限发展。与灵魂的拯救相比,他更看重生存的当务之急,"我们的当务之急,是:一要生存,二要温饱,三要发展。苟有阻碍这前途者,无论是古是今,是人是鬼,是《三坟》《五典》,百宋千元,天球河图,金人玉佛,祖传丸散,秘制膏丹,全都踏倒他"。②

上帝与撒旦比较,鲁迅似乎宁愿选择撒旦而否定上帝,这一点也构成整个五四新文化运动怀疑、否定、叛逆、毁坏的狂飙突进的时代精神之主脉。鲁迅苦苦寻索用来改造中国人精神性格的资源,索遍中国"古董"③(所谓古文明)而不得时,就"别求新声于异邦"④,索诸异邦,他发现,"至力足以振人,且语之较有深趣者,实莫如摩罗诗派",而"摩罗诗派"的总形象是"天魔","欧人谓之撒但"。⑤ 他借摩罗诗人之口历数上帝之恶后,干脆把撒旦尊为"立意在反抗,指归在动作"的"善美刚健"⑥的战士。鲁迅谈弥尔顿(J. Milton)《失乐园》说,"然使震旦人士异其信仰者观之,则亚当之居伊甸,盖不殊于笼禽,不识不知,惟帝是悦,使无天魔之诱,人类将无由生。故世间人,当箧弗有魔性,撒旦其首矣。"⑦鲁迅以该隐亚伯之争、洪水灭掉除挪亚一家之外的人类等事件诘难上帝的慈悲和全能,⑧"伊甸,神所保也,而魔

---

① 《鲁迅全集》第8卷,第31页。
② 《鲁迅全集》第3卷,第45页。
③ 《鲁迅全集》第3卷,第65页。
④ 《鲁迅全集》第1卷,第65页。
⑤ 《鲁迅全集》第3卷,第66页。
⑥ 《鲁迅全集》第1卷,第66—78页。
⑦ 《鲁迅全集》第1卷,第74页。
⑧ 《鲁迅全集》第1卷,第77页。

毁之，神安得云全能？况自创恶物，又从而惩之，且更瓜葛以惩人，其慈又安在？①"在鲁迅看来，"恶魔者，说真理者也。"②而耶和华上帝，就像希腊众神或人类历史上各种名目的人间霸王，喜怒无常，暴虐无道。需要特别注意的是，鲁迅这些观点是不是直接来源于原初的基督教文化信息本身？抑或是由严酷的中国历史现实间接推断而来？

在鲁迅眼中，圣经是一本历史书和文学书，其正面价值是使人性"内曜"的文化价值。他驳斥当时国人"破迷信也，崇侵略也，尽义务也""同文字也，弃祖国也，尚齐一也"的思潮，③强调各国应有各国自己当珍视的"神话神物"。在更多时候，鲁迅实际上没有对"神话"、"迷信"、"宗教"、"景教"、"伽兰"等作具体的概念性区分和探究。④ 他所称的"宗教"更多含有"神话"、"神物"、"旧物"的意思。鲁迅肯定印度、中国、希腊本土的"神话神物"时，赞扬那里的民性"瑰奇渊雅，甲天下焉"⑤，他所肯定的神话神物的价值，主要指其使人性之内在根本得以光耀和敞大的，对诗歌、美术、科学等"艺术思想"有无穷润泽的艺术价值，而不是指救赎人类的价值。就像罗素所言："荷马诗歌中的宗教并不是很具有宗教气味，神祇们完全是人性的。"⑥

鲁迅平生总以随便、戏谑的口气谈及宗教信仰。在翻译、介绍欧洲文学的"译后记"、"小引"、"附记"中，凡提及宗教信仰谈及上帝时，他总是给信仰者赠以"玄虚"、"乌托邦"、"高洁的

---

① 《鲁迅全集》第1卷，第77页。
② 《鲁迅全集》第1卷，第77页。
③ 《鲁迅全集》第8卷，第26页。
④ 《鲁迅全集》第8卷，第26页。
⑤ 《鲁迅全集》第8卷，第30页。
⑥ 罗素：《西方哲学史》，商务印书馆1963年版，第33页。

空想"、"说讹"、"作梦"、①"理想家"等评判性的词语而一笔带过，并总以戏谑的口气谈之。"从前是海涅以为诗人最高贵，而上帝最公平，诗人在死后，便到上帝那儿去，围着上帝坐着。上帝请他吃糖果。"②一般而言，人们在与亲友的通信中，比在其他文体中更多地表露坦诚的情思。鲁迅在通信中很少谈及宗教，即便谈及，也不深入正题。1925 年他在给许广平的信中说："记得有一种小说里攻击牧师，说有一个乡下女人，向牧师历诉困苦的半生，请他救助，牧师听毕答道：'忍着吧，上帝使你在生前受苦，死后定当赐福的。'其实古今的圣贤以及哲人学者之所说，何尝能比这高明些。"③1927 年，给江绍原的多份信中有三信作答提及宗教，但也不切入正题，只说当时"对于宗教学，恐仍无人留心。观读书界大势，将来之有人顾问者，殆仍惟文艺之流亚"，"先生所研究的宗教学，恐怕暂时要变成聊以自娱的东西。"进而建议江"弄弄文学书"，翻译些"英文的随笔小说之流"。④ 而同年给江的最后一信终于介绍《百川孝图》，帮助江研究起民俗了。就鲁迅而言，宗教信仰只不过是人类在一定历史条件下被迫编造的一种精神传说，而人类进化到今天，该问题当然已经不重要了。宗教信仰问题似乎从来没有构成一个或令他焦虑或叫他平安的终极关怀。

鲁迅眼中的耶稣是一个人而不是神，他仰赞的是耶稣的人性光辉而不是其神性救恩。鲁迅说"夫世纪之元，肇于耶稣出世"⑤，这个耶稣只是一个真实的历史人物。"耶稣说，见车要翻

---

① 《鲁迅全集》第 10 卷，第 334 页。
② 《鲁迅全集》第 4 卷，第 234 页。
③ 《鲁迅全集》第 11 卷，第 15—597 页。
④ 《鲁迅全集》第 11 卷，第 15—597 页。
⑤ 《鲁迅全集》第 3 卷，第 51 页。

了,扶他一下。Nietzsche 说,见车要翻了,推他一下。我自然是赞成耶稣的话;但以为倘若不愿你扶,便不必硬扶,听他罢了"。① 这样说时,他只是把耶稣看成自己的知音,一个现世中为他人"引路"的先觉者。鲁迅说:"马太福音是好书,很应该看。犹太人钉杀耶稣的事,更应该细看,"②这只是顺手举一个典型的历史事例,要那些迫害新文化运动倡导者的人在耶稣的被害中去看一个民族的先觉者怎样"被阴险的小人昏庸的群众排挤倾陷放逐杀戮"③。他说,暴君治下的臣民大抵比暴君更暴,"大事件则如巡抚要放耶稣,众人却要求将他钉上十字架",他说:"一梭格拉第也,而众希腊人鸩之,一耶稣也,而众犹太人磔之,"④这都是在阐明其"掊物质而张灵明,任个人而排众数"⑤之主张。鲁迅热爱耶稣,但鲁迅在把耶稣看为自己的一个孤独的知己而怀有温暖真切的敬仰时,主要是斥责害死耶稣之人的虚假、卑污、可耻和罪恶,而不是从耶稣身上看到人类的拯救之路。他说,"耶稣说过,富翁想进天国,比骆驼走过针孔还要难。但说这话的人,自己当时却受难了。现在是欧美的一切富翁,几乎都是耶稣的信奉者,而受难的就轮到了穷人。"⑥在鲁迅看来,害死耶稣的是一些野蛮人,是坏政府教化出来的庸众,是狗性不改的人类败类,也就是说,鲁迅并不认为是整个人类人人具有的普遍人性中的罪使人害死了耶稣。鲁迅有一篇散文诗完整描述了耶稣被捕、被戏弄和被杀的过程,但与圣经中这一场

---

① 《鲁迅全集》第7卷,第36页。
② 《鲁迅全集》第8卷,第89页。
③ 《鲁迅全集》第8卷,第89页。
④ 《鲁迅全集》第1卷,第52页。
⑤ 《鲁迅全集》第1卷,第46页。
⑥ 《鲁迅全集》第4卷,第559页。

面所传达的信息不同,圣经中的耶稣是在完成天父救赎人类的计划,圣经中的耶稣祈求天父宽恕、赦免这些罪人,他愿意领取这苦杯,耶稣是神,是由于人类的心过于愚顽,是由于人类的罪恶过于深重而使得神不得不使自己的独生子道成肉身来为万民赎罪,十字架是万民的救恩。而在鲁迅的描写中,整个事件只是一个无辜的人被屠杀,只是一场该诅咒的悲剧。在鲁迅的描述中,耶稣对这一切充满仇恨,耶稣是一个被庸众杀害的先觉者。"看哪,他们打他的头,吐他,拜他","他不肯喝那用霉药调和的酒,要分明地玩味以色列人怎样对付他们的神之子","四面都是敌意,可悲悯的,可诅咒的","他在手足的痛楚中,玩味着可怜的人们的钉杀神之子的悲哀和可诅咒的人们要钉杀神之子,而神之子就要被钉杀了的欢喜","他腹部波动了,悲悯和诅咒的痛楚的波","上帝离弃了他,他终于还是一个'人之子';然而以色列人连'人之子'都钉杀了","钉杀了'人之子'的人们的身上,比钉杀了'神之子'的尤其血污,血腥。"①圣经中之耶稣显示的是爱、赦免和救赎,鲁迅眼中的耶稣则是诅咒和仇恨。鲁迅给这篇散文诗的命名是《复仇》。

联系鲁迅的中国生存经验和人类近现代发展经验,鲁迅如何看宗教、圣经和耶稣都有鲁迅自己的、基本上源于汉文化资源的内在理由。现实和历史的经验遭遇是谁都无法绕开的,直面真切的生活本身和客观的历史事实本身是任何面临问题和企图解决问题的人都首先要做到的。我这里关心的核心问题是:鲁迅这个近现代中国思想的一座高峰,这个对现当代中国知识人群拥有最大感召力的人,这个毕生致力于"国民性"改造的思想者和行动者,他深深陷入国民性和普遍人性的根本灾难之中,但

① 《鲁迅全集》第2卷,第174—175页。

却未曾试着离开国民性和人性精神思想资源本身而另选取一个立足点去思考，而我以为神性关怀精神思想资源或许是真正厘清和解决鲁迅所关注的人性问题的出发点，而鲁迅却始终没有朝这个方向选取和站立。这在鲁迅，实际上就留下了一个对人基本生存问题在认知和思考方面的重要亏缺。而鲁迅差不多是五四以来中国精神界公认的先驱、引路人和同道者，这对一个民族的精神造就来说，又意味着什么呢？

神性问题

有人说，"人的全部知识，可以分为两部分，即认识神和认识自己。"[①]有人说，关于人类的学问根本离不开关于基督的学问而独立存在，"借用拉纳尔（Karl Rahner）的警句——人类学是'不完善的基督论'，而基督论则是'实现了的人类学'。"[②]对整个人类而言，先了解、认知、弄清楚什么是神性是非常重要的，对整个汉语文化的思想资源有着积极的启发意义。

在基督教文化资源中，神性就是"神的本质"、"神的性质"、"神的属性"。什么是神性？天主教神学从较多分类角度作过陈述，其中一种说法认为，"天主的本质（Physical Essence）就是天主的一切完善之总和"，[③]"一切完善之总和"在历代基督教信条里有具体详尽的阐述，其主要内涵是"只有一位上帝，他是灵体，永恒，无限，全智，全慈，全义的，一言以蔽之，是全善的；而

---

① 任以撒：《系统神学》，基道出版社1998年版，第47页。
② 莫尔特曼：《创造中的上帝——生态的创造论》，隗仁莲等译，汉语基督教文化研究所1999年版，第15页。
③ 奥脱：《天主教信理神学》，王维贤译，光启出版社1991年版，第43页。

在那独一和纯全的体中有一位:即父,子,圣灵"①"天主的形上本性(Metaphysical Nature)是天主本质的基本决定因素。按照模拟想法,这是别于一切受造物的天主性的完善,是天主一切其他美善的根源。"神学家布鲁斯·米尔恩说:"论及上帝的属性时,神学上有若干不同的分类方法。在历史上最重要的一种是将上帝的属性分为'可传的'(communicable)和'不可传的'(incommunicable)两大类;上帝的慈爱、公义等是属于前一类的,可以在具有道德本能的人身上反映出来;上帝的自有永有的存在却是不可传于人的,在人间无以模拟。"②进一步讲,认识上帝的属性,可以从以下诸方面着眼,一、上帝的荣耀。上帝的荣耀包括上帝的无限性、自存性和不变性。上帝是无限存在,存在于无限之中,上帝自有永有,上帝永不改变。二、上帝的主权。上帝的主权包括上帝无所不能、无所不在、无所不知。"上帝凡事都能"③,上帝是时间上的昔在、今在和今后永在,上帝是全知全觉。三、上帝的圣洁。上帝在存有和性质上与所有其他万有相分离,上帝是圣洁,这也关联着上帝的公义、公平、愤怒(即上帝对一切抵触其圣洁之事物的憎恶)和良善。四、上帝的爱。"上帝就是爱"④。上帝所具有的一切性质就是神性。上帝的神性如同上帝自己的存在一样对人而言是个奥秘。"他本身的神性能完全地,全部地,比受造物之对于自身更深入地、更内在地、更明显地临在于一切受造之物中,临在于每一个单个的存在之中,

---

① 尼科斯选编:《历代基督教信条》,汤清译,金陵神学院托事部、基督教辅侨出版社1957年版,第403页。

② 布鲁斯·米尔恩:《认识基督教教义》,蔡张敬铃译,校园书房出版社1992年版(下同),第95页。

③ 《新旧约全书》,可10:27。

④ 《新旧约全书》,约一4:8。

另一方面又不可以和可能在任何地点、在任何存在之中加以限制，以至他实际上包容万有，存在于万有之中，但没有一个存在物限制他。"①就神而言，他是自有永有的，但就人的认识能力而言，人又必须依赖于上帝的启示和自行传达。

有些神学家注重在上帝的作为中透视上帝的本质。路德说，许多自以为有智能的人一直在设法找到上帝的本质，但凭着人自己的智能总是找不到。路德说，"除了在上帝的作为中寻找他，人如何能认识他呢？凡明白他的作为的人，都不会不明白他的本质和旨意，也不会看不出他的心思和意念"②。上帝的作为确实昭示着上帝的本质。上帝创造了人类和万物，赐给人类一切所需的，上帝时刻以圣洁、公义、慈爱眷顾、保守人类，上帝使无价值的、可轻视的、卑贱的、无生命的事物成为宝贵的、可尊敬的、有福的、有生命的事物。当人类深陷于罪时，上帝甚至自己道成肉身来到世间担当万民的罪，在十字架舍命流血救赎万民。故而，所有人，智能人不要因自己的智能夸口，勇士不要为自己的勇力夸口，财主不要为自己的财产夸口，行善的人不要为自己的善行夸口，自以为公义的人不要为自己的公义夸口，人类在上帝全善全能的行为面前有什么可夸口的呢？离开上帝，我们从哪儿得到义呢？离开上帝的眷顾和保守，我们已经拥有的义能在我们身上保持多久呢？上帝在他的行为中向人类和万物显示他的本质。

在基督教文化语境中，神性问题在耶稣基督身上有系统的表达，耶稣基督是唯一一个神性与人性完美结合的存在。耶稣

---

① 保罗·阿尔托依兹：《马丁·路德的神学》，段琪、孙善玲译，译林出版社1998年版，第40—54、99—100页。

② 克尔（H. T. Ken, Jr.）编订：《路德神学类编》，王敬轩译，道声出版社1961年版，第33页。

基督是神人的融会。使徒保罗说:"他本有神的形象,不以自己与神同等为抢夺的,反倒虚己,取了奴仆的形象,成为人的样式。"①耶稣是道成肉身的弥赛亚。天主教信经说"我们相信并明认主耶稣基督是天主子。他是天主也是人。他是在万世之前生于圣父的天主,也是在时间中生于圣母的人。他是完善的天主,也是完善的人"②。基督教信理认为,耶稣基督是圣灵和人之肉身的合一,是神性与人性的合一。上帝与人在耶稣基督身上合为一个位格。基督的名是以马内利,即与神同在。耶稣之名是人,基督之名是神。基督神性和人性的结合是"上帝在肉身显现"③。"上帝本性一切的丰盛都有形有体地居住在基督里"④。基督的人性蕴涵在作为妇人的后裔、人子、大卫的儿子、亚伯拉罕的子孙的耶稣的肉身上。他有人身上的劳苦和哀伤,但他无罪,他毫无瑕疵。耶稣基督始终是神人二性合而为一的。降生于马槽是人,天使都来拜是神⑤;在旷野经受魔鬼试探是人,行神迹是神⑥;船上沉睡是人,平息风浪是神⑦;受施洗约翰施洗是人,称为神的儿子是神;山上祷告是人,得到上帝的明证是神⑧;看见为已死的弟弟拉撒路哀哭的马利亚而忧愁而哀哭是人,使死人复活是神⑨;十字架受死是人,从死里复活,以宝血

---

① 《新旧约全书》,腓 2:6—7。
② 奥脱:《天主教信理神学》,王维贤译,光启出版社 1991 年版,第 124页。
③ 《新旧约全书》,提前 3:16。
④ 《新旧约全书》,西 2:9。
⑤ 《新旧约全书》,来 1:6。
⑥ 《新旧约全书》,来 4:14—15,来 2:10—18。
⑦ 《新旧约全书》,太 8:24—26。
⑧ 《新旧约全书》,路 9:28—29,3。
⑨ 《新旧约全书》,约 11:35,38,43,44。

担当万民的罪使人因信称义是神①。但神人二性在耶稣基督身上从来都不分离存在。耶稣作为人是毫无瑕疵的,作为神是完全圣洁的,神性和人性的完美合一就是耶稣基督。"基督拥有一个双重的本性(substance):神性和人性。然而,他并没有双重的实存(存在)(subsistence);这二性(two natures)只成为一个基督。……基督的人性被一种不可名状的奥妙方式联结在神性(Goodhead)上,虽然有两性,但只有一个位格(person),在基督里的这二性的联合,不是借着本质上的改变(transmutation),他的神性没有改变成人性,他的人性也没有改变成神性:这二者也没有因着联合,而使得这二者掺杂在一起;但基督的两性却仍然是清晰可辨的,且不造成两个可分辨的位元格;基督的人性没有成为神,但却是与神合一的一位。"如巴特所言,耶稣基督使人面对和谈论上帝时不再显得抽象、分离、疏远,而是具体,就在我们中间。在耶稣基督身上既没有来自下方的人的封闭性,也没有来自上方的上帝的封闭性(就人的认识能力而言)。"在耶稣身上涉及的毋宁说恰恰是历史、是上帝与人相遇并共存的对话,涉及了他们双双结合、保持和完成的联盟"②。神人的结合在耶稣基督身上是活生生的,充满恩惠和体恤,充满爱和苦弱。在耶稣基督身上没有仇恨、诅咒和杀戮,只有慈爱、赦免和拯救。

神性纬度的存在是人的各种善的品质产生、保守和延续的原因和条件。远离神的人生是由人的任性而为和由人的共同体的随时随地的血气偶发和心意偶变主宰的人生。这样的人生不

① 《新旧约全书》,太 27:45—47。

② 巴特:《上帝的神性和人性》,见刘小枫主编,扬德友、董友译:《20 世纪西方宗教哲学文选》,中卷,上海三联书店 1996 年版(下同),第 662 页。

会造就人之根本的真正文明、健康、有序、高贵和圣洁,而在这样的人充斥着的社会里,要建立是非观、正义感、博爱谦和的民风和以人为本的民主制度从而让人们过上和平幸福的生活是根本不可能的。没有神性关怀的文化只能把人群造就成"非人间",就对人的一点一滴的、内在的、根本的造就而言,这种文化只能使人的个体内在品质变得冷漠、诡诈、残酷、绝望或麻木。这种文化造就的人的社会只能是政治上的暴力专制、经济上的不平等掠夺、人格遭侮辱、人权遭践踏。只有神性纬度的存在,只有神的永恒的爱的准则的眷顾、带领和保守,才会有人的平等、人的尊严、人的价值等根源性概念。在人只能敬拜神而永远都不能敬拜任何人的信仰中,人都是平等的,人都是有缺陷的,只有神是永远的圣洁、永远的公义、永远的信实、永远的爱,任何人都不能高出人类而受人类的敬拜,只有神配得上人类的敬拜。这样的信仰就不可能培养出那种高举某一个人,迷信某一个人的集团,就不会出现把一个普通人由一个自我膨胀的自大狂一步步培养为灭绝人性的暴力政治机器中横天霸地的专制领袖的民众、个人和体制。

关于神性的神学哲学表达都只是人类在自己有限智能里朝着无限的神的一种靠近,有限的人永远也不可能全备地认识和表达神的完善性。但有一点已经显明:人有没有上帝的这些本质? 鲁迅自己有没有上帝的这些本质? 如果没有,那么,像鲁迅一样完全站在人性立场上改造人性的人是凭着人自身的什么? 是凭着人性中永恒的信实、无限的慈爱、完全的公义、绝对的圣洁吗?

直接相关的问题是:人性的本质是什么?

"我们关注的首先是人性的真相,而不是人性的好坏。当然,如果明白了人性的真相,自然也就能评价人性的好坏,如果明白了人性的状态,自然也就能评价人性的善恶了。"①

人性

有人认为,无论在逼真细微的情景化世俗生活层面,还是在紧迫的亢奋的艰深的哲学层面,还是在把追问的疲惫步履姑且停息在似有归宿感的信仰驿站的层面,抑或是把这不同的层面随时交织在一起,在审视人的本质而或许触及其本质的人当中,陀思妥耶夫斯基是杰出的一个。罗赞诺夫说,陀思妥耶夫斯基发现,人的本质是非理性的,于是,他看见了人的个性的相对价值的不可靠,于是,他愿意保卫每个给定的个体的绝对价值。②"应该指出,只有在宗教里才能显现人的个性的意义。""个性自身在法律里可能成为契约的对象;一般的奴役就是纯粹的、无杂质的法律制度的结果。在政治经济学里个性完全消失:这里只有劳动力,针对劳动力来说,人是完全不需要的附属物。这样,通过意识,通过科学,都不能达到个性在历史中的恢复:我们可以尊敬个性,但这不是必须的,我们又可以蔑视它,——尤其如此,如果它是愚蠢的和不道德的。把这些条件引进来,这自身就动摇了个性的绝对性:对希腊人来说,所有的蛮夷都是愚蠢的,对罗马人来说,所有的非公民都是愚蠢的,对天主教徒来说,所有异端都是愚蠢的,对人道主义者来说,所有的蒙昧主义者都是愚蠢的,对93年的人来说,所有的保守派都是

① 何光沪:《月映万川——宗教,社会与人生》,中国社会科学出版社2003年版(下同),第26页。
② 罗赞诺夫:《陀思妥耶夫斯基的"大法官"》,第42页。

愚蠢的。宗教给这个相对性，以及动摇和犹豫都设置了界限：每个活生生的个体都是绝对的，是上帝的形象，是不可侵犯的。"①

鲁迅对人性的态度充满了矛盾。极尊崇之，又极怀疑之。鲁迅尊崇"人类之尊严"、"个性之价值"、"自我"、"此我"、"个人"、"个性"、"自性"、"主我"、"我性"、"人性"。他论及西方偏至思潮时说："人必发挥自性，而脱观念世界之执持。惟此自性，即造物主。惟有此我，本属自由"②，"自由之得以力，而力即在乎个人。"③"凡一个人，其思想行为，必以己为中枢。亦以己为终极：即立我性为绝对之自由者也。"④"惟发挥个性，为至高之道德，而顾瞻他事，胥无益焉"⑤。鲁迅说"人立而后凡事举"，"若其道术，乃必尊个性而张精神"⑥。鲁迅这些主张的总的出发点是：或者远离神，或者远离魔鬼，或者远离专制政权，只要把人完全交给人性，只要给人在发挥人性这一点上给予保障，只要完全按照人性原则而行，那么，人生万事或许会无忧矣。即，人性是衡量和指导人生万事的最可靠准则。但另一方面，鲁迅对人性又极其怀疑和绝望。他发现，人的"底细"真是不敢揭穿，人的所有好名目下都罩着一个可怕的心。公义、文明、君子、雅人、学者、青年、大哥、母亲，"父子兄弟夫妇朋友师生仇敌和各不相识的人"都连成一气在吃人和被吃。⑦"狮子似的凶心，

① 罗赞诺夫：《陀思妥耶夫斯基的"大法官"》，第43—44页。
② 《鲁迅全集》第1卷，第51页。
③ 《鲁迅全集》第1卷，第52页。
④ 《鲁迅全集》第1卷，第51页。
⑤ 《鲁迅全集》第1卷，第51页。
⑥ 《鲁迅全集》第1卷，第57页。
⑦ 《鲁迅全集》第1卷，第429页。

兔子的怯弱,狐狸的狡猾。"①

人性的内涵究竟是什么?

在两种文化资源中分别阐述如下。

(一)汉文化资源中

汉文化资源论及人性时,并不像人们口头传说中的那样绝对认为人性恶或人性善,而是更多论到人性的脆弱、易变和虚妄。②

杨雄"人之性也,善恶混,修其善则为善人,修其恶则为恶人"③的主张是儒家人性易变性观点的典范陈述。儒家认为"人心惟危"④,说的是人心危殆。告子说:"性,犹湍水也,决诸东方则东流,决诸西方则西流。"⑤孟子认为,"人性之善也,犹水之就下也。人无有不善,水无有不下。今夫水,搏而跃之,可使过额;激而行之,可使在山。……人性可使为不善,其性亦犹是也。"⑥就是说人性会是善,也会是恶,人性中的善,人性中的礼仁等成分都是"求则得之,舍则失之。"⑦而人性中的"恻隐之心"、"羞恶之心"、"辞让之心"、"是非之心"等是脆弱的,"若火之始燃,泉之始达,苟能充之,足以保四海,苟不充之,不足以事父母。"⑧

----

① 《鲁迅全集》第1卷,第427页。此类观点主要贯穿在其散文诗、杂文和小说《彷徨》里。

② 何光沪《基督教哲学与中国宗教哲学人性论的相通》一文清晰地澄明了汉文化资源对人性的基本认识,笔者此段论述主要参照何文。参何光沪:《月映万川——宗教,社会与人生》,第25—53页。

③ 《法言·修身》。

④ 《书·大禹谟》。

⑤ 《孟子·告子上》。

⑥ 《孟子·告子上》。

⑦ 《孟子·告子上》。

⑧ 《孟子·公孙丑上》。

荀子说，人"可以为尧舜，可以为桀拓，可以为工匠，可以为农贾。"说的是人性易变性和可以被塑造的多种的可能性。王充说："人之性犹蓬纱也，在所渐染而善恶变矣。"①周敦颐说："性者，刚柔善恶中而已矣……故圣人立教，俾人自易其恶，自至其中而止矣。"②朱熹说："人之性论明暗，物之性只是偏塞，暗者可使之明，已塞者可使之通也。"③王夫之说："天命之谓性……惟命之不穷也而靡常，故性屡移而异。"④人性"未成可成，已成可革"⑤。

道家主张人应顺性于自然，认为健康的人性就是不悖逆宇宙规律、不被人为规矩所囿的自由的人性。

佛家认为，人性好坏在乎修炼，"得理为善，乖理为不善。"⑥"自性迷，佛即是众生，自性悟，众生计是佛。"⑦

因而，传统中国文化资源对人性较少进行是非论断，更多着眼于这一存在的事实探究。认为，人性善变、无常、软弱、脆弱、可毁、可造。

（二）基督教文化资源中

基督教文化资源分人性的不同阶段论述人性。认为，起初，人的品质中有神的荣耀，人的尊严里有神的同在，后来，人有脆弱、堕落和罪恶，而在整个过程中贯穿着神的救赎，贯穿着在神

---

① 《论衡·率性》。
② 《通书·法》。
③ 《朱子语类·卷四》。
④ 《尚书引义》卷三。
⑤ 《尚书引义》卷三。
⑥ 《大般涅槃经集解》第 51 卷，《大正藏》第 37 卷，第 532 页（参何光沪：《月映万川——宗教，社会与人生》，第 50 页）。
⑦ 《坛经》。

永恒的爱和无限的救恩里重生的盼望。

1. 起源时候的人性

圣经记载人的被造说："神就照着自己的形象造人，乃是照着他的形象造男造女。"①"耶和华神用地上的尘土造人，将生气吹在他鼻孔里，他就成了有灵的活人"。② 基督教传统认为，人是神创造的，这一"形象"被解释为有"包括人类的知识、道德意志、未堕落之前完善的德性和不朽的本质"③。人类是按照神的形象造的这一陈述奠定了人性原本正直、高贵、善良、公义的观点，即，在人被造时，人性也共享神性品质。④

2. 犯罪后之人性

罪从何而来？基督教神学认为，虽然宇宙万物的创造者是上帝，但罪不是由上帝而来，乃是由魔鬼和不敬虔之人的意志而来，即，由对上帝的叛逆而来。⑤ 圣经记载人类第一次的堕落是亚当夏娃违背神的旨意而偷吃分辨善恶树上的果子⑥。使徒保罗说："罪是从一人入了世界，死又是从罪来的；于是死就临到众人，因为众人都犯了罪。"⑦在第一次之后，人类的犯罪堕落无数，圣经中的记载也无数。用以表达罪的词在圣经中非常多，在旧约中主要意指矢不中的、达不到标准、走错路、故意反叛、侵犯、越轨、违法、迷途、偏行、犯错后被定为有罪等。在新约中，罪

---

① 《新旧约全书》，创 1:27。

② 《新旧约全书》，创 2:7。

③ 布鲁斯·米尔恩：《认识基督教教义》，第 145 页之后。

④ 麦葛福：《基督教神学手册》，刘良淑、王瑞琦译，校园书房出版社 1998年版(下同)，第 432 页。

⑤ 李志杰编辑：《协同书》，李天德译，香港路德会文字部 2001 年版(下同)，第 181 页。

⑥ 《新旧约全书》，创 3:1—7。

⑦ 《新旧约全书》，罗 5:12。

的意思指达不到标准、失败、过失、不公、不义、违反法律、无法无天、心中无神、道德败坏等①。基督教对罪的基本定义是:凡人在思想、言语、行为一切方面悖逆神的旨意的,都是罪。② 人类犯罪之后人的本性是败坏,败坏到了人自己都无法测度的程度。③ 罪完全彻底改变了人。圣经的教训是,人犯罪之后:"没有义人,连一个也没有;没有明白的,没有寻求神的;都是偏离正路,一同变为无用。没有行善的,连一个也没有。他们的喉咙是敞开的坟墓,他们用舌头弄诡诈,嘴唇里有虺蛇的毒气,满口是咒骂苦毒;杀人流血,他们的脚飞跑,所经过的路,便行残害暴虐的事;平安的路,他们未曾知道;他们眼中不怕神。"④罪完全打垮和辖制了人,罪遍满人性。(1)在范围上渗透到所有人,渗透到人的全部理念、情感、行为,使人类"完全败坏"(total depravity)、"完全无能"(total inability)。(2)罪直接改变了原初之人的本性,使人再也没有了了与神同有的神性品质,按照基督教神学传统的表达,就是破坏了人与神的关系。罪在人身上,就使人不再配神的荣耀,使人不能再遵行神的旨意,使人失去了对神的信息的领受能力。(3)罪破坏了人与人之间的关系。罪使人不再把邻舍看为自己的朋友,而是看为路人或敌人,人类陷入纷争、掠夺、杀戮。(4)罪使人自己与自己的关系分裂。使人之人格自我反叛、自我敌对、自我张狂、自我矛盾,最终使自己陷入绝望。(5)使人与其他受造物的关系恶化。和谐正常不复存在。当初神吩咐人去管理这地,但堕落后的人却向大自然无限放纵和滥用人的恶欲,无限掠夺、残杀、污染、毁灭。(6)使人与时间

---

① 布鲁斯·米尔恩:《认识基督教教义》,第157—158页。
② 任以撒:《系统神学》,基道出版社1998年版,第119页。
③ 李志杰编辑:《协同书》,第251—252页。
④ 《新旧约全书》,罗3:10—18。

的关系中断。使人丧失了神原来赋予人的永恒生命,使人在有限的时间与死亡之间陷入迷惘。① 在罪中的人性正如圣经描述的:"人心比万物都诡诈,坏到极处。"②

这种对人性的表达关注的是人性的本质,并不是论断人性之正误或是非。亦即,是在辨认和要人们认清人性的本来样子,以便人们警觉和更好地把握之。

鲁迅终生揭示和意欲改造的国民性究竟是什么?沙莲香在《中国民族性》一书中总结中国的民族性格是:没有公正、圆滑、"差不多"、人治、不透明性、说谎、好诈、好伪、无为、奴性、迷信、无原则、残虐、贪污、中庸、为我、无公德、无责任心、不守信、欺骗、好用计、不求准确、不讲界限、保守、小慧、非实利、愚昧、公私混杂、不知国家与朝廷之界限、不知国家与国民之关系、不知国家与天下之区别、家族本位、蔑视个人权利、集权、重刑罚……③ 鲁迅深感绝望的人性实际上主要正是这种人性。似乎可以肯定,鲁迅对人性脆弱、善变以及恶的本质和所谓中国国民性的认识是深刻的和准确的。

在神性与人性的对照中作出分辨、体验和阐释时,就有这样一条思路展现出来:相对于人的脆弱、败坏、暂时性、相对性、有限性和盲目性,只有上帝的本质是圣洁、公义、永恒、爱、信实、拯救、绝对和无限。上帝不是假借名义的教皇,不是政治化了的宗教压迫机构,不是党派领导下的教会体制。就像别尔嘉耶夫所说:"上帝不是统治者,不施行统治,不握有令牌,不含摄强力意志,不需要奴隶顶礼膜拜。上帝是自由,是解放者,不是

---

① 布鲁斯·米尔恩:《认识基督教教义》,第158—166页。
② 《新旧约全书》,耶17:9。
③ 参见沙莲香:《中国民族性》。

统治者"。①

3. 恩典中的人性

恩典(grace)特指神对人的救恩,基督教神学指耶稣基督道成肉身来到世间在十字架为万民舍命流血救赎万民之救恩。该恩典与"重生"、"新造"、"复活"、"成圣"等构成基督教神学对人性认识的一个重要阶段和方面。基督教神学认为,人类的堕落和败亡不是人类历史的终结,在基督的恩典里成为新造的人是人类生命的盼望。那么,罪恶之中的人类靠什么得拯救呢?靠人自己吗? 回答是:此时的人完全败坏和彻底无能,他无力自救。要回到受造之初那样善良、公义、圣洁的品质,实际上就是重新回归神,回到与神的团契,而这又不是人自己能够做到的,即便是人确实愿意。当我们必须用语言来表达时,基督教传统的表达是:只有一条路,回到神,顺服神,只有一条路,通过耶稣基督的救恩。"奥古斯丁对人性的看法是:脆弱、软弱、失丧、需要神的帮助和眷顾才能恢复和更新。而恩典,在奥古斯丁眼中是神慷慨赐给不配之人类的,藉此开始医疗的过程。"②这种陈述代表了基督教神学对人性之修复普遍的和基本的看法。耶稣基督说:"我就是道路、真理、生命"③,他说:"离了我,你们就不能作什么。"④与耶稣基督的告诫一致,使徒保罗说,信而归于耶稣基督的人,"在基督里成为一身"⑤。

关于救赎,一个问题需要从几个角度看,(1)正如路德所

---

① 尼古拉·别尔嘉耶夫:《人的奴役与自由》,雷永生译,贵州人民出版社 1994 年版,第 64 页。
② 麦葛福:《基督教神学手册》,第 438 页。
③ 《新旧约全书》,约 14:6。
④ 《新旧约全书》,约 15:5。
⑤ 《新旧约全书》,罗 12:5。

言，"上帝仅是因基督的缘故而赦免人的罪恶"，①这里的神学含义是，赦免和拯救完全是上帝的恩赐，是因着上帝要救赎人类，是由于上帝不计算人的过犯，而不是由于人自己真的有了配得上上帝荣耀的改过自新的心怀意念或好行为。在上帝的神性和堕落了的人性之间有无限遥远的距离。一方面，败坏的人心根本不知道彻底寻求真理；另一方面，即便人努力寻求，仅仅凭着人自己的软弱人性，永远也回不到犯罪之前的圣洁和公义。上帝派他的独生子道成肉身来到世间作万民的赎价，即便在神的独生子去解救人类时被人类杀死（面对圣洁的毫无瑕疵的耶稣，人类明明知道他没有任何罪，却仍要吐他、鞭打他、钉死他），上帝也不改变救赎人类的慈爱之心。因为上帝救赎人类是无条件的。上帝几乎没有理由拯救如此邪恶败坏的人类，上帝拯救人类，完全是因着基督的缘故。此中实际的神学命题是，这完全是上帝的恩赐，因为上帝不丢弃人类，他不愿意让人类在罪中死，而只愿意让人类脱离罪而活。"耶和华在天上，在地下，在海中，在一切的深处，都随自己的旨意而行"②。上帝对人类的爱在基督里显明，这爱的长阔高深不是人能测度的。（2）耶稣是人类唯一的救赎之路，"他要将自己的百姓从罪恶里救出来"③。耶稣拯救世人的神学理论是赦免和爱，是以无罪的赎救有罪的，他是作为中保的救主，他使人因信称义得救。圣经的教训是："神爱世人，甚至将他的独生子赐给他们，叫一切信他的，不至灭亡，反得永生。因为神差他的儿子降世，不是要定世

① 克尔（H. T. Ken, Jr.）编订：《路德神学类编》，王敬轩译，道声出版社1961年版，第96页。

② 《新旧约全书》，诗135:6。

③ 《新旧约全书》，太1:21。

人的罪,乃是要叫世人因他得救。"①基督教神学认为,"亚当因着悖逆、不顺服,犯了罪,以致人的本性受到败坏。而基督耶稣来,带着人的属地本性与属天的神性,并且主耶稣生命中没有犯罪,也完全顺服天父的旨意,所以他救赎了人的本性免于败坏,也赐给人一个新生的潜赋。"②耶稣基督作为上帝与人之间的中保,一方面止息上帝对人之罪的愤怒,一方面又直接把上帝对人的爱显明出来。耶稣基督救赎人类不是以律法,而是以爱,他无条件地爱一切人。人一旦披戴耶稣基督,以耶稣基督的心为心,人就进入爱,爱邻居,爱仇敌,爱一切人。因信称义的道理是,耶稣基督不追究人的罪,他只要人离开罪而归向神,而归向神的根本举措不是人机关算尽的百般打算,而是完全放弃人的自以为是而顺服神。不信和叛逆神是人罪恶的根源,如果人的心理刚硬,如果人不打算放弃自己心理的各种诡诈,他的心怎么可能成为圣洁呢?基督教神学的道理是,耶稣基督就是义本身,人无须乎多做什么,人只需完全归向那个义、顺服那个义,人就可以白白地称义,由罪人而变为义人。故而,神人和好是人性变好的关键。故而,神性关怀是人生关怀的基石和归结。

鲁迅意欲改造的人性确实是那有罪的、败坏的人性,但鲁迅意欲达到的人性是什么样的人性?是恢复败坏之前那种神人和好的关系,让人恢复与神性同在的人性吗?鲁迅改造人性所用的好标准是什么?是上帝永恒的圣洁、公义、慈爱、赦免和拯救吗?一个极端凸显的问题是:基督教神学理论中,人性中的罪恶是人人具有的、普遍的,解救人就须改变整个人性;而在鲁迅的

---

① 《新旧约全书》,约4:16—17。
② 杜林尔、范克理夫:《基要神学》,洪建州等译,上册,台北天恩出版社1999年版,第289页。

认识中,人性确实是个过于复杂和在鲁迅的生命中因生存境遇而变化着的存在。鲁迅面对人性的态度比较复杂。

(1)他认为只要摆脱传统世俗的重负,离开专制政治的压迫,揭破迷信的欺骗,揭开人生万事的一切假面,只要人真诚地大胆地面对人生,人心就会纯真,只要人心"真"和"诚",人性就是好的。

(2)以进化论的观点,他认为,人由动物进化而来,当初的人可能遗留更多动物性,"同虫子一样",同豺狼一样有"狗性",越进化越高级,终于变成了"真的人"。"真的人"的人性是好的。"人类积极的求进步,年长月久地进行革命,终于站起来走路了。但猴子守旧,不求进步,所以至今还在深山密林中从这棵树爬到那棵树的生活下去。从类人猿进化到现在的人,不知经过几千万年,人类生理上的进化和生活上的改善,都要经过艰苦的斗争。"①

(3)以阶级论、革命论观点,他认为人类由两个阶层构成:压迫者和被压迫者,沉默的大多数只有靠革命才能实现自身的解放。相对而言,压迫者比被压迫者更具"狗性"和虚假性。鲁迅在面对"吃人者"与"被吃者"的对立状态时更多关注的是"吃人者"的劣根性和"被吃者"被践踏而导致的麻木品质,较少探讨"被吃者"身上或许与"吃人者"同样具有的人性的恶的一面的品质,但他又极其清楚地告诫万民:"暴君治下的臣民,大抵比暴君更暴;暴君的暴政,时常还不能餍足暴君治下的臣民的欲望。"②而且在劝解吃人者悔改时发现所有人都在吃人,包括"我

---

① 和春才:《回忆鲁迅在广州的一些事迹和谈话》,参见孙郁、黄乔生主编:《回望鲁迅——高山仰止——社会名流忆鲁迅》,河北教育出版社 2002 年版,第 175—176 页。

② 《鲁迅全集》第 1 卷,第 366 页。

自己"："四千年来时时吃人的地方,今天才明白,我也在其中混了多年。"①

鲁迅呼唤的"诚与爱"究竟从何而来?是从神还是从别的什么地方?其一,鲁迅从不寄希望于看不见摸不着的神。其二,鲁迅对此类问题的答案模糊。他似乎把人之"本性"、"我性"、"个性"、"主我"看为最可靠,但又彻底怀疑人的一切"心思"和行为——无论其以何好名目出现。其三,较明确的主张是,凡事都完全靠人自己,靠揭穿一切假面具,靠好人所进行针对坏人的思想、精神、灵魂之改造(如在孔子的眼中就有至善的圣人、仁人、君子,小人人性的变好全要靠圣人的教训,就像"圣人"和"小人"的人性在本质上真的不同似的。小人须"就有道而正焉,"即:"必就有道之人以正其是非"),②靠真实可信的人的诚与爱,靠好人对坏人的革命("痛打落水狗")。但鲁迅对现实的革命理念并不十分清晰。据懂革命的人说,鲁迅"没有阶级的认识,也没有革命的情绪"③。

(4)当他发现同一战阵中的人还是那样出卖、残杀,当他发现所有那些作为好人代码的好名称如君子、雅人、学者、青年、母亲、大哥、文明、礼仪都原来也是那样瞒骗和血污,当他发现父子兄弟师生朋友以及互不相识的人原来都在谋算吃人的事时,他对人性又困惑起来。对他所进行的国民性改造工作,他说,就像一个干农活的人,他最终不知道自己是在挖坑,还是在筑墙。他怀疑一切,甚至怀疑黑暗本身是不是黑暗。他最终被绝望所困。

(5)他更多以远离基督教文化的中国现实事件感觉基督教

---

① 《鲁迅全集》第1卷,第432页。
② 康有为:《论语注》,楼宇烈整理,中华书局1984年版,第13页。
③ 钱杏村:《死去了的鲁迅》,载《文化批判》第4号,见孙郁、黄乔生主编:《回望鲁迅——围剿集》,河北教育出版社2002年版,第48页。

信息。说:"'不相信'是愚民的远害的堑壕,也是使他们成为散沙的毒素。"①"在中国,没有俄国的基督。在中国,君临的是'礼'不是'神'。"②"畏神明,而又烧纸钱作贿赂,佩服豪杰,却不肯为他作牺牲。崇孔的名儒,一面拜佛,信甲的战士,明天信丁。宗教战争是向来没有的,从北魏到唐末的佛道二教的此伏彼起,是只靠几个人在皇帝耳朵边的甜言蜜语"。这些人"既说是应该革新,却又主张复古",③"他们的对于神、宗教、传统的权威,是'信'和'从'呢,还是'怕'和'利用'?只要看他们的善于变化,毫无持操,是什么也不信从的,但总要摆出和内心两样的架子来"④。生存环境让鲁迅距离基督教文化的真信息比较遥远,基督教文化信息的闪光点似乎在他的眼前一亮,又似乎被汉语生存的铁屋挡回。

(6)在改造人性的努力中,当他觉得一切都不可信时,就进入一种盲目的、赌博性质的反叛和斗争的恶性循环之中。这种反叛和斗争在他自己的语境中看似不盲目,但如果在基督教文化资源中看,以绝望反叛绝望,以恶攻打恶,以恨消灭恨,最终的结果还是恶、是恨、是绝望。鲁迅以人性改造人性的努力在本质上正好是"撒旦逐赶撒旦"。鲁迅对人性的看法和试图改造人性的努力很多,但最重要的一点——在基督教文化资源中讲,"离开神,我们什么都不能做"——他却没有体察到。

我在体察鲁迅的生命经验时有一个极其痛切的感受:一、在理念上,鲁迅不信靠神圣的永恒真理,他改造社会的全部精神资源和准则均来自人自己,而人自己又确实不是鲁迅全身心信靠

① 《鲁迅全集》第6卷,第51页。
② 《鲁迅全集》第6卷,第412页。
③ 《鲁迅全集》第1卷,第345页。
④ 《鲁迅全集》第3卷,第379页。

的存在,他在更多时候实际上处在对人的品质的极端怀疑的紧张的边缘。就是说,鲁迅决不站立神性立场,又不明确站立人性立场,就是说,鲁迅决不以神的绝对准则为是,又怀疑人的相对准则。二、在实际行动中,他借助的是人性力量,呼唤人性,最终试图建造自由理想的人国。就鲁迅生命的实际经验看,他实际上完全站立人性立场,这时候,与整个五四新文化运动及整个汉语世俗文化资源之本质相关联,所谓精神改造社会改造的根本性问题就出现了:人如若离开神性的永恒准则,人性就总是表现出其脆弱和恶的一面("完全败坏"、"完全无能"、"坏到极处"),而鲁迅正是离开神性而站立人性立场而进行"国民性"、"社会性"改造的,那么,鲁迅究竟是要以人的什么品质改造人和社会? 鲁迅是要把人和社会的品质改造到哪一个目标上去? 我常常盼望所有关心鲁迅问题的人都切切地思考这一问题,不要急于发言,要保持沉默,在夜深人静时,在远离干扰时,借助于更广泛的文化、精神、心灵资源,去一个人,诚实地体认和思考,进入真实的社会人生去实践。鲁迅改造国民性的精神资源究竟是什么,究竟是否可靠?

鲁迅为这个民族、为人类肩负了太多,他是太爱这个人类、太关切这个民族才显得那样峻急。我自己的生命经验是,首先因为我与鲁迅的心理感受过于切近而使我热爱、感激和追随鲁迅,后来发现自己与鲁迅一起在与自我生命的紧张抗战中陷于种种困境乃至绝望,后来在基督教文化信息中感受到一种缓冲,一种启示,于是,在内心迫切地觉得,基督教文化信息或许恰巧是对鲁迅生命的一个照亮,基督教文化思想资源恰巧是对鲁迅精神资源的一个重要补充。于是,或许是在自我的心灵安慰的角度,就急切地想对这另一精神文化思想资源予以陈说。因而,与其说我在行文中似乎表现出了怀疑鲁迅的倾向,毋宁说我是在近乎全面追随鲁迅的路途中同样热切地关注了鲁迅精神生命中如果有了会怎样的另一些精神资源的价值。

鲁迅在改造人性的整个努力中，始终远离神的保守和带领。他似乎始终站立人性背景，他没有深入探究神性的真实意义，实际上也没有透彻阐述人性的本质。鲁迅在人性之中努力的状态很切合他自己这样一个人性根基上盲目赌博性质的自画像："我自己，是什么也不怕的，生命是我自己的东西，所以我不妨大步走去，向着我自以为可以走的路；即使前面是深渊、荆棘、峡谷、火坑，都由我自己负责。"①

使徒保罗说："他们不知道上帝的义，想要立自己的义，就不顺从上帝的义了。"②而脆弱和罪中的人并不具有真正意义上的义，所立的无非是自以为是的义。到头来，立人自己的义的结果是迷惘、困惑、盲目、虚无和绝望。

基督教文化认为，"人的本质是他与上帝的关系。"③就是说，人的品质好坏完全决定于他与上帝是否同在。当人以上帝的心为心，有上帝神圣公义的保守和眷顾时，人的本质就是好的，人做什么事都会是有益的；当人远离神，让各种恶主宰时，人的本质就是堕落和败坏，人做什么事都恶果难料。哲学、科学等许多人的学问都多有察觉，说，人学的尽头是神学的开始，说，只有在人的努力的尽头，在人的绝望处人才有可能真正认识神，认识到神性的价值定位。鲁迅改造国民精神的努力实际上到了人力能够努力的最高的可能性。人的努力的高峰之后再没有高处。可能的高处或许在另一个存在维度——神性存在、灵魂存

---

① 《鲁迅全集》第 3 卷，第 51 页。

② 《新旧约全书》，罗 10：2—3。

③ 莫尔特曼：《创造中的上帝——生态的创造论》，隗仁莲等译，汉语基督教文化研究所 1999 年版，第 313 页。

在、形而上存在,这一存在或许十分重要但往往被人类苟且的物质欲望和眼前利益遮蔽。

鲁迅的精神因素在希伯来原创文化与汉语文化的对观中显示出内涵的开放性、传承的开拓性和正面建设的广大空间,鲁迅的精神因素与基督教文化因素之间相互照亮,相互激发,会使鲁迅精神的接受者感受到无限的活力,对整个中国文化朝着肯定的(而不是否定的)、正面的(而不是负面的)、希望的(而不是绝望的)、积极培育的(而不是消极批判的)、建设性的(而不是毁坏性的)良性生态健康发展,对我国和谐社会的建构具有重要的启发意义。

第 三 论 题

论鲁迅的非暴力呐喊

　　"所有的杀人行为都是对世界的奴役法则的服从"。①——别尔嘉耶夫

　　"我不求你叫他们离开世界,只求你保守他们离开那恶者。"②——约17:15

　　鲁迅呐喊的意思有多层:一、胡适、陈独秀们倡导的"五四"新文化运动是一次大的思想更新运动,是一次鲁迅也参与其中并且慢慢凸显为运动先驱的文化启蒙运动,在这个意义上,鲁迅的呐喊是站在高峰浪尖的顺势呐喊,是为传播启蒙思想而呐喊,是为传达时代的新气象而呐喊,这个呐喊是参与性的、追随性的、集群性的和广义上的;二、由于几千年瞒和骗的文化沉积过厚,由于鲁迅渴望新的人生,渴望自己的国民成为新民,鲁迅较为集中地关注了中国国民性问题,在这个意义上,鲁迅的呐喊是对瞒和骗的古老文化本质予以揭穿的呐喊,是渴望愚弱的国民赶快醒来的呐喊,这个呐喊是鲁迅个体立场的、挖掘极深的、意义久远的和狭义上的;三、在"五四"运动以来此起彼伏的社会运动中,那些为社会革新而奔驰的猛士常常有流血、有痛苦、有彷徨,鲁迅常常为这样的生命而呐喊,在这个意义上,鲁迅的呐喊是临时性的和激情化的。这种呐喊声音的变化与1926年有关,1926年之前,鲁迅是一个中国文化的反思者和中国人生的个人的、冷静的和深层次的启蒙者,面对历史、文化和现实,鲁迅"以为然的,便只是'爱'",是"相爱相助",是"平和",是"民众

---

　　①　别尔嘉耶夫:《自我认识》,上海三联书店1997年版(下同),第55页。

　　②　本章所引《圣经》经文自中国基督教协会1989年印发的《新旧约全书》或中国基督教协会1996年印发的《圣经》。凡是称呼"神"的地方,也称"上帝"。本章都简注,如,该经文引自《圣经约翰福音》第17章第15节,注为:约17:15。

觉醒"。而在 1926 年之后,鲁迅同时注意了刀剑改造社会的急迫意义。但在总体上,鲁迅的呐喊主要是前两种,即便在后一种呐喊中,也极为饱满地贯穿着前两种呐喊的本意,甚至实际上也只不过就是前两种呐喊本身。但在鲁迅之后,有些解释者和接受者过多强调了鲁迅的后一种呐喊姿态,以至于把鲁迅仅仅解释为投枪、匕首和地火,以至于把鲁迅呐喊的真正意思束之高阁,这一点,人们或许应该谨慎反思。

看穿刀剑底细的鲁迅

特别在 1926 年之前,特别在对中国历史和传统文化本质的反思中,在审察几千年古老文明里的杀人戏法和老百姓遭遇的无穷杀虐时,鲁迅发现,汉语文化语境中的暴力和老百姓的颠沛遭遇基本上轮回在四个时代之中。

(一)"王"的时代

即"自家的有枪阶级"①的杀人。在"汉族发祥时代"、"汉族发达时代"、"汉族中兴时代"②这样的"治世","皇恩浩荡"、"万民胪欢"、"天下太平"③。在鲁迅看来,这一太平景象的实质是,杀人的权力由朝廷机构垄断,由国家各级职能部门精心组织安排和执行,只体现国王和各层小王较为集中的杀人意愿。这种杀人的杀人者把整个杀人装点得老百姓有些看不透底细,

① 《鲁迅全集》第 1 卷,第 328 页。
② 《鲁迅全集》第 1 卷,第 213 页。
③ 《鲁迅全集》第 1 卷,第 212 页。

是在既定的王侯特权下行使,被法制化、职业化、神圣化。老百姓明明见杀人,但官们却说那是他们的军队、警察、监狱等职能机构在执行公务。"王"的时代的杀人不显得杂乱而是有规范,不显得喧哗而是很平静,不显得残酷血腥而是温和可亲,不显得卑劣无耻而是高尚、神圣令人敬仰。甚至由于长时间的法制化、职业化、神圣化而使得老百姓渐渐感觉不到杀人,而使得杀人根本就成了一个"没有的事"。而使得"王"的时代的人都俨然生活在无忧无扰的温暖世界中。鲁迅说,这是"杀人如草不闻声"的"不知不觉"的杀人。①

　　鲁迅仔细从这样的时代里面探究,发现这是个叫人不敢睁开眼看的恐怖的非人间。这是人们"暂时做稳了奴隶的时代"。这个时代到处是布置好的陷阱和屠刀。这里有"电刑、枪毙、暗杀"②,有"逮捕、拘禁、秘密处以死刑"③,有"灭九族"、"灭十族",有"凌迟碎剐"④,"用诰谕,用刀枪,用书报,用锻炼,用逮捕,用拷问"杀人⑤,"用广告,用诬陷,用恐吓"杀人⑥,用"异端,妖人,奸党,逆徒"的指称杀人⑦。鲁迅说,这种杀人构成整个中国的"正史","中国十三经二十五史,正是酋长祭师们一心崇奉的治国平天下的谱"⑧。这是一部历代王侯特权轮流执斧的"独夫的家谱"。这样的"王道"贯穿的"治世",老百姓有可以遵循的奴隶法则,虽然那些法则可能正好规定一个人的性命相当于

　①　《鲁迅全集》第3卷,第48页。
　②　《鲁迅全集》第4卷,第524页。
　③　《鲁迅全集》第4卷,第282页。
　④　《鲁迅全集》第4卷,第59页。
　⑤　《鲁迅全集》第4卷,第473页。
　⑥　《鲁迅全集》第4卷,第302页。
　⑦　《鲁迅全集》第4卷,第473页。
　⑧　《鲁迅全集》第1卷,第328页。

一头驴子的价钱或者只有"每斤八文"①,但即便是做犬也在做"太平犬",这个"太平"是值钱的。这一时代,老百姓只关心"怎样服役,怎样纳粮,怎样磕头,怎样颂圣"。②

(二)"匪"的时代

民们在前一时代实际上体味着艰辛和耻辱,也就时时蕴蓄仇恨,时时找寻发泄机会。有想雪仇恨的,有想借机变民为官的,于是就有永远熄不灭的"起义"和"暴动"。鲁迅说,这就使中国历史进入"匪"的时代。"匪"的时代的杀人不再整齐规范而是杂乱,不再平静而是争执四起惊天动地,不再只挂尊贵的王牌而是各色各品的鬼脸尽出。这时候的杀人比"王"的时代增了倍数。一面来自官,一面来自匪,老百姓腹背受宰杀。这时候,匪们项羽似的一把火烧过去,或黄巢张献忠吴三桂似的一路杀过去,官们则是更强的刀兵剿过来。鲁迅说,"匪患"煽动蔓延,最终"却不很向强者反抗,而反在弱者身上发泄,兵和匪不相争,无枪的百姓却并受兵匪之苦"③。匪们起初是弱者,面对官们是弱者,后来强大了,面对无刀的民时更显强大,而且,在血腥杀戮中,他们越来越强,越来越暴戾。刀枪在手,匪是为所欲为的。"自己被人凌虐,但也可以凌虐别人;自己被别人吃,但也可以吃别人"④。这时,无枪的百姓就苦了。匪们把"奴隶法制毁得粉碎"⑤,奴隶们"太平犬"的梦也做不成了,"强盗来了,就属于官,当然该被杀掉;官兵既到,该是自家人了罢,但仍然要

---

① 《鲁迅全集》第1卷,第216页。
② 《鲁迅全集》第1卷,第216页。
③ 《鲁迅全集》第1卷,第212页。
④ 《鲁迅全集》第1卷,第215页。
⑤ 《鲁迅全集》第1卷,第212页。

被杀掠,仿佛又属于强盗似的。"①这就形成中国历史的"乱世"。乱世之中"英雄"辈出,英雄是靠刀下杀人成为英雄的。面前的官们太强大时,英雄的用武之地就是手无寸铁的百姓。鲁迅说,"举其大者,则如五胡十六国的时候,黄巢的时候,五代的时候,宋明元末的时候"②。英雄们的脾气怪而且多,"不服纳粮的要杀,服纳粮的也要杀,敌他的要杀,降他的也要杀"③。这样的匪的时代,杀来杀去,终于杀了些无处藏身的百姓。张献忠是"为杀人而杀人"的,他看见李自成进北京了,清兵入关了,自己只剩下没落,于是就专营杀人,"但他还要维持兵,这实在不过是维持杀。他杀得没有平民了,就派许多较为心腹的人到兵们中间去,设法窃听,偶有怨言,即跃出执之,戮其全家。"④

"匪"的时代的杀人者也往往是在民中一跃而起,一夜之间不可一世的,而他们的外观旗帜都是为国为民的。"侠客"、"义士"、"豪杰"起来时,满身贴着好标签,但"抡起大板斧来排头砍去时",所砍的无非是百姓。标榜的是反贪官,实际上"所打劫的是平民,不是将相",《七侠五义》、《施公案》所讲的都是这些把戏。以反贪官著称的梁山好汉们明明白白说,他们"不反皇帝",杀来杀去,他们终于"替国家打别的强盗去了"。⑤ 鲁迅说,暴力"革命"起来时,显示着十足的豪勇状和正义状。革命的对象常常是整个旧世界,革命,就是要用"十万两无烟的火药"或"重炸弹"之类把旧世界"砸烂"⑥。革命只要"大炮"、"武装"、"暴

---

① 《鲁迅全集》第 1 卷,第 212 页。
② 《鲁迅全集》第 1 卷,第 212 页。
③ 《鲁迅全集》第 1 卷,第 212 页。
④ 《鲁迅全集》第 5 卷,第 236 页。
⑤ 《鲁迅全集》第 4 卷,第 155 页。
⑥ 《鲁迅全集》第 4 卷,第 66 页。

动"、"打倒"、"消灭"，革命不要"人性"、"动摇性"、"同情性"和"软弱性"。这就使得杀人的图景更加血肉模糊，更加让人不知道杀人的目的究竟是什么。鲁迅说，革命往往构成杀人最滥、最无法无天、最卑鄙、最具欺骗性的时代。"革命的被杀于反革命的。反革命的被杀于革命的。不革命的或当作革命的而被杀于反革命的，或当作反革命的而被杀于革命的，或并不当作什么而被杀于革命的或反革命的。革命，革革命，革革革命，革革……"①

（三）"寇"的时代

除了自家的有枪阶级和自家的造反阶级的杀戮之外，"还常有异族的征服与杀戮"②，这就形成"寇"的时代。"寇"的时代的杀人纹路更为复杂，一方面，持枪的"寇"要把叫做"支那人"、"汉人"、"华人"、"越国人"、"吴国人"、"宋朝人"、"明朝人"、"南人"之类的被征服者不分主奴高低贵贱地予以杀虐。如在成吉思汗的法典里，元人杀死一个汉人，只赔偿相当于一头驴子的价钱；在日本兵眼里，支那人只不过是可以用于细菌实验的动物。"寇"的时代，"寇"甚至要勾践那样的越王尝人的大粪，要宋徽宗那样的宋王"坐井观天"，那么，那些做越王、宋王子民的百姓们的苦况就可想而知了。鲁迅说，《扬州十日》、《嘉定屠城记略》、《朱舜水集》、《张苍水集》③之类记录的触目惊心的"寇"的暴行，作为记录，与实际的血腥的程度还是远远不能相比的，记载无非是万中挂一而已。另一方面，在"寇"的时代，即便自家的有枪阶级和自家的造反阶级都难逃蒙辱或遭杀的厄

---

① 《鲁迅全集》第 3 卷，第 532 页。
② 《鲁迅全集》第 3 卷，第 51 页。
③ 《鲁迅全集》第 1 卷，第 221 页。

运,即便"团结御辱"、"同胞,同胞,一致对外"①之类的大招牌被轰轰烈烈地打出,即便"驱逐鞑虏"、"光复汉室"、"扶清灭洋"之类的口号遍地响起,即便自家的有枪阶级忽然要和自己的百姓和好结盟了,他们要百姓为国为民而与外来的有枪阶级进行光荣而爱国的战斗了,但是,即便在这样"国难当头"的主奴看上去联手对寇的时代,自家的有枪阶级对自己百姓的亲自屠杀还是跟先前一样,只不过在"圣上"和"祖国"自身难保的时候,所用的杀人名目有所变换,这时候,要被杀的就是"国贼,汉奸,二毛子,洋狗子或洋奴"②,是"通海"、"通虐"、"教徒"③,或者你应该成为"烈女",或者你应该成为"烈士",或者你应该成为"肉搏强敌,以报仇雪恨"④"永垂不朽"的"为国捐躯"者。以往所有那些"治国平天下的谱"还是依然在继续。

而在既是官的、匪的、又同时是寇的时代,暴力的横行猖獗更使老百姓无处藏身。鲁迅说:"皇帝所诛者,'逆'也,官军所剿者,'匪'也,刽子手所杀者,'犯'也,满洲人'入主中夏',不久也就染了这样的淳风,雍正皇帝要除掉他的弟兄,就先行御赐改称为'阿其那'与'塞思黑',大约是'猪'和'狗'罢。黄巢造反,以人为粮,但若说他吃人,是不对的,他所吃的物事,叫作'两脚羊'"。⑤

(四)"太平"的时代

鲁迅说,"我们中国人最喜欢说自己爱和平,但其实,是爱

---

① 《鲁迅全集》第 3 卷,第 91 页。
② 《鲁迅全集》第 4 卷,第 190 页。
③ 《鲁迅全集》第 4 卷,第 190 页。
④ 《鲁迅全集》第 1 卷,第 224 页。
⑤ 《鲁迅全集》第 5 卷,第 205 页。

斗争的,爱看别的东西斗,也爱看自己们斗。"①就像爱斗鸡、斗蟋蟀、斗黄头鸟、斗鹌鹑、斗鱼、斗跳蚤。"军阀们只管自己斗争着,他们不与闻,只是看","然而军阀们也不是自己亲身在斗争,是使兵士们相斗争,所以频年恶战,而头儿个个是好的,忽而误会消释了,忽而杯酒言欢了,忽而共同御辱了,忽而立誓报国了,忽而……不消说,忽而自然不免又打起来了。"②

　　日常生活往往传达着一个社会最基本的心理和精神本色。无论在鲁迅自己的时代,或在鲁迅稍后的时代,中国人太平时代的日常生活场景里,人们把使用暴力用语当家常便饭,"这样的人真是该千刀万剐","应该毙了他","应该杀了他"。比如说到一场球赛、一场游戏、一个小小的竞赛,总是喜欢用仇恨屠杀的术语,两支球队上场是"劲敌狭路相逢",一个脚球"插入敌人的心脏",一个头球"置敌人于死地",对方得一分是"报敌人一剑之仇",制胜一球是"把敌人送上死路",取得大胜是"杀得敌人片甲不留",彻底输了是"全军覆灭"。人们谈到应该扎扎实实干好一件事而不应该贪多时,常常不动声色地说出一句叫人毛骨悚然的话:"与其伤其十指不如断其一指。"从小孩子看的卡通片、动画片、少儿小故事到大人看的电视剧、电影等等,大都贯穿着从头到尾的欺骗、仇恨、斗争。

"改革最快的是火与剑"

　　1926 年之后,鲁迅同时注意到刀剑改造社会的急迫意义。

---

　　① 《鲁迅全集》第 5 卷,第 7 页。
　　② 《鲁迅全集》第 5 卷,第 7 页。

鲁迅在澄淀中国杀人历史的同时也看出善良、宽恕、公义、天理在刀枪面前的脆弱。无论破衣褴褛的游说者,无论激昂慷慨的徒手请愿者,无论在众人大叫公理的声浪中,无论在全民"同胞、同胞,一致对敌"的讨伐里,收场都是一样:真正讲理的手无寸铁者做了牺牲,毫无声息的受死者献了祭,做了众人的"散昨"①,之后,中国面貌依旧,社会实质毫无改观。甚至在少数杰出者以性命殉其信念之后,社会更加腐败,更加黑暗,人们的精神更加萎缩。改革者想进步一寸,改革者受死之后社会在更坏的人手里反倒退步了十寸。大大小小的思想改造和社会变革运动的命运基本如此。鲁迅说,面对狗性不改的人,改革者决不能上敌人"公允"、"道义"的当,要讲公义道德,要讲永恒准则,还须看你的敌人是否也懂得这些,须看双方是否都知道信守这些。鲁迅认为,中国的实际情形是,社会的拥有者和得胜者恰恰是那些只干坏事和只知道干坏事之聪明权术的人,面对这样的人,你如若讲宽恕,讲"费厄泼赖",讲公义,那结果却是纵恶,灾患由此而没有穷尽。因而,鲁迅说,医生遇见霍乱病菌,他决不给病菌讲道说理,而是直截了当地用刀割去。②

鲁迅说,"仁人们或者要问:那么,我们竟不要'费厄泼赖'么? 我可以立刻回答:当然是要的,然而尚早","即使真心人所大叫的公理,在现今的中国,也还不能救助好人,甚至于反而保护坏人。因为当坏人得志,虐待好人的时候,既使有人大叫公理,他决不听从,叫喊仅止于叫喊,好人仍然受苦。"③鲁迅说,"仁恕"、"勿报复"、"勿以恶抗恶"、"勿以眼还眼,以牙还牙"④

---

① 《鲁迅全集》第1卷,第407页。
② 《鲁迅全集》第1卷,第272页。
③ 《鲁迅全集》第1卷,第275页。
④ 《鲁迅全集》第1卷,第275页。

不能讲在不知悔改和持有双重道德标准的地方。"现在已不是在书斋中,捧书本高谈宗教、法律、文艺、美术……等的时候了,……仅大叫未来的光明,其实是欺骗怠慢的自己的听众的"①。因而他干脆断然说:"改革最快的是火与剑。"

他说,这是"出于不得已,因为倘不如此,中国将不能有较好的路"②。1927年,鲁迅在上海劳动大学演讲时说:"英国罗素(Rueesl)法国罗曼·罗兰(R. Rolland)反对欧战,大家以为他们了不起,其实幸而他们的话没有实行,否则,德国早已打进英国和法国了;因为德国如不能同时实行非战,是没有办法的。俄国托尔斯泰(Tolstoi)的无抵抗主义之所以不能实行,也是这个原因。他不主张以恶报恶,他的意思是皇帝叫我们去当兵,我们不去当兵。叫警察去捉,他不去;叫刽子手去杀,他不去杀,大家都不听皇帝的命令,他也没有兴趣;那末做皇帝也无聊起来,天下也就太平了。然而如果一部分人偏听皇帝的话,那就不行。"

他说:"倘有敌人,我们就早该抽刃而起,需要'以血还血'了。"③

鲁迅眼中的刺客和复仇

鲁迅在《铸剑》里客观直陈了一个复仇故事,似乎除了直陈以外他不能讲说自己对于复仇的直白意见,他或许只是想让读者客观地看见一种复仇,在这个复仇中,读者或许能看见他们应

---

① 《鲁迅全集》第4卷,第224页。
② 《鲁迅全集》第2卷,第275页。
③ 《鲁迅全集》第8卷,第190页。

该看见的,除了应该和可能看见的,就是应该或可能设想的。虽然鲁迅的笔触比较轻松,但从头到尾,在表现出倾向性或发表意见方面,鲁迅一直相当谨慎。黑色人在替眉间尺复仇之前说,"义士"、"同情"之类的词已经被玷污了,"仗义,同情,那些东西,先前曾经干净过,现在却都成了放血债的资本。我的心里全没有你所谓的那些。我只不过要给你报仇。"①

这里能够被肯定琢磨的是"我只不过要给你报仇"。黑色人要替眉间尺为眉间尺的父亲报仇,而眉间尺这一复仇的代价和结果"一是你的剑,一是你的头。"②"但你为什么给我去报仇的呢?"黑色人回答说:"我一向认识你的父亲,也如一向认识你一样。但我要报仇,却并不为此。聪明的孩子,告诉你吧。你还不知道么,我怎样地善于报仇。你的就是我的;他也就是我。我的魂灵上是有这么多的,人我所加的伤,我已经憎恶了我自己。"黑色人要替人去报仇,只不过因为他要复仇,还是因为他厌恶了他自己,还是他根本不知道原因?

黑色人在黑暗中用尖厉的声音唱着歌:

> 哈哈爱兮爱乎爱乎!
>
> 爱青剑兮一个仇人自屠。
>
> 夥颐连翩兮多少一夫。
>
> 头换头兮两个仇人自屠。
>
> 一夫则无兮爱乎呜呼!
>
> 爱乎呜呼兮爱乎呜呼,
>
> 阿呼呜呼兮呜呼呜呼!

还有三次近似的唱歌。这样的无词的言语表达的或许是鲁

---

① 《鲁迅全集》第2卷,第425页。
② 《鲁迅全集》第2卷,第425页。

迅对复仇最直白的感知,就是说,这样的无词长歌表达的就是鲁迅对复仇主题的基本认识。引颈长歌,但是无词,向天呐喊,但是无言。为什么复仇?复仇究竟为什么?究竟会干些什么?复仇的意义和价值是什么?在鲁迅,这都是些无法明确表达的东西。黑色人不知道,眉间尺不知道,鲁迅也像行在梦中而不能确定。在对这一主题的表达之前,在整个事件出现之前,眉间尺的母亲似乎是明晰的,关于复仇,刚果、坚毅、通透,以至于在她看来,关于复仇,没什么需要问或者回答。但在眉间尺和黑色人最终留下来的大片空白中,复仇,是一个极大的不明,一个空前的虚无。

现实人生中鲁迅对刺杀行为的看法或许充满矛盾。鲁迅在日本留学期间,他或许为徐锡麟那样的刺杀相关的诸多世事爱恨交加,他的心里充满不安和矛盾。鲁迅是光复会会员,光复会是一个专事暗杀和起事的反清组织,鲁迅既已参加,就可能对光复会的主旨和行为有所认同,但在实际行动中,他并不是一个放弃思想而只行动的草莽英雄。"有一次,一个任务落到他头上,让他也像徐锡麟那样,回国去刺杀清廷的某位大员。他当时接受了。可临动身前,他又去找那布置任务的人:'如果我被抓住,被砍头,剩下我的母亲,谁负责赡养她呢?'"①"有一次在东京,他目睹一次反清团体的领导人,就在手下进行军事袭击,随时可能遭难的时刻,坐在那里谈笑风生,仿佛毫不在意,不禁'惊佩不至',直到许多年以后,还一再对人谈起。"这时的鲁迅就想,假如这样的革命者做了皇帝,这样的人能比现在做皇帝的人好多少呢?鲁迅说:"革命者叫你去做,你只得遵命,不许问的,我却要问,要估量这事的价值。""有一次许广平问他对暗杀

---

① 王晓明:《无法直面的人生——鲁迅传》,上海文艺出版社 1993 年版(下同),第 33 页。

的看法,他回答说:'一,这不是少数人所能做,而这类人现在很不多,即或有之,更不该轻易用去;还有,是纵使有一两回类似的事件,实不足以震动国民,他们还很麻木,……第二,我的脾气是如此的,自己没有做的事,就不大赞成。'"①

非 攻

鲁迅讲述的很多所谓国家大事,很多兵变挞伐的事件和灾祸,实际上都与《非攻》意义的表达期盼有关。听说公输般在造云梯以帮助楚王攻打宋国,墨子专程去阻止这件事。途经宋国,"沿路看看情形,人口倒很不少,然而历来的水灾和兵灾的痕迹,却到处存留,没有人民的变换得飞快。走了三天,看不见一所大屋,看不见一棵大树,看不见一个活泼的人,看不见一片肥沃的田地,就这样的到了都城。"②在宋国大街上,看见的是满眼萧条,只有那个做官而尚空谈的他的学生曹公子在那里鼓动"我们都去死"的"民气",墨子说,"昨天在城里听见曹公子在讲演,又在玩一股'气',嚷什么'死'了。你去告诉他:不要弄玄虚;死并不坏,也很难,但要死的于民有利。"③墨子最后说服了楚王和公输般,让他们放弃了攻打宋国的计划,当他还想用自己的书进一步影响楚王时,公输般说,"你还不是讲些行义么?""劳形苦心,扶危济急,是贱人的东西,大人们不取的。"墨子回答说,"丝麻米谷,都是贱人做出来的东西,大人们就要,何况义

---

① 王晓明:《无法直面的人生——鲁迅传》,第33—34页。
② 《鲁迅全集》第2卷,第455页。
③ 《鲁迅全集》第2卷,第456—457页。

呢。"在现实世界里,武力一定是主宰一切的强力? 善意与仁爱一定是脆弱的吗? 公输般说他自己的舟战有钩拒,它可以不管是非曲直先以强力取胜,墨子回答说,"我用义的钩拒,比你那舟战的钩拒好。""我用爱来钩,用恭来拒。不用爱钩,是不相亲的,不用恭拒,是要油滑的,不相亲而要油滑,马上要离散。所以互相爱,互相恭,就等于互相利。现在你用钩去钩人,人也用钩来钩你,你用拒去拒人,人也用拒来拒你,互相钩,也就等于互相害了。"这是一个浅显的道理,用武力打来打去,哪一方面都最终得不到好处,而用仁爱的方法,哪一面都得到幸福。

讲清这个道理之后,公输般说:"你一行义,可真几乎把我的饭碗敲碎了!"这是天下武装起来的英雄们在各自的心中隐藏极深的一个秘密,也是天下武力为什么总是以大恩人的形象退不出历史舞台的真相。假若人们都仁爱,假若人们都明确地追求和平而认清暴力的本质而彻底放弃暴力,那么,那些靠暴力横霸天下的人拿什么理由在这个世界上糊口混饭呢? 掌管暴力武器的人总要在生活中制造一些事端,然后暗中操纵为与武人的作恶无关的表象,然后自己从正面走出来用武力把事件给摆平了,这样,让老百姓看来,武人总是人们实际生活需要的,人们总是少不了武力的帮忙。而实际的真相,就是武人自己为了维持自己的饭碗而制造了它存在的合理性,而蒙骗了人们的眼睛。墨子说,"但也比敲碎宋国的所有饭碗好。"①墨子的意思是,武人失去了靠暴力干坏事而维持着的饭碗是应该的,让天下老百姓有平安饭碗才是最重要的,让武人没有饭吃而让百姓有饭吃,让暴力失去市场而和平永驻人间,这才是基本的、起码的、正常的、简单的道理。这,就是鲁迅对墨子非攻故事的讲述。

---

① 《鲁迅全集》第2卷,第462—463页。

不能动刀是个总然论

在鲁迅看来,文明和杀人不可能并存,一边在杀人,一边在高喊文明的文明是伪文明。鲁迅说,"公道和武力合为一体的文明,世界上本未出现。"①鲁迅表达中有一个意思,在文明的世界里,不能杀人是个基本的道理,是个总然论。

基督教文化的总原则是不能动刀。"非战"、"无抵抗主义"、"火与剑"关乎的核心问题是"动刀"问题,在基督教文化中,耶稣的教训是:"不可杀人"②,"凡动刀的,必死在刀下"③。"掳掠人的,必被掳掠;用刀杀人的,必被刀杀。"④基督教文化资源中,人是神创造的,万民平等,没有人可以独立超越他人、主宰他人、杀戮他人。仅凭人一己的眼光论断人,宰割人,任何人都难摆脱人一己的自我性、狭隘性、有限性、相对性、暂时性带来的危险和灾难。任何以一己的论断拿刀解决问题的人实际上都不可能不偏不倚行在公义上,无论是出于主动侵犯,还是被动还击。因而,上帝给人的绝对准则是:不可动刀。

动刀由人内心的恶念引起,其根由是发怒和仇恨。耶稣给人的教训是,人不但不可杀人,凡杀人的难免受审判,而且,也不能向弟兄动怒,"凡向弟兄动怒的,难免受审判。"⑤基督教文化认为,爱是医治人类的唯一良药。"没有爱心的,仍住在死中。

---

① 《鲁迅全集》第 3 卷,第 88 页。
② 《新旧约全书》,出 20:13。
③ 《新旧约全书》,太:26:52。
④ 《新旧约全书》,启 13:10。
⑤ 《新旧约全书》,太 5:22。

凡恨他弟兄的，就是杀人的。你们晓得凡杀人的，没有永生存在他里面。"①"亲爱的弟兄啊，我们应当彼此相爱"②。

在基督教文化中，不能杀人是一个永恒准则，不能动摇，因为这关乎"弱者"动刀自救的实际效用。就是说，"弱者"、"被压迫者"用动刀的方法永远也改变不了"弱者"、"被压迫者"遭杀戮的人类命运。比如说赵是已遭李残害的不幸者、弱者，赵为改变自己命运举刀征服李，李就成了"弱者"、"不幸者"。如果总这样用刀剑解决问题，那么，就个体言，先前的"弱者"赵的生存境遇可能得到改善，但就全人类而言，那个"弱者"、"遭刀剑的不幸者"却依然存在。只不过"弱者"的名字由先前的赵变为现在的李了。这样，人类如何解救"弱者"的问题依然存在。因而，如果"弱者"只企图用刀剑解决问题，那么，人类就难免只使强者和弱者的姓名更替，而人类相残杀的根本命运却总得不到改变。人类逃不出的命运是，仇恨不能消灭仇恨，杀不能消灭杀，刀不能消灭刀。就是说，刀在解决人类"弱者"受害这个问题上帮不上什么忙。在这件事上，刀没有用，没有效果。因而，上帝干脆给人一个永恒准则：不可杀人。这构成人类面对刀剑的一个"总然论"。这一论断的背景和前景是，还有其他更好的解决办法。

不能动刀是个"未然论"

事实上，作为一个问题，一个人类不可能绕开的问题，"不

① 《新旧约全书》，约一3:14—15。
② 《新旧约全书》，约一4:7。

能动刀"永远是个"未然论"问题。一、基督教文化资源中,你永远也不能用快刀斩乱麻一杀了之的办法对付活生生的人,哪怕是对付你的敌人,哪怕你的敌人已经向你动刀。唯一有效的方法是宽容、赦免、爱和拯救。人是活生生的,在人间都是弟兄姊妹,哪怕是十恶不赦的弟兄也不能一杀了之。哪怕他在犯罪但你不能犯罪,哪怕他在杀人但你不能杀人。你的任务是使犯罪者脱离犯罪,使杀人者不再杀人。二、面对已然的杀人,身陷被杀处境时,有人即便运用临时的"出于不得已"的"辩证法"找到杀死敌人的理由,有人即便以刀还刀让他自己和自己一伙人翻身得解放,但就人类总体而言,只要地球上有人被杀,只要地球上有人在杀人,那么,刀对人间的残害这一问题就依然存在。就像计划生育。今天,地球上众多地域,由于人口数量与地球可能提供的各种资源需求比例失调,而使得人口数量需要计划。作为一个问题,计划生育的问题永远指的是计划外孩子尚未出生之前的问题。作为一项工作,永远是计划外孩子尚未出生之前的工作。设若计划外的孩子出生了,那么,这一问题在这一瞬间实际上被颠覆,被消解,被转换了。而使得如果你还要谈这一问题你就必须回到计划外的孩子出生之前的那个起点。作为一个问题,你永远也不能去考虑计划外的孩子出生之后。你不能对这个孩子,这个"结果"采取任何特别行动,你不能考虑在这个"结果"上动手,甚至不能有任何试图在这个"结果"上动手的念头——这个"结果"是一个婴儿。婴儿既已出生,他就必须享有地上所有人享有的一切天赋人权,他的生存,他应得到的父母的爱,人类的关怀,物质资源等,都必须完全平等于一切人,他绝对不能受到诸如"罚"、"扣"之类任何形式的亏待和不公正。因而,这个"结果"永远不能够成为一个问题。你如果要解决这一问题,你就永远只能把眼光放在未有结果之前。就是说,如果存在一个叫计划生育的问题，那么，这一问题永远只能是，必须是一个"未然论"。即便是计划之外的孩子不断出生，即便是计划外的孩子的数量迅猛增长到比"鼓励生育"产生的数量还要大几千几万倍，即便是人口的问题终于成了人类的一个灾难，无论问题如何严峻，但只要你想解决的问题是计划生育问题，你就永远绕不开这样一个总归：问题在结果之前。在结果之后，你无话可说。结果之后，不存在问题。你别无选择。

动刀作为一个问题是同样道理。只要地上有动刀这一问题存在，只要人类想解决动刀这一问题，那么，你面临的问题永远只能是个"未然论"。你在哪一个环节上对这一准则松了手，你都必须原原本本回到那个环节上从头再来。你在哪一个瞬间对这一准则怀疑了，只要你还面临这一问题，想解决这一问题，你都迟早要平静下来又重新坚定这一信念。如果你再动刀，在动刀之后，问题依然存在。你再再动刀，问题再再依然存在。只要你想解决动刀问题你只能从"未然"开始。你别无选择。

"不能动刀"这一命题的"未然性"作为一个准则，是永恒不变的。无论在什么文化语境中，所谓永恒，指任何人没有余地去假设"特殊"场景——"如果"，"如果一部分人偏听皇帝的话"，"假如在中国这个特殊的社会"，——作为永恒准则，它是恒定的，不变的，没有"如果"，没有"特殊"时期，没有"特别"地域。这是一个问题，也是一个规律。大地在冬天休息，在夏天生长万物，这是一个人人都必须承认和遵循的准则。正如在肉体上"挽救人的生命"这一问题摆在生命挽救者面前，它永远只能是"人未死之前"这样一个"未然"问题。无论问题逼在人面前多么迫切，无论出现怎样让人难以忍受的特殊性，只要你面对的是"挽救生命"这一问题，那么，你就永远必须面对"人未死之前"。你的目的是挽救生命，而你现在面临的对象危在旦夕，而你焦急得难以忍受,而你想快刀斩乱麻尽快解决问题。但有一个前提你绕不开:你所采取的任何行动都必须使作为你的对象的有危急的人不死,必须在人未死之前。如果你想摆脱这一命运,你想把它解决得直截了当干净利落而不慎使你的对象死灭,那么,"挽救生命"这一问题在这一对象上消失,但"挽救生命"这一问题在你所面对的人类却依然原原本本存在。如果你还要面对这一问题,你还必须从头开始。

"一部分人偏听皇帝"而再动刀,实际上,就解决动刀这一问题而言,已不是一个真"问题"。因为"动刀"问题没有解决,"再动刀"是"动刀"的一个结果,而要解决"再动刀"问题,还是要回到原来原原本本的"动刀"问题上去。

退一步讲,假定可以把"再动刀"这一假问题抽出来看为一个真问题,那么,问题就进一步延伸。

动刀究竟杀了谁

再动刀杀人,杀死"恶人"意味着什么?基督教文化资源中,人或者由神掌管而行在义路上,或者由恶掌管而行在罪恶之路上。人成为"恶人"是人的心被罪恶蒙蔽,是人心装满仇恨、诡诈、贪婪、邪恶等恶的因素,是人心远离了公义、爱、信实、慈悲、善等神的因素。一个人若由神掌管,负义的轭,为义的奴仆,他就做善事;若由恶掌管,负罪的轭,为罪的奴仆,他就行恶事。使人行善的乃是人心理的善的因素,使人行恶的乃是人心理的恶的因素。使恶人行恶的是人心理的"恶"而不是"人","人"只是恶施放其毒害借用的一个载体。人都是软弱的,人人都难免受罪的试探、引诱和攻击,人人都难免犯罪,人人都难免在不同时空中充当罪施放其毒恶的载体对象。实际上，"恶人"本质上就是遭到"恶"毒害的人，正如"病人"是遭遇"病毒"侵害的人。对付"恶人"实际上是要对付附在"人"身上的"恶"而不是承载"恶"的"人"，正如医治病人是要消除"病人"身上的"病"而不是消灭患"病"的"人"。人生要遭遇的困苦艰难极多，诸如"疾病"、"死亡"等，而"恶"只不过是人遭遇众多艰难困苦之一种。"恶人"正是一个遭"恶"毒害的受害者、不幸者。

一个明显的例证：香港有个电影，说的是一个懂得催眠术的大师被一个凶残的黑社会头目辖制而犯罪多起，该大师也操纵一些警员犯罪多多，被辖制者和被操纵者的肉体无助而无辜。电影在你眼前演过时，究竟什么在犯罪的道理就一目了然。

耶稣说："我指着我的永生起誓，我断不喜悦恶人死亡，唯喜悦恶人转离所行的道而活。"① 耶稣说："我不求你叫他们离开世界，只求你保守他们脱离那恶者。"②

《旧约》中，亚当的儿子该隐杀了他的弟弟亚伯，耶和华神向该隐说："你兄弟的血有声音从地里向我哀告"③，"现在你必从这地受咒诅"，"你必流离飘荡在地上"④。就上帝的立场看，该隐当受的惩罚已经受了，同时，在上帝的作为中，该隐当受的惩罚既是该隐必须承受的，同时又是该隐能够承受的。这个惩罚既表明干了坏事当受惩罚的道理，又表达上帝对这个即使是犯了罪的人的一种挽回、拯救和保护。在上帝看来，该隐要不要受惩罚，受多重的惩罚，都是上帝的准则去衡量的事，人没有合适的原则去过问，在上帝已经作出适当的惩罚之后，地上的人就

---

① 《新旧约全书》，书 20：1—3。
② 《新旧约全书》，约 17：15。
③ 《新旧约全书》，创 4：10。
④ 《新旧约全书》，创 4：11。

第三论题 论鲁迅的非暴力呐喊

再也不能向该隐追讨不止了。这里其实包含两个层面：一、保护该隐；二、保护企图向该隐复仇而使仇杀恶性循环下去的人。耶和华说："凡杀该隐的，必遭报七倍。"①耶和华就给该隐立一个记号，免得人遇见他就杀他。《旧约》中，神还为以色列民设立"逃城"，为那些过失犯罪的人在追杀者的刀下留一生路。耶稣还用"迷羊"的比喻，"浪子回头"的比喻解说此中的道理。这中间的一个意思是："恶人"的"人"和"恶"是两回事，要除灭的是恶人身上的"恶"，而不是有"恶"在身上的"人"。

托尔斯泰说："要是脑子犯了错误，不必打脑袋，更不必割掉它。"②

遭遇恶的基本途径是：一、一个人遭遇恶使他自己陷在罪中，恶在这人身上作祟，使这人的心理行为显出他是恶人。二、恶在这人身上向外扩张，施加到另一人身上。三、恶在这另一人身上，一方面使这人成为直接的受害者，使其遭受外来逼迫和痛苦，另一方面，恶又在这人体内发酵、膨胀进而向外发射施向新的受害者，使恶进入繁衍和反复轮回。

恶者举刀，义者还刀的变换轨迹是：一、若恶者取胜，则恶依然存在，而且更加猖獗没有止境。二、若义者取胜，则恶依然有两种呈现：其一，举刀难免使义人陷于罪中，义人只要以刀杀人，流人血的罪总要归到他身上。没有人能承受得起流人血的罪。那么，先前的义者或者由于杀了人，或者由于对以前恶者实行的新一轮逼迫而使恶总要在他自己身上泛滥，使先前的义者成为新一阶段的恶者；其二，先前的恶并未在恶者身上得以消除，如果先前的恶人被杀死，那么，恶在这被叫做恶者的人身上实施了

---

① 《新旧约全书》，创 4:15。
② 艾尔默·莫德：《托尔斯泰传》，十月文艺出版社 1984 年版，第 368 页。

其根本的毒害使这人的生命被取走,恶便在这人身上凝固成一个永远不能消失的墓碑而停滞;如果先前的恶人未被杀死,那么,作为人的恶人虽然暂时沉默,但恶人身上的恶原封不动,恶依然在侵害这恶者,恶又随时酝酿壮大寻找时机向外扩张,必然要进入行恶的新一轮反复轮回。

帕斯卡尔说:"难道有比恶的酵素更大的暴君吗?"①

不能动刀是个难题

"不能动刀"作为人类解救自己的一个前提准则,同时显示着人类解救自己的一个难度。

耶稣说:"引到永生,那门是狭窄的,路是难走的。"②

希特勒们举刀行恶时,人类却不能以刀还刀。在相对人生境域中看,这确实是一个难题。但在人类的根本命运中,人类却别无选择。

不能说,以刀还刀杀死希特勒,希特勒们的恶便随之销匿,问题就因此而解决。或许可以说在杀死希特勒的瞬间人类至少暂时扼制了由希特勒负载的恶向人类造成的灾难,但问题是,如果人类不把希特勒身上的恶看成灾难的根源而仅仅把负有恶因素的希特勒看成灾难根源,那么,转眼之间,恶很快就会寻找到新的载体。希特勒死了,新的希特勒以别的好名称又出现了。问题还是没有解决。你还在希特勒的死尸前庆贺人类"正义"刀剑对希特勒"邪恶"刀剑的胜利时,刀剑本身的邪恶性早已在

---

① 帕斯卡尔:《思想录》,商务印书馆 1985 年版(下同),第 204 页。
② 《新旧约全书》,太 7:14。

得胜新军人的高头大马上以另一张面目耀武扬威了。希特勒身上的恶，那个法西斯暴政之体制、精神、灵魂、崇拜暴力强权的思想没有被清算，崇拜特权而蔑视人权的实质没有被肃清，希特勒身上的那些恶原原本本陈列在得胜新元首和新人民的胸膛之中。人们一边在咒诅希特勒的名字和死尸，一边又激情万丈地在新名目下重建希特勒的独裁暴政，崇拜暴力强权，高扬民粹主义、种族主义，行诡诈，搞阴谋，作假见证，苛待人，杀害手无寸铁的百姓。希特勒虽死，那恶却依然兴旺发达。

正如鲁迅所感觉到的，不能杀人，就人的世俗眼光来看，这确实是个难题。对此难题，陀思妥耶夫斯基提供了一个典型案例，"在黑暗的农奴时代，有一个做仆人的小男孩，大约八岁，不小心用石头把地主的一条心爱的狗的腿砸伤了，就因为这事，根据这个地主的指令，这个小男孩在母亲面前被一群狗给撕烂了。这个退役将军带着自己的大批猎犬和养犬人在一个寒冷的早晨去打猎。全体仆人都集中起来接受'教训'，在前面的是小孩子的母亲；小孩子自己在此前的昨天就从母亲那里给拿走了。人们带来了小男孩，把衣服脱光：'他在颤抖，吓得发呆，不敢叫喊。'——'赶他跑'，将军喊：'快跑，快跑！'——养狗的人喊，当小男孩丧失理智地奔跑时，将军把全部猎犬放出去扑向他，过了一分钟，这小男孩连块碎片都没剩下。"①

——这个孩子有罪吗？谁能擦干这样的孩子和其母亲的眼泪？为什么这一切是这样安排的？是谁安排了这一切？当这一切发生时万能的上帝在哪里？应该怎样处置这个将军？这个母亲应该宽恕还是应该报复这个将军？她能够宽恕这个将军？她

①　罗赞诺夫：《陀思妥耶夫斯基的"大法官"》，第77—79 页。

有权力宽恕吗?① 与这样的案例相同的奥斯威辛集中营大屠杀、南京大屠杀等发生时,上帝的公义在哪里? 上帝的怜悯在哪里? 上帝的拯救在哪里? 上帝在哪里?

如何回答?

对这些问题的回答可能会是多样的。在基督教文化语境中,答案是明确的:上帝的公义、仁爱、和平、怜悯、万能、拯救都贯穿在上帝给人类的爱的教训里,在上帝给人的律例、典章、诫命、法度里,上帝反复教训人类要爱人,要人像上帝爱人那样去爱人,上帝反复叮咛人类不能违反上帝的爱的命令。上帝说,人类如若背离上帝的爱的命令,那么,人类注定会被恶统治,人类注定要遭恶的苛待和摧残。就是说,一个八岁小男孩被一个将军屠杀,是人类悖逆上帝的结果,是人类不与上帝的公义、仁爱、和平、怜悯、万能、拯救同在而导致的,并不是由于上帝没有公义、仁爱、和平、怜悯、万能、拯救。将军杀人,是上帝的旨意没有在人类贯穿的一个结果,是人类远离上帝的爱的教训的一个结果。如果人类总是在上帝的旨意当中,人类知道爱人、宽恕人、怜悯人,那么,人类就不会出现将军杀人的事件。

有人或许要说,我们看到的永远是将军那样的人在杀八岁小男孩那样的人,而从来没有看见相反的情形。在不遵循上帝旨意的世界里,是恶人、皇帝、将军在悖逆上帝的旨意而并不是弱者、小孩在悖逆上帝的旨意,那么,承受悖逆上帝旨意而导致的罪的,却不是那些真正悖逆上帝的人而反倒是弱者和小孩。就是说,在恶人、皇帝、将军悖逆上帝的爱的旨意的世界里罪恶的制造者总是一边在给全人类制造罪,一边又自己在罪恶里逍遥法外,就好像上帝不但不处罚恶人、皇帝、将军这样的真正的

① 罗赞诺夫:《陀思妥耶夫斯基的"大法官"》,第79—80页。

罪人,反而给这些罪人享不尽的荣华富贵,反而把一切罪全部加在弱者、好人、小孩身上。

实际的情况是,只要人类不与上帝同在,只要人类遭受罪恶,那都是全人类共同承受的。就是说,人们可以遍翻历史去看,在鼓吹复仇杀人的暴力强权的世界,一边是哭诉无门的被杀的八岁的小男孩,但另一边,恶人、皇帝、将军们在刀剑苦毒的世界里也同样是朝不保夕死无完尸。

鲁迅说,天理是有的,历史是算总账的。"历史结帐,不能像数学一般精密,写下许多小数,却只能学粗人算帐的四舍五入法门,记一笔整数。"①

历史的总账是怎么算的?

在汉语语境中,这个总账主要展现为某些结果,人是被动地被算,结论是必然来临,而这一切似乎跟一些人关系重大,而跟另一些人毫无关系。而在基督教文化中,这个总账主要是一个过程,这是一个人人参与其中、各种可能性时刻在即的临界状态,人人主动参与其中,人人都可能制造历史和改写历史,每一个人都互相关联,所有人无一例外,共同构成一个整体,任何个体都严重影响甚至决定整体,这个整体是每个个体血肉情感细致入微的整体。

希伯来心灵资源中,一个人认信基督而受洗就是这个人的旧我与基督在十字架一同受死,与基督一同复活,这个人就因着基督十字架的宝血而得洁净、而得赦免、成为在基督里新造的人。这个人在以后的心理行为中就会有耶稣的同在,耶稣宝血的印记使其随时显出基督的样式,使得其会走在义路上,有善良的行为。但是,如果这个人追随基督的心志有动摇,如果他再去

① 《鲁迅全集》第1卷,第355页。

犯罪,而犯罪之后又痛悔,又返回头去再在基督面前认罪悔改,再信靠耶稣的宝血去更新自己,那么,这个人这一次的信靠基督就是把基督第二次钉在十字架。因为基督在十字架担当了人们的罪,以无罪的代替有罪的,基督爱人类没有限度,基督要拯救人类不讲条件,基督要使万人得救而不要一人沉沦,因而,如果人类是这样反复无常地犯罪,犯罪之后又悔罪,那么,这就是人类的罪不断地把基督钉上了十字架。因而,如果人类反复靠着基督认罪悔改而又反复重新犯罪,又重新悔改,人自己制造的罪恶就深重了,罪恶就不断泛化,波及上帝、人世间及自然界太多存在,使得连上帝自身都成了受害者。

就像人类掠夺、毁坏、污染大自然而对大自然犯罪,以为大自然是万能的,人类以为自己可以在大自然里为所欲为。起初,人类毁坏森林,大自然一边爆发山洪,但一边还在滋长万种草木随时遮盖裸露的大地,随时修补让人毁坏的山河,人类无限制地这样毁坏,大自然一以贯之地用它的自然修补能力改善和恢复大地的基本良性状况。但是,终于有一天,当人类疯狂地使用化工污染物,用化学等毒品屠杀植物、动物、大江、大地、海洋,终究有一天,大自然完全被疯狂的化工利益集团控制了,以至于在化工屠夫的严重污染下,失去它自身的修补机制,这个地球会变成一个被毒药污染的废墟。这时,有人仰天质问:你万能的大自然在哪里? 你大自然无所不能的良性循环的规律在哪里? 人实际上忘记了,在你作恶犯罪的每一瞬间,大自然早就在那里与那些遭难者一同受罪。

奥斯威辛集中营大屠杀、南京大屠杀发生时,上帝在哪里? 回答是:上帝与受害者同在,上帝被人类的罪反复不断地钉上十字架,上帝与那个八岁的小男孩同在,与受屈者、遭罪者、罹难者同在。上帝与所有受辱者一同受辱,与哀痛者一同哀痛,与受难者一同受难。上帝就是那位受难者,他被人类反复钉上十字架。"在约伯那里,上帝本人也在受苦。"①

　　人类是一个总体,人人都相互关联。正如鲁迅所说,历史要算总账。意思是,人类一天宣扬暴力和仇恨,人类一天就摆脱不了那个八岁小男孩遭杀害的悲惨命运。奥斯威辛集中营和南京大屠杀的事件不发生的唯一途径是人类在观念、灵魂、行动中变暴力为和平、变复仇为宽容、变恨为爱。没有别的途径。在基督教文化中,宽恕是无条件的。那个八岁小男孩的母亲肯定不愿宽恕那个将军,犹太人肯定不愿宽恕德国纳粹,中国人肯定不愿宽恕日本侵略者,但问题是,通向人类美好生活前景的路途只有一条,那就是爱与宽容。该走的路在这儿,但人类却满怀激情、同仇敌忾地在其他路途上狂飙。路走错了,目的怎么可能达到?

　　人类所有个体都是相互关联的。这并不是说是这个小男孩自己或他的母亲犯了什么罪要遭报应,而是说,整个人类所有个体是相互关联的,其一,杀人的将军是个果而不是因,人类在面对此类问题时总是本末倒置,都要追问:因为将军杀小男孩,所以这个小孩子该怎么办?这个将军该怎么对付?而本来的问题实际上是:因为人类的灵魂出问题了,所以才培养出那个杀小男孩的将军。将军杀人,是人类纵容、崇拜、敬仰、追逐暴力强权的罪恶灵魂和行动亲自养育出来的一个果子,人类热爱暴力和罪恶的心是如此火热,怎么可能不培养出一些杀人不眨眼的将军呢?其二,既然人类已经豢养了那么多职业化、神圣化、法制化的吃人的狮子,任凭他们在大街上傲然游走,任凭他们在万人的簇拥和欢呼中撒野,那么,这些狮子在傲然卖弄那雄性的爪牙的

---

　　① 汉斯·约纳斯:《奥斯威辛之后的上帝观念》,张荣译,华夏出版社2003年版,第38页。

余暇顺手撕吃一个八岁的小男孩,如此自然不过的事情,人类还有什么好惊奇的呢?

现在重要的不是为撕吃小男孩的那头狮子感到诧异或愤慨,重要的不是要不要为那个母亲和小男孩复仇,重要的是赶紧堵住滋养和培育食人狮的管道。退一步,在狮子大规模撕吃的时候,狮子已不是一两个而是漫山遍野,已不是刚刚豢养时候的那些漂亮猫儿而是牢牢掌握着政府、军队、监狱、警察的主宰者了,一个八岁小男孩的普通母亲想复仇就能复得了吗?

要解决将军杀小孩的问题,使这类事情不再出现,唯一的办法是使崇拜杀人、怂恿杀人、豢养杀人者、以杀人为神圣、为合法、为职业的整个人类灵魂、心理、行为、习俗机制得到改变。

从受害母亲的立场看,事后复仇实际上已经与保护自己的孩子毫无关系。复仇实际上已经是非常遥远的、与那个真实的八岁小男孩没有任何瓜葛的另外一件事了。不是你愿不愿意宽恕那将军的问题,问题的症结在于,如果你选择复仇,就是设法有朝一日把那个将军的八岁的小男孩让狗撕吃,或者设法使那将军让狗活吞。如果这个母亲的复仇愿望终于实现,那么,表面上看,报仇申冤的事情了结了,而实际的情形是,在一个将军谋杀了一个八岁的小男孩的事件发生之后又出现了一起一个母亲谋杀另一个八岁的小男孩的事件,或者是,又出现了一个母亲谋杀一个将军的事件。新的一个小男孩被狗撕吃,一个将军被狗活吞,这后一个八岁的小男孩与前一个八岁的小男孩真的有本质的区别? 后者真的该遭这样的报应? 一个将军被人设法让狗活吞真的是一种合理的屠杀?

基督教文化说要爱你的仇敌,为你的仇敌祷告,宽恕你的仇敌七十个七次,不计算人的恶,唯有忍耐到底才能得救,说的并不是要你认可仇敌的罪恶行为,并不是要人眼睁睁地让犯下滔天罪行的人逍遥法外,而是说,要解决一个八岁小男孩被残杀的问题,其唯一路途是停止杀戮,就是说,除了终止新的谋杀,人类杀人的灾难就不会被消除,不杀人的唯一办法是不再继续杀人。

为什么说要忍耐、要宽恕是上帝给人类的一个命令? 因为,如果站立人一己的立场,就没有人能做得到,就没有一个孩子被杀的母亲能够做得到,在人一己的立场,人没有力量忍耐,没有原因去宽恕,没有可能去宽恕。上帝的教训是,放弃人的一己立场,站立上帝无条件爱人的立场,像上帝爱人那样爱人而不是像人爱人那样爱人。要做到这一点,人就必须站立上帝的立场,必须在心灵里完全以上帝的教训为是而不是以人一己的判断为是。即便是借助上帝的力量,要人做到真正宽恕仍然是困难的,但是,人类别无选择。

问题是,掌握整个事件主动权的人自始至终是那个杀人的将军,是将军在杀人而不是那个小男孩或他的母亲在杀人,无论你复仇不复仇宽恕不宽恕,将军或许总是要杀人的,他不但不为杀死那个小男孩而知罪或悔改,可能他还要变本加厉地屠杀更多各种年龄的普通百姓。在这一层面更能清楚明白地看出,不复仇和宽恕的原则是要人们放弃反复轮回的血腥屠杀,并不是要人们眼睁睁任由杀人犯为所欲为。基督教文化的精髓实际上正是在此明晰地体现了出来,基督教文化的主张是既不鲁莽主动犯人,也不消极被动任人宰割,而是主动与杀人者抗争,毫不妥协,毫不退让。

基督教文化的可贵之处和永恒价值是,其一,这种抗争的根据是对上帝的永恒信仰而不是人的临时判断;其二,这种抗争是主动宣战而不是被动挨打;其三,这种抗争是源于心灵、行于心灵、归于心灵而不是停留在肉体表层;其四,这种抗争是宣扬爱人、宽恕人、怜悯人、疗救人、使人归正的爱的福音而不是宣扬恨人、谋算人、使人更加邪恶的社会达尔文主义之类的辩证法；其五，这种抗争贯穿基督的救恩体现在行动中就是非暴力拯救而不是暴力铲除。这种抗争以上帝准则的要求主动找上杀人者的门，主动以上帝的真理改造杀人者的恶心，主动以上帝的真理把杀人者从罪恶的道路拉向公义的路途，主动要使杀人者变为脱离罪恶而正常生活的人。在这一点上，基督教文化的把握严谨、中正、根本而长远。正是在这一点上，基督教文化资源的杰出品质既与一切极端的、鲁莽的、残暴的、恶性轮回的宣扬暴力的精神资源区别了开来，也与一切苟且的、消极的、被动的、任人宰割的、等死的精神资源区别了开来。

不能动刀是一个难题，但只要做，就能得到好结果。如果反其道而行，快刀斩乱麻看似痛快，但不会有好结果。

克尔凯郭尔说："一个人否定上帝，并不损于上帝，而是毁灭了自己，一个人讽刺上帝，就是在讽刺自己。"[1]北村说："在奥斯威辛死去的是人性，不是神；当人性杀害犹太人时，人性就杀害了自己。"[2]

圣经关于忍耐和宽容的教训

由于饥荒，以撒就到非利士人亚比米勒管辖的基拉耳去。以撒在那儿种地，耶和华赐福给他，他就昌大繁盛，成了大富户。非利士人就嫉妒他。非利士人把以撒的父亲亚伯拉罕在世时候

---

[1] 克尔凯郭尔：《基督徒的激情》，鲁路译，中央编译出版社2001年版，第29页。

[2] 北村：《神圣启示与良知的写作》，自余开伟编：《世纪末的文化批判》，湖南文艺出版社2004年版，第120页。

所挖的水井用土塞了,以撒并没有找非利士人去辩是非,而只是径直去把那被塞的井重新挖开。后来,以撒的仆人在谷中新挖了一口井,基拉耳的牧人又和以撒的仆人为这井竞争起来。以撒就自愿放弃,离开了这井。后来,以撒的仆人又挖了一口井,又有人来争,与他们为敌。以撒又离开了那井。以撒没有向任何人申诉,没有为自己辩屈,没有怀怒记恨于任何人。以撒离开那井之后又挖了一井,这时候,再也没有人来竞争了。他就给那井取名为利河伯,意思是宽阔。他说:"耶和华给我宽阔之地,我们必在这里昌盛。"①以撒从那里到别是巴去,耶和华就向他显现并赐福于他。在那里,他们又挖了一口井。再后来,亚比米勒人从老远来见以撒,说:"我们明明地看见耶和华与你们同在,便说,不如我们两下彼此起誓,彼此立约,使你不害我们,正如我们未曾害你,一味地厚待你,并且打发你平平安安地走。"②以撒并没有提高嗓门,并没有骄横起来,而是一如既往,心气平和。"以撒就为他们设摆筵席,他们便吃了喝了。他们清早起来彼此起誓。以撒打发他们走,他们就平平安安地离开他们走了。"③而就在那一天,以撒又得了一口新井。

　　以撒一以贯之的忍耐和宽容带给他的是和平、繁荣和幸福。在窄狭之地,忍耐和宽容把他带到宽阔之地;在被动之地,忍耐和宽容把他带到主动之地。在圣经里,一方面,从以撒忍耐和宽容的结果看,以撒的每一次忍让只给他带来好运,带来更大的尊严,因着这一结果和那原初存在的因,以撒所忍受的,就根本不是在汉语精神资源中所理解的蒙羞受辱、不公、压迫,而是一种

---

① 《新旧约全书》,创 26:22。
② 《新旧约全书》,创 26:29。
③ 《新旧约全书》,创 26:29—30。

机遇和福分。另一方面,忍耐和宽容之所以能在以撒身上恒久贯彻,完全是由于以撒与神同在,如果没有神在人心里做主,纯人性的人是没有力量面对那一切遭遇的。

在基督教文化资源中,以撒的父亲亚伯拉罕是一个忍耐和宽容的楷模。原先,亚伯拉罕的名字叫亚伯兰。亚伯兰带着他的妻子和侄子罗得从埃及到伯特利一带去,由于牛羊等财产太多而使亚伯兰的牧人和罗得的牧人争执起来。亚伯兰就对罗得说:"你我不可相争,你的牧人和我的牧人也不可相争,因为我们是骨肉。遍地不都在你眼前吗? 请你离开我。你向左,我就向右;你向右,我就向左。"①罗得于是举目挑选了最滋润的好地方约旦河全平原,罗得住在约旦河的大平原的城邑,直到所多玛。亚伯兰就住在较差一点的迦南。忍耐和宽容使亚伯兰得到的是平安、富足和无穷无尽的恩惠。耶和华赐福给他,使他得到无惊无扰的富足之地,使他的后裔多如沙尘。

忍耐和宽容也是约瑟(以撒生以扫和雅各,雅各生约瑟)的显著品质。因约瑟是其父雅各老年所得的儿子而使他比其他弟兄得到更多的父爱,也由于约瑟给他的弟兄们讲的一个梦而使众弟兄嫉恨他("请听我所做的梦:我们在田里捆禾稼,我的捆起来站着,你们的捆来围着我的捆下拜"②),甚至想害死他。致使约瑟在十七岁时被他的弟兄以二十舍客勒的银子卖给以实玛利商人而被带到埃及去了。③ 约瑟后来做了埃及的宰相,在七个丰年里他为埃及人储存了足够多的粮食,在七个荒年里他开埃及各地的仓赈济天下。二十多年之后,由于大饥荒,约瑟的十

① 《新旧约全书》,创 13:8—9。
② 《新旧约全书》,创 37:7—8。
③ 《新旧约全书》,出 37:25—28。

第三论题　论鲁迅的非暴力呐喊

151

个哥哥下埃及去籴米，就与当时治理埃及的约瑟相遇。这时候，约瑟并没有记恨当年他哥哥们在他身上所造的孽，并没有以他哥哥在他身上所行的恶而复仇，而是把这一切都看成神在他身上成就的大福分。他给他的弟兄们说：你们把我卖到这里来，是神要我在你们以先来，为要大施拯救，保全你们的性命，"这样看来，差我到这里来的不是你们，乃是神"①。把最重的担子让上帝担，把看上去是人的责任都归于上帝，在基督教文化中的解释与在汉语文化语境中的解释大为不同。在汉语文化中，人们或许要说，那是人在推脱责任，是人没有骨气、没有男子气、没有是非心、没有能力的表现，说，人的事情应该由人全权负责；但在基督教文化中，许多责任虽然看上去是人应该负的，许多事情确实应该由人全权负责，但如果离开上帝，人的能力是有限的，如果一个重担大于人所能承担的，那么，人就必须依靠上帝，必须交托上帝。这样，在基督教文化中，人生就有缓冲地带，人心就有向上仰望的空间，人肩上的担子就始终会是人能够担得起的，人生就永远在缓冲、安慰和盼望中。而汉语文化中，人们实际上常常在干自己本分以外的事情而自以为在尽本分，常常在生命中忙忙碌碌地干不可能的事情而自以为自己还能行，结果是，人生常常在僭越中，在焦虑中紧张、疲惫、虚妄、无助、绝望。

忍耐、宽容的例子在圣经里比比皆是。耶稣在被钉十字架离开这个世界之前，他为这地上一切罪人包括那作假见证陷害他的文士、法利赛人、大祭司、审判官，那钉死他的兵丁，那被钉在他左右的犯人等而祈求赦免："父啊，赦免他们！因为他们所做的，他们不晓得。"②司提反饶恕那置他于死地的人，在众人用

---

① 《新旧约全书》，创45：4—8。
② 《新旧约全书》，路23：34。

石头快要把他打死的时候,他呼求说:"求主耶稣接收我的灵魂"①,"主啊,不要将这罪归于他们!"②使徒保罗用百般的忍耐,各样的教训劝勉人,受到人们各样的阻拦和迫害时,他也求上帝不要把那罪归到那些害他的人身上③。

胡适和鲁迅关于忍耐和宽容的教训

"胡适认为自由民主国家,最要紧的就是言论自由,言论自由必须靠自己去争取。所谓'宁鸣而生,不默而死'。但是,胡适又认为'容忍比自由还更重要',他曾说'没有容忍,就不会有自由'"④。胡适说:"我总以为容忍的态度比自由更重要,比自由更根本。我们也可说,容忍是自由的根本。社会上没有容忍,就不会有自由。无论古今中外都是这样:没有容忍,就不会自由。人们自己往往都相信他们的想法是不错的,他们的思想是不错的,他们的信仰也是不错的:这是一切不容忍的本源。如果社会上有权有势的人都感觉到他们的信仰不会错,他们就不允许人家信仰自由,思想自由,言论自由,出版自由。"⑤他说:"容忍是双方面的事。一方面我们运用思想自由、言论自由的权利时,应该有一种容忍的态度;同时政府或社会上有权势的人,也应该有一种容忍的态度。大家都应该觉得我们的想法不一定是

---

① 《新旧约全书》,徒7:59。
② 《新旧约全书》,徒7:60。
③ 《新旧约全书》,提前4:9—16。
④ 胡适:《胡适作品集》第26卷,远流出版事业股份有限公司1986年版(下同),第74页。
⑤ 胡适:《胡适作品集》第26卷,第75页。

对的,是难免有错的,便应该容忍逆耳之言……"①

1958 年 12 月 16 日,晚年的胡适"谈起十七八年前在美国去看从前康乃尔大学的史学老师伯尔先生(prof. George Lincoln Burr)的一个故事,说:'我年纪越大,越觉得容忍比自由还更重要'(Tolerance is more important than freedom)。其实,容忍就是自由。没有容忍,就没有自由。我自己也有'我年纪越大,越觉得容忍比自由还更重要'的感想。"②

1958 年 12 月 26 日,胡适解释"六十而耳顺,七十而从心所欲不逾矩","先生说:'从来经师对于耳顺的解释是不十分确切的。我想,还是容忍的意思。古人说的逆耳之言,到了六十岁,听起人家的话来已有容忍的涵养,再也没有'逆耳'的了'。"③

较多的鲁迅研究者把鲁迅解释成了鲁莽火暴的人,把鲁迅的精神解释成了赤膊上阵的草莽精神。实际上,鲁迅是很有耐心的,鲁迅主张"要缓而韧,不要急而猛"。④"要治这麻木状态的国度,只有一法,就是'忍',也就是'锲而不舍'。逐渐的做一点,总不肯休。"⑤质朴之后有鲁迅的真切,安静之后,表达着鲁迅完全的本意。可以感觉得到,鲁迅是多么希望中国人多一点涵养,多一点冷静,多一点从容,多一点忍耐。

"五四"时期,民主、科学、怀疑、反叛和革新是时代主潮,人们常用"狂飙突进"之类的词概括这个时代的基本容貌。"五四"的思想先驱们和整个社会的心脏一起,总是处在动态的、社

---

① 胡适:《胡适作品集》第 26 卷,第 75 页。

② 胡颂平:《胡适之先生晚年谈话录》,中国友谊出版公司 1993 年版(下同),第 2 页。

③ 胡颂平:《胡适之先生晚年谈话录》,第 4 页。

④ 《鲁迅全集》第 11 卷,第 90 页。

⑤ 《鲁迅全集》第 11 卷,第 46 页。

会化的、群体性的、席卷态势的亢奋状态。人们在急切找寻立竿见影的良药，人们忙于改造别人、改造现实、改造社会，较少安静下来，对自我的内心予以反观，较少对深层和久远的人生哲理予以冷静和独立的思考。向"五四"回望一眼，我们发现，这种暴躁学风猛烈吹过的地方，马队和灰烬已化为乌有，关于忍耐和宽容之类所谓远离现实的思想足痕稀少稀少。

还给长崎广岛的刀如何

回过头来，当希特勒们举侵略的刀杀人时，我们决不能说反侵略者还在长崎、广岛、柏林、德累斯顿、汉堡、东京的刀就是好的。

据官方统计数字，广岛原子弹共造成 186940 人死亡，大多数是平民。① 据美国《外交事务》杂志 1995 年披露，广岛长崎两地原子弹的死亡人数高达 25 万人，伤残人数至少在 10 万以上。而核辐射给当地所有生命包括人、动物、植物、微生物及整个地表结构造成的旷日持久的毁灭性灾难，原子弹这种巨恶怪兽给整个人类精神制造的巨大恐怖更是数字难以表达的。1946 年 7 月英国皇家空军轰炸纳粹统治的约 150 万居民的汉堡，在平民集中地区使用前后 1500 余架次飞机，使用炸弹和燃烧弹相混合的大规模"轰炸试验"，使这一地区成为"无人能够生逃"的"屠城"。1945 年 2 月，英美联军"火海式"轰炸德累斯顿，德累斯顿这座巴洛克和洛洛克艺术名城成了废墟。死亡人数最低估计在 3500 人，最高估计在 10 万人以上。1945 年 3 月 9 日，美军对东京的大轰炸"一次就炸死、烧死、呛死 83783 人""随后，日本所

---

① 引自甘阳：《广岛轰炸再反省》，载《读书》2000 年第 8 期。

有大中城市均成为美军'火海轰炸'的目标,绝大多数都被夷为平地"。《正义论》一书作者罗尔斯说:"广岛核轰炸罪恶滔天。"撰写《原子弹轰炸再检讨》一文的斯坦福大学伯恩斯教授说:"为什么这么多平民非死不可?"时任英国首相的丘吉尔说:"我们都成野兽了吗?"①

希特勒们确实是极端残暴的法西斯,他们的刀确实给人类带来了深重灾难,人类必须消除之。但正义者作为还手者和反击者主张以暴抗暴,以恶还恶,以刀还刀时,所谓"正义"的刀还过去以后,所谓正义之刀真的给人类讨来公道了吗? 在还击邪恶之刀时,所谓正义之刀究竟帮人类干了些什么? 所谓不义之刀和所谓正义之刀在举起来杀下去时,这些刀究竟有什么区别? 实际的情况是,用于进犯的,用于护卫的,用于反攻的,只要是刀,它们都只为人类制造灾难。只要是刀,不论在黑党手中,还是在白党手中,不论在所谓敌人手中,还是在所谓朋友手中,它永远只是血腥和野蛮。人类的血债永远在人心里的恶那里,在刀那里,而不在被恶掌管的某个肉身上。人类要清算的对象永远应该是人心里的恶,是刀,而不是人。

日本法西斯分子至今都不肯为其二战中的罪行而忏悔,就是因为他们的心仍由罪控制着。由日本人对靖国神社那些杀人犯的宣扬、崇拜和痴迷,由日本人从他们的婴儿开始就一丝不苟地灌输无微不至的杀人武士道观念可以看出,解决问题,要找寻问题的根源,要解决日本法西斯的问题,就是要改变日本法西斯的人心而成为正常人的心。如果仅仅从表面上看问题,仅仅把当时那一批侵略的当兵者杀了,那么,表面上,日本侵略者败下去了,实际上,他们的本性依旧。

---

① 引自甘阳:《广岛轰炸再反省》,载《读书》2000 年第 8 期。

别尔嘉耶夫说:"为了永恒的生活,只有总的拯救才是可能的。"①他说,是"与地上任何暴政极权绝裂的性格把他引向上帝"②。

毁灭者

在能不能使用暴力的问题上,在人类的基本观念上,必须明确选择:能,还是不能。这是原则问题,不同的选择会导致不同的行为结果。有怎样的观念,就会有怎样的行为结果。

基督教文化中,耶稣的教训是不能使用暴力,耶稣要人解决人的问题的方法永远是无限的爱、宽恕、怜悯和灵魂的向善,最重要的是,要让人的灵魂行走在义路上。

如果有人认为可以使用暴力,甚至在许多历史条件下,公然地高扬暴力、赞美暴力、崇拜暴力、倡导暴力、追求暴力、依仗暴力,把暴力当作实施一切计划、达到一切目的的手段,用暴力争得一切,用暴力说服一切,用暴力维护一切,用暴力贯彻一切。不但可以使用暴力,而且应该使用暴力,必须使用暴力,只能使用暴力。既然可以使用暴力,那么,在观念上,肯定暴力,就是把暴力看为正面存在,那么什么是正确的暴力、什么是错误的暴力、什么是合度的暴力、什么是过分的暴力、谁是使用暴力的天使、谁是使用暴力的恶魔之类的问题就不复存在。既然可以使用石头、土块、木棒、刀、剑、火、枪、飞机、大炮、坦克之类,当然就可以使用生化武器、核武器。既然已经把暴力合法化了,那么,

---

① 别尔嘉耶夫:《自我认识》,第55页。

② 别尔嘉耶夫:《自我认识》,第55页。

接下来的问题便只有一个,就是极力追求暴力的尖端性、科学性、先进性,亦即追求最快速度、最大强度、最广范围的杀伤力,亦即,追求以最快的速度、最大强度和最广范围内杀更多的人,也就是说,只追求一个事情,使武器杀人的程度越快越好,越大越好,一个内在的权衡、竞争的标准就是杀人越多,这个武器就越好。

武器竞争没有最高标准,只有那个在无限迈向的更高效快捷的程度。现在看来,高效快捷的暴力武器已经多得难以计数,动用现有的高效武器的零头当中的小零头,就可以毁灭所有人,比如只使用 20 克用大肠杆菌的 DNA 分子与炭疽病基因合成的基因合成武器,就会使地球上 60 亿人死于一旦[1]。在科技聪明人控制的如此辉煌的现代化时代,20 克的数量,在所有武器份额中即等于无。

以生化武器为例看看高效武器究竟是个什么东西。生化武器是"穷国的原子弹","各种不同类型的武器造成每平方公里内 50% 的敌人死亡率的成本分别为:传统武器为 2000 美元,核武器为 800 美元,化学武器为 600 美元,生物武器为 1 美元。""施放 1000 公斤的神经性沙林毒气可以导致 8000 人丧生,施放 100 公斤的炭疽热病菌则可以造成 300 万人死亡。"因而,生化武器既高效又廉价[2]。

一战时,德国首先研制和使用了生化武器,二战中侵华日军哈尔滨 731 细菌部队、长春 100 细菌部队、广州波字 8604 细菌部队、南京荣字 1644 细菌部队在中国大规模研制和使用生化武器,日军对中国军民使用化学武器 2 万余次,染毒地区遍及 19

① 艾柯尔、马克:《人类最糟糕的发明——科技的发展到底给我们带来了什么?》,新世界出版社 2003 年版(下同),第 247 页。
② 艾柯尔、马克:《人类最糟糕的发明——科技的发展到底给我们带来了什么?》,第 243 页。

个省区,在中国制造的罪孽罄竹难书。

生化武器的杀伤力超乎人们的想象,比如二十多种病原微生物武器当中的一种肉杆菌毒素武器(BT),是一种价廉高效的杀人武器,2 克 BT 可杀死 1 亿人,杀死其他动植物的生命无数,2 克热杆菌可以毁灭一座城市。然而就其重量 2 克就像一口恶心的痰那么多。

在现代化运动中,在科技的迅速进步和发展中,掌握着进步与发展铁轮的伟大的、聪明的、能干的、为所欲为的科学家为人类奉献的光辉灿烂的生化武器大致有 6 类:一、刺激性毒剂,二、糜烂性毒剂,三、失能性毒剂,四、全身中毒性毒剂,五、窒息性毒剂,六、神经性毒剂。进入 21 世纪,最危险的三大生化武器时刻在威胁着人类,它们是:炭疽热病菌、天花病菌和沙林。①

据统计,一战中德国生产了 18 万吨毒剂,使用了 11.3 万吨,伤亡人数为 100 多万。所有这些类别的杀伤力都是天文数字的,都是用极少的量就摧毁几万亿人口和几万个地球的。

在整个暴力行动中,除了政客、军事暴力集团、商业财团之外,还有被世人豢养成英雄伟人的武器科学家。德国的爱国主义者、科学家弗里茨·哈伯(F. Haber)因在合成氨发明上的贡献,于 1918 年被授予诺贝尔化学奖。这个伟大的科学家究竟是什么人? 他是现代生化武器的鼻祖。他究竟干了些什么? 他发明了氨的合成法,发明了合成氨的催化剂,促成了化肥、硝酸、炸药的疯狂使用,研制了毒气氯气罐,研制了新型毒气弹。弗里茨·哈伯成了一战开始后,德国开向人类战场的最最高效的生

----

① 艾柯尔、马克:《人类最糟糕的发明——科技的发展到底给我们带来了什么?》,第 241—268 页。

化武器①。

至少从生态关怀的角度，我们应该冷静地想一想，诺贝尔究竟是什么人？谁都知道他是炸药之父。炸弹是干什么的？试想一想，无论放炸弹者是什么借口，什么目的，一枚炸弹在地球的任何一个角落爆炸，那么，大地土壤之上无数的微生物、植物、动物、空气、水、土质等等，都会遭遇多么严重的毁灭。诺贝尔是许多极具杀伤力的武器原料的制造者，也是从事这类工作的科学家的诺贝尔奖的设立者②。他发明了烈性炸药硝化甘油，发明制造了固体炸药，发明了雷管，发明了胶炸药、火棉炸药、高爆速炸药、缓性炸药、特种炸药、兵工炸药、燃烧—爆炸型炸药等。这位伟大的科学家及许多同类科学家的研究成果已经形成了人类严重的灾难本身，他们不但攫取和聚拢了地球财富，而且，通过生物化学工业财团控制了人类的头脑甚至生命前途，今天，地球生命被灭绝到什么程度，被污染和毁坏到什么程度，被转基因变异和畸形到什么程度，被消灭到什么程度，实际上，都是由这些伟大的聪明人愿意或不愿意的程度决定的。

需要的分辨

在基督教文化中，罪有很多，如偷盗、抢劫、说谎、作假见证、奸淫、骄傲、大麻风病、杀人。由于人具有认知、情感、体验及生命的有限性、相对性和封闭性，人们往往以决然不同的办法区别

---

① 艾柯尔、马克：《人类最糟糕的发明——科技的发展到底给我们带来了什么？》，第258—259页。

② 艾柯尔、马克：《人类最糟糕的发明——科技的发展到底给我们带来了什么？》，第271—276页。

对待陷在不同罪中的人。主要表现在：一、对遭罪的人表示同情、宽容，对遭罪者愿意在心理上予以接纳和在行动上予以解救。比如对待高血压病患者。人类为医治此类疾病设立专门医疗机构，给予系统完备的诊断、治疗和护理。医治此类病人成为人们认可的神圣严谨的职业之一。二、对遭罪的人暗暗敬畏、崇拜、怂恿、仿效。如对患有自大狂、嗜好暴力疾病的，对患有投机钻营搞阴谋操纵政治为所欲为疾病的人。对此类疾病、此类罪，人们在心里并不赞同，甚至害怕、恐惧、担心。但此类病人操纵众多现实利益的真实性，横行霸道的威武状，张扬暴力的恐怖性又使人们在颤栗中生敬畏心。对此类病人，人类的心身显出荒诞性：明知道那是些受病毒侵害、遭罪袭击的人，人们却要表现出十分的尊敬，明知道病毒会使那些人随时杀人，但人们却总要寻找机会阿谀奉承。一方面为那些人的邪恶、暴行而颤栗，但又常为他们所占的权位和既得利益而垂涎，担心他们得逞，又迎合、放纵他们。既恨又爱，既诅咒又颂扬。因而就有苟安、告密、投机、入伙、纵恶、讨好、献媚、哭泣、狠毒、铁石心肠、难得糊涂、奴才、刽子手、阎王霸道、小鬼沉瀣，元首、将军、英雄、阴谋、名正、地痞、无赖就作恶不断。三、对遭罪的人，人们在心理上予以仇恨，盼望根除之。如对普通刑事犯、杀人犯。人们不是像把一个患重感冒的人送进医院去医治，而是把他送上刑场予以处决。人们不认为是这人心理的罪使他杀了人，而是认为这个人杀了人。

希特勒是果不是因

　　人们常常以面对希特勒正在举的刀这个瞬间质问主张"非

暴力"的人。我们此时此刻正在面对希特勒的屠刀、日寇的铁蹄，我们的父兄姐妹正在遭死灭，还刀，还是不还刀？生存，还是毁灭？

实际上，无论在什么文化语境中，问题的关键是：希特勒是一个结果，而不是一个原因。不是因为希特勒的动刀杀人，致使我们不得不考虑应采取什么措施对付他的问题，而是因为我们一直赞美暴力，歌颂屠刀，建立暴政，主张动刀、欣赏野蛮、嗜好血腥，所以才风风雨雨亲手培植出希特勒的屠刀这样的结果的问题。不是希特勒的暴力迫使我们不得不以暴还暴、以刀还刀的问题，而是因为我们心理上永久不息的对暴力刀剑的热爱亲自养育、壮大和点燃了希特勒的刀的问题。

人类如果不正视这一问题的实质，人类如果只在仓促之间看见一个果而不知道在原因上下工夫，那么，一个果是容易被切除的，但那个不受防备的因却还是要继续制造更多更大的果来。

希特勒、东条英机不是已经被以刀还刀杀死了吗？但半个多世纪之后的今天，德国为什么又出现数十万之多的新纳粹？日本军国主义分子为什么还激情昂扬地残留着日本帝国的民族主义？地球一些角落的暴政强权为什么会无休止地对它们统治的人民实施旷日持久的愚弄和屠杀？原因就在于：人类只关注作为屠杀者的那个结果，没有关注产生屠杀者的那个原因。

"非暴力"的力量

鲁迅的力量实际上是启蒙的力量、教育的力量、规劝的力量、非暴力的力量。

"非暴力"、"不抵抗"的力量是强还是弱？这本来是一个如何消灭暴力的问题,但在世俗心理期待上却暗含着一个反转,虽然出发点是消灭强权,但在努力的过程和结果上却随时企求自己在强权方面更胜于前者,或者由于先前强权的逼压而最终企盼自己手中也生长出一个强权并在强力上与先前强力抗衡或战胜之。这样,纯粹的,始终如一坚持的"非暴力"、"不抵抗"反而被看为遥远玄虚。这样,实际的"非暴力"、"不抵抗"就很少在事实上得到恒久而有效的实践。人们似乎总愿意遮蔽"非暴力"意义的内在明晰性而故意附就于表层的人为营造于其上的所谓悖谬性。这样,人们实际上更倾向于骑墙,更倾向于把两种相逆的表象合而为一,一方面呼吁正义,一方面又在现实掠夺中呼唤强力,要求仓促之间正义与强力的合一。但正义与强力内含实际上的不相融性时时袭击人,于是:"人们既不能使服从正义成为强力,于是他们就使服从强力成了正义;他们既不能强化正义,于是他们就正义化了强力,为的是好使正义与强力二者合在一起。"①

　　"非暴力"、"不抵抗"是否强有力这一命题本身并不存在悖谬性。这一命题首先切入的是一个对"强力"标准的认定,最终落实到的,是一个全人类真正从刀剑血腥的灾难历史中得解放这一目的。"非暴力"、"不抵抗"强有力的标准不是指世俗争杀抢夺的暴力强权的相互竞争力量,而是指对一切暴力强权予以消灭的力量;不是指在依然的作恶上哪个更登峰造极,而是指怎样地使作恶不复存在;不是指后一个恶的因素战胜前一个恶的因素,而是指如何用善战胜恶、用爱战胜恨。帕斯卡尔说:"上帝的行动是以慈祥在处置一切事物的,它以理智把宗教置于精

----

① 帕斯卡尔:《思想录》,第 141 页。

神之中,又以神恩把宗教置于内心之中。然而,想要以强力和威胁来把它置于精神和内心之中,那就不是把宗教而是把恐怖置于其中了"。①

无论在基督教文化还是在汉语文化语境中,耶稣在整个世界得胜有余,只靠赦免和慈爱,他没有刀剑,没有世俗眼目中可用来征服世界的任何强力。如帕斯卡尔所言,他没有财富也没有任何外表上的知识成就,他只不过有着他那圣洁性的秩序。他并没有做出什么发明,他并没有君临天下,他只不过有谦卑、有忍耐、有神圣。他抵挡和战胜恶只不过用爱,他受天下万人的敬仰,只不过是用他对万人的爱,用他替万民的罪所做的牺牲。在智慧的心灵看来,耶稣赎救人类的功何其大,但在世俗眼中,他实际上两手空空。

韦尔斯说,耶稣没有财产,没有特权,没有骄傲,也没有优先,没有所求的动机,也没有报酬,他只有爱,但他的教育却好像是一种广大的道德上的捕获者,把人类从他们适合居住的洞穴中发掘出来,耶稣的教导不折不扣是一种大胆而毫不妥协地要求完全改变并净化我们人类的生活,一种从内到外的绝对净化。韦尔斯说,耶稣的教导的确是历来激动和改变人类思想的最革命的教理之一,他所说的天国的确不是这个世界,不是在王位上,而是在人们心里。但同样清楚的是,耶稣的天国在人的心里建立到什么程度,外在的世界就随之革命化并更新化到什么程度②。

大卫·斯特劳斯说,耶稣如此奇迹般地征服人类,所依靠的工具只不过是善良,"这种善良不是人为地从外面加上去的,而

---

① 帕斯卡尔:《思想录》,第87页。
② 赫·乔·韦尔斯:《世界史纲》,人民出版社1982年版,第377、375页。

是从一颗充满对于上帝和人类的热爱的纯洁心肠和性情自然地流露出来的"。①

"非暴力"、"不抵抗"、"爱"的力量是对暴力强权的瓦解力量,而不是竞争力量。从世俗方面看,从许多暂时的、具体的境况看,"非暴力"的力量又表现为另一存在情形,人类历史在很多时候都掌握在强权手中,支配强权的根基是恶,而上帝只是人的一个期待和呼请。马丁·路德说:"很多时候,上帝并不打倒强权者也不高升卑微者。他倒是让卑微者在穷困中得不到报答,也没有为他们报仇。历史始终都是圣徒被藐视,被弃绝,被虐待,被辱骂,被践踏在人的脚底下。"②世俗地讲,上帝确实不是万能的,"耶和华只是正直之神,他实际上不是万能的,他的权力仅限于公平与善良"。面对人世间的邪恶,耶和华的万能似乎只是一个假设和一个盼望。只有在地上所有人都遵循耶和华的旨意,人人都服从公平和善良时,耶和华的善良和爱才会在实际上战胜一切邪恶。如果地上有一个人违背耶和华而行凶施暴,那目下的现实的取胜者总是暴力,遭践踏的总是善良和爱。耶和华只要人们"寻求公平,解救受欺压的,给孤儿申冤,为寡妇辩屈"③,耶和华"只要你行公义,好怜悯,有谦卑之心,与你的神同行"④。但耶和华把自由选择的意志也放进人心里,如果人总要硬着颈项放纵自己的恶,那么,人的暴力总要践踏人的善良。在这一过程中,耶和华只是把应该不应该的道放在人心里,只是把是非善恶的总纲放在人心里,只是把人类这样行必有这

---

① 大卫·弗里德里希·施特劳斯:《耶稣传》,商务印书馆1996年版。

② 罗伦培登:《这是我的立场——马丁·路德传》,译林出版社1993年版,第198页。

③ 《新旧约全书》,赛1:17。

④ 《新旧约全书》,弥6:8。

结果,那样行必有那结果这一律向人心阐明,只是把暴力和非暴力在人类演进的不同蓝图和必然轨迹向人心显示,至于人究竟会如何行,就完全取决于人对上帝旨意领会和服从的程度了。如果人完全领会上帝的话语,虔敬地服从上帝的教诲而爱上帝,爱人,谦卑,温柔,怜悯,忍耐,宽恕,善良,公义,信实,那么,人心里的善就得胜;如果人不从上帝的旨意,背弃上帝,那么,人身上的恶就取胜。这样,上帝旨意在人类的取胜只是多种可能之一种。"非暴力"取胜亦是多种可能之一种。暴力可能取胜,"非暴力"亦然。只是看人类怎样选择行动。如果人类喜欢嗜血,暴力就为胜者;如果人类竭力要实现和保守平安,非暴力就为胜者。

当人们不理睬上帝的教诲而毅然选择暴力、当正义信实善良被踩在刀剑之下、当人类历史完全由人的血气掌管时,"非暴力"看起来是弱的。这时候,尼采之言——基督徒的道德是"一个被罚站墙角的小孩的可怜的道德"——就是正确的,费尔巴哈之陈说——"一个被钉十字架的上帝就像一个遭到痛苦惩罚的观念那样荒唐可笑"[①]——也就成了必然。这时候,以当下期望看,非暴力如何克服暴力似乎就成了一个坚硬的历史问题而不是信仰问题或理念问题,因为,人类虽然在惨遭杀害,但人类崇尚暴力,赞美屠杀,耻笑被侮辱与被杀戮者,蔑视人类的起码尊严和人道。希特勒猖獗时情况正是如此。但事实上,如果说人类历史上曾经有过对于希特勒的胜利,那一定是非暴力对于暴力的胜利而决不是暴力对于暴力的胜利。非暴力是人类得救这件事上最强有力的。

马丁·路德说,"上帝是一位借着逆境工作的上帝"。人类

---

① 莫尔斯曼:《被钉十字架的上帝》,上海三联书店 1997 年版,第 90 页。

赞颂暴力就是遭到斧子砍伐的树木赞颂斧子的伟大,遭到坦克碾压和轰炸的鲜花赞美坦克的强大,遭到核辐射而枯干衰死的万种生命赞美核武器的盖世威力。这时,为一切生命赐福的阳光雨露不能在核武器坦克之前取胜。这时,阳光雨露只是在逆境中工作的阳光雨露。面对核武器,阳光雨露是弱者。这时候,百草生命在阳光雨露中的得救就成了一个荒唐可笑,在另一方面讲,得救就成了暴力之下的一种忍受,一个等待,一个盼望。使徒保罗说:"我们得救是在乎盼望;只是所见的盼望不是盼望,谁还盼望他所见的呢?但我们若盼望那所不见的,就必忍耐等候"。①

无论在什么语境中,问题必然要回过头来说:在拯救生命这件事上,究竟谁更强有力?是核武器还是阳光雨露?无论人类怎样为"具体现实"、"不得已"辩护,核武器是用来杀人的,在以救人为目的的事情上使用杀人的方法其本质终究是饮鸩止渴。在救人这件事情上,杀人的方法帮不上一个指头的忙,在这件事情上杀人没有效用,它的参与只带来死亡和毁灭,它无力到比零还无力,它的力量弱到了比不帮忙还更弱。极简朴地讲,救一根小草最强有力的办法是浇水还是屠杀。在"非暴力"必胜的道理中,人类取胜的秘密,世俗地讲,是不偏不倚地遵循宇宙的内在规律。在基督教文化中,是完完全全听从上帝的教诲。就像你遵从生态平衡规律你就享受风调雨顺、百物丰茂、健康幸福,反之,则遭沙化、洪水和灾祸。只要人类在一个内在律上行,只要人类行走上帝的道,那么,上帝给人的道的内在必然性自然就使人类取胜,非暴力就自然得胜。世俗地讲,面对大自然,人类必须低下野蛮高傲的头而存敬畏珍爱的心,你要"人定胜天",

---

① 《新旧约全书》,罗8:24—25。

第三论题 论鲁迅的非暴力呐喊

天就在沙尘暴、江河枯干、污染的结果里使它自己被毁灭,也毁掉你。

基督教哲学认为,拯救人类最大的力量就是"非暴力",是爱。因而,必须服从上帝的爱的教诲,人类别无选择。"所以要站立得稳,用真理当作带子束腰,用公义当作护心镜遮胸,又用平安的福音当作预备走路的鞋穿在脚上。此外又拿着信德当作藤牌,可以灭尽那恶者一切的火箭。并戴上救恩的头盔,拿着圣灵的宝剑,就是神的道。"①只要人完全按自然规律行动,规律本身就让人得益处。

约翰·希克说:"在耶稣的那些妇孺皆知但事实上被轻视的话中,他要求我们爱仇敌,别人打你这边的脸,连那边的脸也由他打。这样的回应拒绝陷入相互歧视、仇恨和暴力的恶性循环之中。历史的教训不是说这已被试过而且失败了,而是失败在于不去试它。"他说"我们已多次瞥见付诸实践的非暴力,从中可认识到它的力量。我们已在马丁·路德·金的工作中看到它,也在新南非由尼尔森·曼德拉发起的和解精神中看到,也已在许多地方性行动中看到。"约翰·希克说,提出甘地如果生活在纳粹德国他会怎么样这样的问题,是不得要领的,常识性的回答当然是,他要遭杀害。但是,为什么不问这样的问题:假如在纳粹之前20年前就做甘地的非暴力的教育,那德国和人类的命运又会怎样?②

为什么在有人看来非暴力的力量弱而暴力的力量反而强?索洛维约夫说,一切荒谬的力量都是以真理的软弱无力为幌子

---

① 《新旧约全书》,弗6:10—16。

② 约翰·希克:《第五纬度——灵性领域的探索》,四川人民出版社2000年版,第271—272页。

而自我张狂的,但是,"真理的软弱无力不在真理自身,而在我们的身上,在我们的不彻底性上;当我们不把真理贯彻到底时,我们就限制了真理,而真理的界限就是谎言的领地。由于真理是不能与自身相矛盾的,那么,完全彻底性必然给真理带来胜利,这正如该彻底性对谎言是致命的一样,因为谎言只能靠自身的矛盾来维持。"①

暴力不是以人道和真理说话,而是以野蛮和妄为辖制天下。茨威格说,如果放弃暴力,暴政就无法维持,如果否定暴力的合理性,就等于否定暴政的合法性,"没有武力,就保不住权力。"②"没有武力,专政无法想象,也守不住阵脚。要想维持权力,必得掌握权力的工具;要想进行统治,必得有权施行惩罚。"③鲁迅对这一现象有十分清醒的认识,鲁迅说:"所以人道主义者和政治家就有冲突。俄国文学家托尔斯泰讲人道主义,反对战争,写过三册很厚的小说——那部《战争与和平》,他自己是个贵族,却是经过战争的生活,他感到战争是怎样一个惨痛。尤其是他一临到长官的铁板前(战场上重要军官都有铁板挡住枪弹),更有刺心的痛楚。而他又眼见他的朋友,很多在战场上牺牲掉。战场的结果,也可以变成两种态度:一种是英雄,他见别人死的死伤的伤,只有他健存,自己就觉得怎样了不得,夸耀战场上的威雄。一种是变成反对战争的,希望世界上不要再打仗了。托尔斯泰便是后一种,主张用无抵抗主义来消灭战争。他这么主张,政府自然讨厌他;反对战争,和俄皇的侵掠欲望冲突;主张无

① 索洛维约夫:《神人类讲座》,张百春译,华夏出版社 2000 年版,第 25 页。

② 斯蒂芬·茨威格:《异端的权利》,张晓辉译,吉林人民出版社 2000 年版(下同),第 94 页。

③ 斯蒂芬·茨威格:《异端的权利》,第 10 页。

抵抗主义,叫士兵不替皇帝打仗,警察不替皇帝执法,审判官不替皇帝裁判,大家都不去捧皇帝;皇帝是全要人捧的,没有人捧,还成什么皇帝,更和政治相冲突。这种文学家出来,对于社会现状不满意,这样批评,那样批评,弄得社会上个个都自己觉到,都不安起来,自然非杀头不可。"[1]鲁迅的意思是,暴力之所以强大,是因为有人故意要使它强大,并不是它自己本来就强大,暴力力量指的就是人世间反面的力量,即屠杀的力量,消解的力量,毁坏的力量,消灭的力量。正如鲁迅所追求的,非暴力的力量是正面的,是建设性的、光明的、积极的、向善的、挺拔的和真正有益于人类的。非暴力的正面力量十分真实,它恰恰在证实暴力在正面建设方面的完全无力。非暴力的力量既表现在心灵方面,也表现在人类意在建设性而非破坏性的所有实际事务上,人类一切事务,只要是有益于人类的,比如改善生活水平、合理利用资源、提高人的人文素养或者饲养家禽家畜、修理机器等所有事务都只有非暴力的力量才能帮上忙。

宋泉盛在谈到非暴力的力量时说:"基督教与印度性灵交会于甘地身上,终于孕育出'反暴力'的原则。他为印度争得独立自主,不是靠着枪而是靠着反暴力的精神。武力强大的大英帝国终于败给了这个体形瘦小、手无寸铁之力,却坚决主张不使用暴力原则的人。在甘地身上,我们看见了独特的精神力量,表现在国家社会与政治上的改革。"[2]"甘地为了在生活上与行为上,彻底实践反暴力的原则,时常回想耶稣舍身于十字架所彰显之上帝的爱。……在仇恨与暴力中,爱与悲悯才是真正得胜的

---

① 《鲁迅全集》第 7 卷,第 115—116 页。
② 宋泉盛:《第三眼神学》,第 51 页。

力量。"①

甘地说:"一些愚蠢的印度人热衷于扔炸弹,但是如果在印度的所有英国人被杀死了,杀人者就会成为印度的统治者,印度不过是更换了主人。当英国人离开后,扔向英国人的炸弹就会对准印度人。"②以正义化身出现的暴力事实上只在不断置换压迫与被压迫者的人物角色,暴力本身的邪恶性质不会变化。马丁·路德·金说:"有人介绍我甘地的生平与教导。当我读他的著作时,被他所倡导的反暴力原则运动深深吸引。甘地所主张'爱之真理的力量'意义深远。我愈深入甘地的哲学,我对于爱的力量的怀疑也愈消失。通过甘地非暴力原则的方法与运作,我首次了解基督教爱的教义,是受压迫人民争取自由最有效的武器。"③受压迫人民争取自由最有效的武器不是暴力而是非暴力。马丁·路德·金的心脏是正常的,他能够理解最自然、最简单、最简朴的道理。

希特勒猖獗时,潘霍华一直在思考用怎样的办法可以抑制希特勒的暴行,"1941 年想亲自看看甘地以登山宝训的精神作的实验,即抵制残暴力量的反暴力原则……潘氏寻求一种消极抵制运动,不使用暴力又能发挥力量,改变现状。他的目标是找出对抗希特勒的方法。"④宋泉盛说:"基督教的灵性与印度的性

---

① 宋泉盛:《第三眼神学》,第 51 页。

② 甘地:《圣雄修身录——甘地论道德、修养以及健康》,吴蓓译,新星出版社 2006 年版,第 168 页。

③ 参考宋泉盛:《第三眼神学》,第 52 页。原引 Martin Luther King, Strength to Love (New York Harper & row, 1963), p. 138.

④ 参考宋泉盛:《第三眼神学》,第 54 页。原引 Eberhard。Bethge, Dietrich Bonhoeffer:Man of Vision, Man of Courage (New York :Harper & row, Publishers 1970), p. 329—330. 潘霍华即大陆译本中的迪特里希·朋霍费尔,参看迪特里希·朋霍费尔:《狱中书简》,高师宁译,四川人民出版社 1997 年版。

灵交会于甘地身上,也强烈地交会在金恩(笔者注:即马丁·路德·金)博士身上,并且'隐含地'交会于潘霍华身上。每一次的交会都激起了火花,照耀着环绕在上帝与人性之间的黑暗。每一次的交会都引领我们看见,上帝的爱运行在这个世界之上。"①别尔嘉耶夫说:"有一年,我感到'尼采的'因素是强有力的,但最后,还是'托尔斯泰'的因素更强有力。"②

卡尔·波普尔说:"有许多人痛恨暴力,并且相信他们最首要同时也最有希望的任务之一就是致力于减少人类生活中的暴力,并且可能的话就彻底消灭它。我属于希望消灭暴力的这些人之列。我不仅痛恨暴力,而且相信,反对暴力的斗争决不是毫无希望的。我认识到,这是个困难的任务。"③

实际上,不仅在基督教文化中,而且在许多其他文化中,不仅在哲学思想中,而且在日常的生活中,不仅在人们的观念中,而且在现代的政治规则中,非暴力理论已在人类众多领域被广泛贯彻。现时代,很多政府都倡导非暴力理论与实践。联合国的许多组织就以倡导人类和平为最高行动目标。联合国互促委员会(Interaction council)1997 年 9 月 1 日为纪念《世界人权宣言》50 周年之际发表的《人类责任宣言》说:"国家、团体或个人之间的争端,不应以暴力方式解决。"④

---

① 宋泉盛:《第三眼神学》,第 55 页。
② 别尔嘉耶夫:《自我认识》,第 61 页。
③ 卡尔·波普尔:《猜想与反驳》,傅季重译,见何光沪、任不寐、秦晖、袁伟时主编:《大学精神档案》[当代卷],广西师范大学出版社 2004 年版,第 42 页。
④ 联合国互促委员会起草、梅瑛译:《人类责任宣言》,中国人民大学基督教文化研究所:《基督教文化学刊》,第 1 辑,东方出版社 1999 年版,第 383 页。

教师与士兵

正如很多学者论述的，鲁迅是个启蒙者。许寿裳回忆说："鲁迅在弘文学院的时候，常常和我讨论下列三个相关的大问题：

"一、怎样才是最理想的人性？

"二、中国国民性中最缺乏的是什么？

"三、他的病根何在？

"他对这三个问题的研究，毕生孜孜不懈。"①从鲁迅一生的文字和行动姿态看，鲁迅是一个启蒙者、社会改良者和教育工作者。他说："父母对于子女，应该健全的产生，尽力的教育，完全的解放。"而在生命中间的大多数，则应该"自己背着因袭的重担，肩住了黑暗的闸门，放他们到宽阔光明的地方去；此后幸福的度日，合理的做人。""觉悟的人，愈觉有改造社会的任务"，"根本方法，只有改良社会。"②

鲁迅有时也为理性在暴力面前的无力感到彷徨。在谈到托尔斯泰时，鲁迅说，"他不主张以恶报恶，他的意思是皇帝叫我们去当兵，我们不去当兵。叫警察去捉，他不去；叫刽子手去杀，他不去杀，大家都不听皇帝的命令，他也没有兴趣；那末做皇帝也无聊起来，天下也就太平了。然而如果一部分人偏听皇帝的话，那就不行。"鲁迅这段话的含义有三：一、皇帝们杀人的事实在现实历史中实际上是不可逆转、不可动摇的；二、要是静下来

---

① 朱正：《鲁迅传略》，人民文学出版社 1982 年版(下同)，第 32 页。

② 朱正：《鲁迅传略》，第 32 页。

老实面对现实,要求和平、反对暴政,说到底是好心的学者、诗人们的美好理想,或者只不过是善良人们向着美好社会图景的方向性期待;三、没有军队、警察的人类社会似乎不可想象。在某些文化资源培育起来的人心里,虽然时常会产生彻底和平与真正平等的热切念头,但关乎此问题的思想却从来没有彻底明晰,也就是说,在思想中从来都没有或者不敢设想和平、平等社会的究竟的图景,不敢在思想中明晰:社会的和平就是社会中没有军队和暴力。在谈论暴力问题时,应该关怀三个层面的认知:其一、肉体感觉层面的认知,其二、知识层面的认知,其三、灵魂层面的认知。在有些文化资源中,只能对应于前两个层面,因为它没有灵魂关照的纬度。

鲁迅似乎没有明确论及一个民族是否可以没有武力的问题,虽然他经常痛斥军阀、兵和警察,但他痛斥的似乎是坏的军阀、兵和警察,这一痛斥中同时暗含的意思似乎是要坏的军阀、兵和警察变成好的军阀、兵和警察,或者似乎是在呼吁好的军阀、兵和警察出现。[1]

而没有军队的国家,早都是真真实实存在着的。如哥斯达黎加,"是一个教师之国,也是一个没有军队的国家。"[2]哥斯达黎加总统桑切斯于 1987 年获诺贝尔和平奖,桑切斯在受奖演说中说:"我们的国家是一个教师之国,所以我们关闭了军营,我们的孩子腋下夹着书本行走,而不是肩上扛着步枪。……因为我们的国家是一个教师之国,我们相信说服我们的对手,而不是击败他们。我们宁可把跌倒者扶起,而不是压碎他们,因为我们

---

[1]　余杰:《我的梦想在燃烧》,当代世界出版社 2004 年版(下同),第 23 页。

[2]　余杰:《我的梦想在燃烧》,第 22 页。

相信谁也不能掌握绝对真理”。桑切斯说:“哥斯达黎加的堡垒,使得它不可被战胜的、比一千支军队更为强大的,是自由的力量,是它的原则,是我们的伟大理想。当一个人忠实于自己的伟大理想而活着,当一个人不畏惧自由,这个人面对集权主义的打击就是无懈可击的。”在哥斯达黎加,“服兵役不再是公民的义务,因为他们根本就没有军队。他们只有另外一种义务——即接受教育的义务。这种教育不同于专制国家以愚弄百姓、统一思想为目的的教育,而是能够获得尽可能多的资讯和多方面的观点的教育、是倡导民主与自由的教育、也是传播爱与宽容精神的教育。在哥斯达黎加的教科书中,早已经屏弃了仇恨和敌对,而在张扬着人权与和平”①。古往今来,有些民族因着其“不能杀人”的宗教信仰从来都不服兵役②。

一些民族在其教科书里把武力和仇恨宣扬为真理,凡是自己手中的武力做的,总是正确的,凡是横天霸地、疾恶如仇的杀人姿态,总是英勇、豪迈、侠义、伟大而让人敬仰。但在关怀整个人类时,在把人类的每一个普通成员看为自己家庭中活生生的弟兄姊妹时,武力和仇恨的正当性就荡然无存。暴力不是勇气而是怯懦,杀人不是正义而是野蛮。真正的坚韧和勇敢是以和平的方式捍卫和平。

甘地说:“‘非暴力’与怯懦不能共存。一个全副武装的人完全可能是懦夫。拥有武器表明心中恐惧——如果不是怯懦的话。但只有完全无畏才能达到真正的非暴力。”③

在很大程度上,武力是而且仅仅是特定时期极少数特权人

---

① 余杰:《我的梦想在燃烧》,第 22—24 页。

② 余杰:《光与阴——余杰三部曲之二》,东方出版社 2004 年版,第 75—91 页。

③ 余杰:《我的梦想在燃烧》,第 24 页。

物实现他们意愿的变色龙似的工具，权势人物走马灯似的换，武力便大赌盘似的转。这一点必须明确，而且应该在所有国家的所有教科书中写清。就像香烟一样，虽然地球上有很多人在吸烟，吸烟的问题不是短时间所能解决的，但所有的烟草生产者都必须在香烟盒上注明：吸烟有害健康。人类处理人与人之间的事端必须用说服对方的方法，而不是把对方杀死的方法。哥斯达黎加的和平人生应该成为所有国家追求的目标，全人类应该把军队在人间消失当作最高目标去追求。

孔夫子极其厌恶军旅之事，有人向孔子问兵阵凶杀之事，孔子说"俎豆之事，则尝闻之矣；军旅之事，未之学也"。① 孔子说，"桓公九合诸侯，不以兵车，管仲之力也。如其仁，如其仁。②"有人问政，孔子说，"足食，足兵，民信之矣。"又问，如果不得已要在此三项中去掉一项，该去哪一项呢？孔子只回答了两个字："去兵"③。孔子说，"道之以政，齐之以刑，民免而无耻；道之以德，齐之以礼，有耻且格"④。季康子问政于孔子，"如杀无道，以就有道，何如？"孔子回答说，"子为政，焉用杀？子欲善而民善矣。"康有为解释说，"抚民如子，岂可言杀哉"？⑤

现在，世界上没有军队的国家实际上也不少，这些国家不是弱小而是很强大，人民不是生活在危险中而是生活在平安中，社会不是在残暴和纷乱中，而是在公义、自由、规范、平等、人道、爱、同情、福利、健康、快乐、善良、光明和全面的保障当中。如其仁，如其善，如其美，如其幸。

---

① 康有为：《论语注》，中华书局 1984 年版（下同），第 227 页。
② 康有为：《论语注》，第 223 页。
③ 康有为：《论语注》，第 187 页。
④ 康有为：《论语注》，第 18 页。
⑤ 康有为：《论语注》，第 148 页。

人都可能犯重罪

试对照一下希特勒《我的奋斗》那本纳粹党的系统"经典著作",对照一下二战中这个党的滔天暴行,对照一下地球上许多地域历历迫切的现实,所狂热高扬的,陶醉的,仇恨的,崇拜的,压制的,杀虐的,在一点一滴上,确实有相同之处。希特勒仇视一切神圣的存在,蔑视人类共同尊严,宣扬血统论、仇视其他民族、自视日耳曼种族高于一切,主张国家、政党高于个人,压制个人权利和自由,醉心于强权、独裁、暴政,摧残人道,对大规模杀人如痴如醉,主张党、政、军对百姓的强权压制和各种欺骗,煽动和利用民众群体盲动性弱点而愚弄百姓,搞大规模血腥的政治迫害运动,搞狂热的特权崇拜与保护……试对照今天地球一些角落的现实,人类确实应该警觉、沉思和向善的方向改变。

鲁迅说:"试将记五代,南宋,明末的事情的,和现今的状况一比较,就当惊心动魄于何其相似之甚,仿佛时间的流逝,独与我们中国无关。现在的中华民国也还是五代,是宋末,是明季。"①何以故? 时间虽流逝,朝代虽鼎革,一茬一茬的先王虽被推翻或被杀死,但所有的后来者都只是拿起刀杀死先前恶者的肉体而从未改变先王们恶的灵魂。一代一代新王上任了,但掌管新王脑子和心脏的依然是掌管先王脑子的恶。每一次改朝换代中,无论当朝的,无论试图推翻而取而代之的,都是主张暴力、都是使用暴力达到一切目的的,这就使得每一个后来者都注定比前一个更加残暴、更加邪恶、更加嗜血成性。每一茬通过更加

---

① 《鲁迅全集》第3卷,第17页。

残暴手段取得政权的新的统治者注定要用更强的暴力统治人民,因为如其不然,那些被统治者的暴力注定要悄悄地超过自己的暴力。每一茬在更加残暴的新的统治之下的新的被统治者又必须建立和发展远远超过当政者暴力程度的更加强大和更加残暴的暴力以便达成下一步的改朝换代。这一语境中人的心脏满载暴力阴谋,这一语境的现实是所有后来者都注定要更加残暴、更加嗜血的恶性循环的暴力竞争的现实。

现实的严酷,常使鲁迅"出离愤怒",甚而至于急切地呼唤他本来深恶痛绝的刀剑强权。他说"改革最快的是火与剑"①,"孙中山奔波一世,而中国还是如此,最大原因还在他没有党军"②。他说,中国革命的屡遭挫折就在于没有巩固胜利,消灭敌人,即在于未打"落水狗"。他曾针对林语堂说:"弄得循环报复,没有个结帐日子",是由于"打仗打得不彻底","没有认清真正的冤家"。③ 他说:"我想,要中国得救,也不必添什么东西进去,只要青年们将两种性质的古传用法,反过来一用就够了:对手如凶兽时就如凶兽,对手如羊时就如羊! 那么,无论什么恶,就都只能回到他自己的地狱里去。"④

这种声音耐人寻味。就像人们常会出现的情景,在一种特别心情特殊场景下激昂慷慨了半天,冷静下来一回想,所说的言辞并非自己的本意,就像一个恨铁不成钢的父亲咬牙切齿地用恶言怒骂自己的孩子,但恶言本身并不是实意,那恶言只不过在表达一种急切的烦躁的心情,那恶言并不表达父亲的本意(鲁迅一以贯之的本意是改造人心,使其"内曜")。在鲁迅语境中,

---

① 《鲁迅全集》第 11 卷,第 39 页。
② 《鲁迅全集》第 11 卷,第 39 页。
③ 《鲁迅全集》第 8 卷,第 359 页。
④ 《鲁迅全集》第 3 卷,第 61 页。

历史的真相是,在阿Q的国和苦勃拉克①的国里,真正的穷苦人最后实际上认清了冤家,他们最终拿起了枪以恶报恶,"身历酸辛、残酷、丑恶"②战争,最终横扫了落水狗、杀死了真正的恶人,变成了生活的主人。但现实却原本原样是掠夺宁式床元宝洋纱衫想要谁就是谁,依然是血腥、陷阱和无人道。如鲁迅所说,以暴力为立身之本的革命者,刘邦、项羽者流,都是看见秦始皇很阔气而自己也想阔起来才去革秦的命(刘:"嗟夫,大丈夫当如此也!"项:"彼可取而代也"),在根本道理上,鲁迅毫不含糊,他说:"称为神的和称为魔的战斗了,并非夺天国,而在要得地狱的统治权。所以无论谁胜,地狱至今还是照样的地狱。"③因而,革命前后的区别,鲁迅说,"我觉得革命以前,我是做奴隶了;革命以后不多久,就受了奴隶的骗,变成他们的奴隶了"④"最后的胜利,是地狱上也竖起了人类的旌旗!""人类于是整顿废弛,先给牛首阿旁以最高的俸草;而且,添薪加火,磨砺刀山,使地狱全体改观,一洗先前颓废的气象。"⑤整个社会依然沉沦在传统历史的恶之中。

正如鲁迅所揭示的,原因是,人们只忙于动刀,只忙于以刀还刀,坏灵魂没有改变,坏的人心没有变成好的人心,坏人没有变为好人,人怎么可能干出好的事情来呢? 鲁迅说:"暴君治下的臣民,大抵比暴君更暴"⑥。马丁·路德说:叛变的暴民只会使一个暴君结出一百个暴君。

① 《鲁迅全集》第10卷,第325—333页。法捷耶夫《毁灭》中之农民代表。

② 《鲁迅全集》第10卷,第360页。

③ 《鲁迅全集》第7卷,第75页。

④ 《鲁迅全集》第3卷,第16页。

⑤ 《鲁迅全集》第2卷,第200页。

⑥ 《鲁迅全集》第1卷,第366页。

在法国历史文化语境中,加缪阐述人类暴力循环的历史时说,拒绝上帝准则,而由人主宰自己的历史是反叛和革命的历史。"上帝已经死了,应当由人的力量来改造和组织世界。仅有诅咒的力量是不够了,应当有武器并且要征服整体。"① "人的历史在某种意义上讲是人前赴后继进行的反叛的总和","哪里有奴隶反抗奴隶主,那里就会有一个人在残忍的土地上远离原则起来反对另一个人,其结果就只是谋杀人。奴隶暴动、农民起义、穷人战争,农夫反叛均提出了相同的原则:一命换一命。"加缪说,革命不同于反叛,革命"是一种扣环运动"②,它是要政府替换,它以思想为先导,"把思想灌输到历史经验中去。"而反叛是持续不久的,反叛是一部投射于事实的无出路的历史,是一部不牵涉制度也不涉及理性的阴暗和模糊的抗议史。因此,反叛残杀生灵,而革命则同时毁灭人和原则。加缪说:"在对革命运动的分析中,我们将会看到同一种竭尽全力,不惜流血的努力,为了在否定人的事物面前肯定人。革命精神就这样捍卫了不甘屈服的人的一部分。只不过它试图赋予人对时代的统治。鉴于一种不可避免的逻辑,它拒绝上帝,选择了历史。"在法国历史的真实语境中,加缪说,"大部分的革命在谋杀中成型并具有自身的特色。所有的或几乎所有的革命都曾经是杀戮。"革命的结果是建立新的政府,但"革命的政府在大多数情况下必然是好战的政府。革命越发展,革命所意味的战争赌注就越大。"③起义、暴动的道理真是需要人们谨慎思考。

托尔斯泰说:"用暴力消灭政府的企图,没有把人们从暴力

---

① 《置身于苦难与阳光之间——加缪散文集》,上海三联书店1989年版(下同),第113—139页。

② 《置身于苦难与阳光之间——加缪散文集》,第113—139页。

③ 《置身于苦难与阳光之间——加缪散文集》,第113—139页。

下解放出来。很显然,将来也不会做到这一点。也不可能不是
这样。……只要是存在着旨在强制一些人执行另一些人的意志
的暴力,不管这是什么样的暴力,都必将产生奴隶制度。用暴力
消灭奴隶制度的一切企图,犹如以火灭火,或者以水治水或者挖
肉补疮。因此,从奴隶制度下获得解放的手段,如果说存在着这
种手段,就应该不是确立新的暴力,而是消灭生产政府暴力的可
能性的东西。而政府暴力的可能性的产生,跟所有的少数人对
多数人行使的暴力一样,经常只是由于少数人拥有武器,而多数
人则没有武器,或者少数人的武器胜过多数人。"[1]

　　法国文化语境中,把人类历史向希腊早期的奴隶起义源头
回望一眼,暴力循环的一反一复在斯巴达克斯的反叛中呈现得
脉络清晰。反叛者宣称要与奴隶主平等,因而拒绝受奴役,而其
目的是"然后再轮到自己当奴隶主。"一反:暴力在反叛者手中
席卷先前的暴主,"奴隶的军队解放了奴隶,又立即把他们过去
的主人供给这些奴隶奴役","起义军似乎还把好几百罗马公民
组织起来进行角斗,奴隶们在看台上观看,狂欢作乐。"一复:罗
马动用雇用军——那些与先前的斯巴克斯一样的奴隶——最终
摧毁了起义军队。"正义的反叛历经沧桑,随之而来的是 6000
座十字架,矗立在从卡布到罗马的公路上。这些十字架告诉奴
隶们,在强权世界里不存在等同,奴隶主们成倍地计算他们自己
鲜血的代价。"[2]

　　法国革命者面对巴士底狱高声说:"醒来的时刻到来了",
"我们到达历史长河的中段。暴君们熟烂了。"圣·鞠斯特说,

---

　　[1]　列·托尔斯泰:《村中三日——列·托尔斯泰散文集》,刁绍华译,辽
宁教育出版社 1998 年版(下同),第 78 页。
　　[2]　《置身于苦难与阳光之间——加缪散文集》,第 113—139 页。

任何一个国王都是人民的叛徒和篡位者,是罪恶,是亵渎者,"谁也不能实行统治而自己又是无辜的","一个人想当国王,他就应该死",因而国王就应被送断头台。圣·鞠斯特和他的同志们在人民面前大声喊道:"处死国王,替被杀者报仇。"①革命者终于把刀从国王手中夺过来,把历史推进了一个波澜壮阔的人民的恐怖时期。另一位革命领袖马拉在为人民、为祖国主持正义的崇高理念和由人民的暴烈运动推动起来的陶醉激情中炫耀自己的功勋说:"谁不曾看到我砍下少数人的脑袋是为了拯救大多数?"但这个少数的数字也太触目惊心,他砍下的人头有27.3万个。② 加缪说,马拉这位英明的慈善家用最单调的语言夜以继日地论述着杀人的必要性与合理性,但"当他面对大屠杀高呼:'用烙铁给他们打上印记,砍下他们的大拇指,割下他们的舌头'时,他使这种行动的拯救性大为失色。"③旗帜在恐怖的旋涡中剧烈飘扬,阴谋的红帽子在罪恶里变得坚硬、麻木和迟钝。屠杀中不再有正义与邪恶,屠杀中只有麻木、未知和虚妄。这种革命的篇章从法国1789年、俄国1905年一直写到斯大林的革命风暴,都是企图述说正义,人民、群众、解放、理性、法律,而弑神,而弑君,而杀反革命,而杀捣乱分子、而杀新的反叛者和新的革命者。这种历史在法国、俄国和德国的述说确实令人沉思。

结合基督教文化,暴力能消灭暴力吗?刀能消除刀吗?耶稣说:"若撒旦赶逐撒旦,就是自相纷争。"④撒旦不可能消除撒旦,撒旦只能使撒旦更泛滥,更猖獗、更招摇过市甚而至于"地

---

① 《置身于苦难与阳光之间——加缪散文集》,第113—139页。
② 《置身于苦难与阳光之间——加缪散文集》,第113—139页。
③ 《置身于苦难与阳光之间——加缪散文集》,第113—139页。
④ 《新旧约全书》,太12:28。

狱上也竖起了人类的旗帜"①——撒旦自己反成神圣。

基督教文化的教训是,"恶毒永远不能驱除恶毒。如果有人对你作恶,你应该对他行善;这样,用你的善行,你可以毁灭他的恶毒。"②

西蒙娜·微依提醒她的犹太同胞马克思,总结人类暴力灾难的历史说:奴隶的解放不是靠暴力斗争,而是靠人类的进步。托尔斯泰说:"现存的秩序和生活理想之间,存在着无数阶梯,人们沿着这个阶梯不断地前进。人们只有不断地日益摆脱参与暴力、使用暴力和习惯于暴力,才能接近这个理想。"③他说:"为了消灭政府的暴力,只有一个办法,这就是人人拒绝参与暴力。"④他说:"继续旧有的暴力或者增加新的暴力,都不可能改善人们的状况。对于酒精中毒症的患者来说,只有一个解救的办法,就是戒酒,消除疾病的原因。同样,要想使人们摆脱恶劣的社会制度,也只有一个办法,就是禁止暴力,铲除灾难的根源,禁止个人的暴力,禁止鼓吹暴力,禁止对暴力进行任何辩护。"⑤

"要中国得救,也不必添什么东西进去,只要青年们将两种性质的古传用法,反过来一用就够了:对手如凶兽时就如凶兽,对手如羊时就如羊!"鲁迅的这一激愤言辞被很多研究者引用,但解释者较为认可的是鲁迅特殊语境里的情绪表达,而较少关注鲁迅警觉暴力呼吁人道的良苦用心。鲁迅是以反传统的叛逆

①　《鲁迅全集》第8卷,第258页。

②　多玛斯·麦纯(Thomas Merton):《沙漠的智慧——取自四世纪沙漠教父语录》,香港公教真理学会,第39页。

③　列·托尔斯泰:《村中三日——列·托尔斯泰散文集》,第97页。

④　列·托尔斯泰:《村中三日——列·托尔斯泰散文集》,第97页。

⑤　列·托尔斯泰:《村中三日——列·托尔斯泰散文集》,第100页。

姿态如是说的,他的根本意思是在斥责凶恶而不是张扬凶恶。鲁迅是为了改变"凶兽"吃人的现状而呐喊、彷徨和斗争的,目的是为了使残酷斗争、无情打击、你死我活的状况不再出现,也就是说,鲁迅是为了使人不吃人、为了使人摆脱吃人和被吃的困境、为了使非人间变为真人间才呐喊、才彷徨、才斗争的。鲁迅的行为基础并不是坚守呐喊、彷徨、斗争本身,而是想通过呐喊、彷徨、斗争而实现和平与和谐。

恶性循环的斗争历史有极大的鬼魅性,但鲁迅自己并没有被恶性斗争的表象迷惑。在人类有限历史中,在一代又一代人生中,没有卷入的新一代人面对"凶兽"统治的坏环境时,"理所当然"设想把"凶兽"杀死以后翻身得解放,但当他们真正陷入"凶兽"与"凶兽"的仇杀时,他们却痛苦地发现,"凶兽"与"凶兽"的仇杀之中其实没有"羊",有的都是"凶兽"。但等到这一代卷入者看穿陷阱的本质时,他们往往不能在有限的垂暮之年,在这个原原本本的坏语境中把向"凶兽"做斗争的真相戳穿,下一代也总是不能明白。转眼之间,新一代又成长起来,向"凶兽"做"凶兽"斗争的新一轮激情又往往在新一代心中燃起,转眼之间,新一代又陷入恶性斗争的陷阱。而且,这样一种简单重复的游戏在新一代那儿总是全新的,全新的感觉,全新的希望,全新的名目,全新的运作方式。新一代往往在挂起斗争旗帜时总要豪情万丈地向世界宣布,只有暴力才能得解放,而暴力哲学是他这儿才发明的,暴力思想是他这个时代才出现的新事物。旧戏就这样被煞有介事地反复重演,一代过去,一代又来,前赴后继,永无止境。仇杀的陷阱就这样噩梦一般贯穿于人类历史之中。鲁迅是以激越的特殊表达痛斥"凶兽"相杀的人生状况,是以无言的呐喊呼吁爱与和平。

在德国文化语境下,弗兰克在德国纳粹的集中营里度过了十年非人生活而幸存下来。出狱之后,他谈过一个近似的话题。他把愤恨情绪之中的以恶还恶叫做"精神失调的危机"。他说,在纳粹的集中营里受尽折磨而幸存下来的人心理都受到了严重的伤害,那些人在经历迫害和重压而又得到自由之后,总会面临精神失调的危机。他用了这样一个事例:"我有次和一位友人要到集中营去,途中经过一片麦田。我很自然地绕道而行,但友人却抓住我的手,把我拖着走过麦田。我结结巴巴地说不该践踏农作物,不料他勃然大怒,瞪着我咆哮道:'不用说了,我们难道被剥夺的还不够多? 我的妻小统统死在煤气间里,而别的东西当然更不必提。现在,你居然还禁止我践踏几棵麦子!'"弗兰克说:"这种人唯有经过苦口婆心的劝导,才会慢慢领悟到一个极其平凡的事实:没有人有权做坏事,即便是受尽欺凌的人亦然。"①

俄罗斯文化语境中,对手如凶兽时自己也不能如凶兽。舍斯托夫所说,永远要以真理来规范和审视我们自己,而不是用我们自己去因时、因势、因"特殊性"而"辩证"地审视真理。无论在任何情况下,我们只能坚持真理而审视错误,无论在任何情况下,我们都不能顺从错误而审视真理。② 这确实是一个需要认真体察的问题。困扰我们的现实往往是错误势力大而正确势力小,但是,我们决不能因为错误势力大而正确势力小就干脆放弃正确,自己也变成错误,而与错误同归于尽。耶稣说:"我指着我的永生起誓,我断不喜悦恶人死亡,惟喜悦恶人转离所行的道而活。"

① 弗兰克:《活出意义来》,三联书店 1991 年版,第 78—79 页。
② 舍斯托夫:《雅典与耶路撒冷——宗教哲学论》,浙江人民出版社 2000 年版,第 3 页。

　　无论在何种语境中,天理是要讲的,永恒准则是要执行的。面对世界,如果你想得到幸福,你只能付出爱,只能追求和平,只能呼吁非暴力。这是一条天理,谁都不能违反。现在,有些文化中的人心为什么充满诡诈,社会中为什么有那么多做假、仇恨和伤害,因为该文化在较长时间远离天理而一味向社会贯彻小道理中的仇恨和斗争。今天,一些社会中为何有如此频繁的沙尘暴和那么多的灾害?因为人们在较长时间里逆天而行,在战天斗地违反自然规律。违反人心建构的道理,人心就被毁;人心被毁,社会就被毁。违反自然规律,大地就被毁;大地被毁,人的生存根基就有了麻烦。

特别的暴力

　　死刑是一种特别的暴力。鲁迅对死刑深恶痛绝。

　　在鲁迅的潜意识中,死刑是历政府对社会各类人等想杀就杀的一种特别把戏,在鲁迅的生活中,死刑像是用来专对鲁迅自己的那些无辜朋友和学生的。1927年,鲁迅自己的许多朋友和学生被杀害,而鲁迅自己正处在恐怖的旋涡之中。他自己就像被死刑的眼睛牢牢盯着。1927年的大恐怖使鲁迅明白了两点:"一,我的一种妄想破灭了。我至今为止,时时有一种乐观,以为压迫,杀戮青年的,大概是老人。这种老人渐渐死去,中国总可比较地有生气。现在我知道不然了,杀戮青年的,似乎倒大概是青年,而且对于别个的不能再造的生命和青春,更无顾惜。……我尤其怕看的是胜利者的得意之笔:'用斧劈死'呀,……'乱枪刺死'呀……我其实并不是激进的改革论者,我没有反对过死刑。但对于凌迟和灭族,我曾表示过十分的憎恶和悲痛,我以为二十世纪的人群中是不应该有的"①。鲁迅置身于一个恐怖的噩梦,在巨大的恐怖满天满地逼迫而来时,恐怖远远大于鲁迅,死刑远远高过鲁迅,深过鲁迅,远过鲁迅,死刑夹杂着鲁迅的新朋旧友的血和骨头的碎片,死刑远远地向鲁迅逼来,是一种噩梦的形式,是那种鲁迅来不及呼喊的,无力动手足的,心里恐惧着但全身哪儿都动弹不得的,就像在铁屋子中,就要闷死了,他无力喊出来,无力还击,在噩梦中。但很快,噩梦的图景迅速变幻,鲁迅迅速逃离,他的新朋旧友的血和骨头的碎片洒落于无声,凌乱,惨烈。等自己逃离,而鲁迅自己醒来,鲁迅悲痛,捶胸,因为他慢慢回首,看见被死刑砍断的路,横卧于断路上的旧尸新尸,而路的这边,是他自己,而死刑在远远地盯着他看。这样,恐怖让他有了第二个发现,他说:"我发现了我自己是一个……是什么呢? 我一时定不出名目来。我曾经说过:中国历来是排着吃人的筵宴,有吃的,有被吃的。被吃的也曾吃人,正吃的也会被吃。但我现在发见了,我自己也帮助着排筵宴。……中国的筵席上有一种醉虾,虾越鲜活,吃的人越高兴,越畅快。我就是做这醉虾的帮手,弄清了老实而不幸的青年的脑子和弄敏了他的感觉,使他万一遭灾时来尝加倍的苦痛,同时给憎恶他的人们赏玩这较灵的苦痛,得到格外的享乐。"②

　　鲁迅的心分外疼痛,他在被刑与被释之间,在已死与将死之间,在苟活与随时被抓被刑之间。鲁迅被死刑的眼睛远远地探望。死刑的眼睛,死刑的眼睛,死刑的眼睛。"圆形监狱"瞭望塔上的权力的眼睛让人伤心、让人胆寒、让人悲痛③。死刑的牙

① 《鲁迅全集》第3卷,第453—454页。
② 《鲁迅全集》第3卷,第454页。
③ 参照包亚明主编:《权力的眼睛——福柯访谈录》,严锋译,上海人民出版社1997年版。

缝中,都是与鲁迅的关联,谭嗣同、徐锡麟、秋瑾、柔石、刘和珍、杨德群、夏谕、阿Q,……而死刑的爪子,漫无边际、深不可测、坚硬而巍峨。

鲁迅说,"'酷刑'的发明和改良者,倒是酷吏和暴君,这是他们唯一的事业。"①酷刑盛行的国度自然就培育出残酷的国民,"奴隶们惯了'酷刑'的教育,他只知道对人应该用酷刑"②,"奴隶们受惯了猪狗的待遇,他只知道人们无异于猪狗","要防'努力造反',就更加用'酷刑',而'酷刑'却因此更到了末路。在现代,枪毙是早已不足为奇了,……酷的教育,使人们见酷而不再觉其酷,例如无端杀死几个民众,先前是大家就会嚷起来的,现在却只如见了日常茶饭事。人民真被治得好像厚皮的,没有感觉的癞皮,所以有会踏着残酷前行,这也是虎吏和暴君所不及料,而即使料及,也还是毫无办法的。"③鲁迅对死刑何其厌恶。

在基督教文化中,在耶稣的理论中,培植人心的基本资源是永恒的赦免、无限的宽容、绝对的忍耐、无穷的爱,是神圣的赎救、悔改和永生。这种土壤培植的人心怎么可能依仗刀去解决问题?这种土壤生成的人心怎么会设想用快刀斩乱麻的屠夫手段去解决活生生的人的问题?这种土壤生成的人始终在永无止境的爱里,面对的是活生生的兄弟姊妹,哪怕他亏缺了神,哪怕他犯下了重罪。让浪子回头,让迷羊回家永远是神对待人的态度,即便是以执法者的名义,以法律的名义也不能在神给人的这一原则面前越出一步,而把一个叫做犯人的人置于死地。基督

① 《鲁迅全集》第4卷,第583—584页。
② 《鲁迅全集》第3卷,第584页。
③ 《鲁迅全集》第3卷,第584—585页。

教文化资源中生成的人怎么会赞同在对付人的法律中设置死刑呢?

在张扬暴力,鼓吹斗争,没有对人生的神圣感、珍惜感、痛楚感、悲悯感和拯救热望的土地上,情况就会不同。没有对人类原罪的起码认识,没有对人的本性和犯罪根源去诚实面对的正常心态,没有对犯罪与所谓不犯罪之内在质素、在神性背景下去分辨的起码的知识学体系。对如何警醒人类、如何真正保护人类、如何拯救人类非但不试着思考和体察,而且总是忌讳人们谈起,禁止人们深入关切,总是单一地靠刀解决问题,用刀争得一切,用刀保护一切,用刀审判和处置一切。这种土壤培植的一直与暴力打交道的人心怎么可能想象离开刀而解决问题呢? 给犯罪的人设立死刑,实际上是把斗争进行到底的必然思路。

性质截然不同的精神生态。前者是爱的生态,后者是恨的生态;前者是宽恕的生态,后者是复仇的生态;前者是感恩拯救的土壤,后者是暴力惩罚的土壤;前者是和平的土壤,后者是斗争的土壤;前者是神圣的土壤,后者是技术的土壤。不同精神生态生长不同的果子。不同的心是不同的果子。不同的心当然无法在一时之间调和或达成一致。

在欧洲文化语境中,加入欧盟的先决条件之一是这个国家的法律之中没有死刑,欧盟不仅仅是一个经济联盟,而且是一个关怀人类共同尊严的联盟。

别尔嘉耶夫说:"我不能容忍国家的冷酷的残忍。我一直不能容忍残酷的刑罚,我全身心地反对死刑,这种力量是如此之大,以致我倾向于把人分为保卫死刑的人和否决死刑的人。对于保卫死刑的人,我开始是敌视的,感到他们是自己的敌人"。死刑是一种把某人捆绑起来进行的屠杀。捆绑的意思有二：一、人的灵魂在罪的捆绑中，罪使他犯罪；二、人的肉体在与一个案件有关的刑具的捆绑之中，刑具使他再也没有了走回头路的可能。死刑是一个对人悔改的可能性的彻底的否定，是对陷入一定困境中的人的生存机会的彻底剥夺，是对活生生的人的公开而安然的屠杀，是对人类拯救的希望之门的悍然关闭。

在耶稣救赎人类的文化里，无论人犯有何种罪，对付的办法只有一个，就是拯救。不能用恨，只能用爱。耶稣说，人都是有罪的，没有一个义人，连一个都没有。普天之下，哪个人敢站出来说他自己是净洁无罪的。没有人凭着自己完全的公义和良善在真理面前站得住。如果严格以罪论处，那么，世界上没有一个人可以凭着自己的清洁无瑕而逃得过真理的审判。人人内心都怀有骄傲、贪婪、淫邪、愤怒、贪婪、嫉妒、懒惰、仇恨、屠杀等见不得人的罪，人人实际上每天都可能干远离真理的事，普天之下的人很多都犯有极重的罪，很多人都是罪魁。如果要把犯有重罪的人处以死刑，那么，普天之下所有人都应当被处死。因而，耶稣以救恩赦免人的罪，以爱化解人的罪。耶稣的道理是，面对罪人（无论什么罪人），只能教他悔改，只能赦免，只能拯救，不能消灭。

耶稣说："我指着我的永生起誓，我断不喜悦恶人死亡，唯喜悦恶人转离所行的道而活。"

冷静地想，死刑表达的是人类的一种怒气，或者是平民们恨铁不成钢的怒气，或者是天子们一不高兴就流血千里的怒气，或者是个体在一己立场上夙怨已深的怒气，或者是集群容貌下攻城拔寨境遇中被渲染出来的同仇敌忾的怒气。死刑的执行可以使凝聚于眼下的浓阴的怒气倾泄，但死刑不能拯救人。死刑不能拯救整个事件的受害者和害人者，它只是一种仓促愤然之间的快刀斩乱麻,它不能把人类引向公义,也不能由此而实现公义。"人的怒气并不成就神的义"①。

无论在何种文化语境中,死刑是代表国家的杀人,"代表国家的杀人究竟是否意味着正义"?② 死刑是自以为代表国家的人主持的杀人,这种杀人通过法律手段,号称声张正义。比如两派社会力量较量中甲派战败乙派,宣布乙派为死刑犯时甲派总是代表国家、法律和正义,但在几天之后乙派取胜,宣布甲派为死刑犯时乙派同样代表国家、法律和正义。站在旁观者立场很容易看出,所宣称的所谓国家、法律和正义实际上只不过是此时掌握生杀大权的那部分人,当掌权的人走马灯似的轮换时,所谓国家、法律和正义的准则也赌盘似的变。在整个人类历史长河中,人们通常看到的情况是,代表国家、法律和正义的死刑所表达的往往不是正义而恰恰是邪恶,不是真理而恰恰是谬误。这并不是说在某些所谓特殊历史时期(如德国纳粹时期)代表所谓国家、法律和正义的人没有执行好死刑的准则,而是说,事实上,整个人类死刑的准则本身就是邪恶的,死刑本身就是一个谬误。

在欧洲文化语境中,1764 年,贝卡利亚的《犯罪和刑法》向世界发出"废除死刑"的呼声,贝卡利亚毕生致力于废死事业,在他临去世前两年,向意大利立法者提交了著名的《对死刑的表态》。英国杰里米·边沁的《论死刑——边沁致法国同胞》等都表达了废除死刑的愿望。③

中国古代曾有过多次废除死刑的时期,唐代有过两次将死

---

① 《新旧约全书》,雅 1:27。
② 潘军:《死刑报告》,人民文学出版社 2004 年版(下同),第 276 页。
③ 潘军:《死刑报告》,第 132 页。

罪改为流放,那个无死刑的时代据说是中国历史最辉煌的时期之一,是人民生活最幸福的时期之一,那个时代,距今 1200 多年。①

对于死刑的态度决定于宗教信仰,早期呼吁废除死刑的人都是基督教国家持基督立场的,现在,除美国个别州以外,所有基督教国家全部都已废除死刑。

在欧洲语境中,贝卡利亚说:"死刑并不是一种权力,笔者已经证明这是不可能的,而是一场国家同一个公民的战争,因为,它认为消灭这个公民是必要的和有益的。然而,如果笔者要证明既不是必要的也不是有益的,笔者就首先要为人道打赢官司。"古斯塔夫·拉德布鲁赫说:"只要死刑还存活着,那么整个死刑就都散发着血腥的气味,整个刑法都带有阴森恐怖的印记,整个刑法都充满着报仇雪恨的污点。"②

悲 剧

鲁迅给悲剧的定义是让描述者参与其中的一种人生遭遇,这种遭遇是局部经验性的,这个定义是相对概念的。

应该还有给悲剧的定义。悲剧是人对其自身无力承担的灾难的无法回避的现时遭遇,悲剧是人类依靠人自己的有限性而陷入的绝境,是对于超出人自身之外拯救力量高度之高、深度之深的期而未及,是一个中途懈怠或放弃。悲剧不是人类的必然命运,而是人类没有向人之有限性之外寻求拯救的一个后果。

---

① 潘军:《死刑报告》,第 137 页。
② 潘军:《死刑报告》,扉页。

悲剧是人在求靠刀剑的难割难舍的恒久试探与人类须在灵魂拯救入手这个必然律之间的夹缝。人类要么求靠刀剑解放自己而永陷血腥死灭,要么求靠灵魂拯救而永得平安;人类要么自救,求靠人的有限性、相对性、暂时性而最终在一团乱麻中绝望,要么求靠上帝,求靠上帝的无限,绝对和永恒而行在真理和指望之中。后者与前者之间,就是悲剧。悲剧是一个高峰的限下。限就是人类对动刀和自救实质能够看得明了的一个阈值、一个度。是人在对自身解救之手段路途辨认选择的趋近度、临界点。悲剧恰好是临界点的限下。在属血气的伟大激情和运动中,世俗人类为自己的命运豪迈慷慨,苦苦挣扎,前赴后继向自救的目标迈进,人类自身的有限性、盲目性、封闭性、相对性、偶然性等根本弱点又总要把人阻滞于途中。一场场自救的运动发起,一场场美梦落空。人们于是更加急躁,更加愤怒,更加反抗,刀剑仇杀满了人间。刀剑血腥的恶性循环使人类离拯救越来越远,人类就这样反复轮回在接近度以下。

世俗人类靠刀剑解决问题和达到目的的努力始终跨不过一个最终限度,于是,人们反而回过头陶醉于自己失败的辛酸,反而默默地凝视和舔舐那些伤口,反而啜饮和吞食自己巨大而强烈的撕裂与疼痛,就像愿意沉溺于那个注定失败的血腥而如在梦中。人们以肃穆怆然的神色,在灾祸和悲哀之中安静下来,就像暮年的老马,过去的伤痛在夕阳的余晖中激起一波又一波暖流,最温暖的感觉是什么? 是一种浓烈的怆然,姑且就叫悲剧吧。过去的怆然在心中油然辉煌起来,悲剧的感觉酒一样发酵起来。说,悲剧是人类能够体验到的最深的深度,最高的高度,最浓烈的感念度。说,它就是一个无限,它是艺术、精神和灵魂本身。说,它是诗的太阳的运转圈,是最精深的人生。实际上,悲剧恰恰是人类的一个限下、一个未跨越、未突破、未达到，是艺术、品位、人生诸多遭遇的一个失败。人类把悲剧悯然凄楚地浸泡在自己有限体验的血肉胸膛之内，悲剧就顺势借用人们的醉意乘机肆无忌惮地啜饮和吞噬人的血泪和生命，它以令人肃然起敬的姿态在人的内部把人摧毁、掏空然后弃绝。

悲剧是人类豪勇痛饮的毒酒。悲剧是经过两次伪装而呈现于人类命运之中的绝望和虚无。悲剧不能超过悲剧本身。悲剧只赏玩自我沉溺者和自杀者。乍看上去它似乎是某种气概、某种品味，实际上，它只品尝人类的软弱、凄苦、落魄、萧条和死亡。它躲避正面的、积极的真理，诋毁健康的人生，搅乱本来的人生价值。

悲剧正是人类有限性之中的一段墓碣文，鲁迅说："抉心自食，欲知本味。创痛酷烈，本味何能知？……痛定之后，徐徐食之。然其心已陈旧，本味又何由知？""有一游魂，化为长蛇，口有毒牙。不以啮人，自啮其身，终以殒颠。"这，正是悲剧。一个噩梦，一个陷阱，是人力无力挽回的慷慨悲壮。悲剧是一种绝望。希望在墓碣文的末尾——"于浩歌狂热之际中寒；于天上看见深渊。于一切眼中看见无所有；于无所希望中得救"①。

于无所希望中得救。希望，在出离悲剧之后。

跨越

人类必须对自己的悲剧命运和有关酿造作一终结。人类应

---

① 《鲁迅全集》第 2 卷，第 202 页。

该跨越自己的悲剧而寻求人之单一维度之外的拯救维度,应该寻求灵魂的拯救。跨越在人的心理概念似乎是一个瞬间,但它在人类解救自己的历史中,在所选择和信靠的一方式与另一方式之间,则是人类世代的生命长河。这条长河流动在求靠刀剑、求靠人自己与求靠神的永恒准则之间。

汉语文化语境中,鲁迅穷尽一生所做的工基本上集中在跨越之前。鲁迅求靠人自己。鲁迅说:“我觉得什么都要从新做起。”“第一要着”,是要改变人的精神、改变人的坏根性,改造国民性。鲁迅说:“最初的革命是排满,容易做到的,其次的改革是要改革自己的坏根性,于是就不肯了。所以此后最要紧的是改革国民性,否则无论是专制,是共和,是什么什么,招牌虽换,货色照旧,全不行的。”①他认为,百事的振兴要先从立人始,“人立而后凡事举”。鲁迅主张的立人从捍卫人性、个性解放、理性启蒙、抓住现在的角度出发,沿着揭示和改变坏根性,建立好人性的思路展开。从人性出发,到人性归结。从人之为人应该由神性、人性、物性三要素构成的立场看,鲁迅要立的人只关注了两种要素。从人自身的相对性、有限性、暂时性这些人的本来弱点看,鲁迅人性立场所立的人还是在人的本质的基本状态之内。鲁迅单一人性层面改造国人精神的努力实际上最终使鲁迅又重新走到开端,一场艰辛的运动,一次漫长的徒劳。绝望是一个或死亡或重生的伟大时刻。或者在完全靠刀剑、靠人自己的穷途末路死灭,或者跃然跨过一个限度,仰望永恒的启示真理,完全信靠爱。

---

① 《鲁迅全集》第11卷,第31页。

宽容很重要

基督教文化中,地上的万民都是上帝的儿女,人间是一个家庭,所有人都是弟兄姐妹。上帝不喜悦地上任何一个人迷途丧失,耶稣不喜悦罪人中有任何一个在罪里死去,而喜悦人脱离罪在义中存活。耶和华告诫以西结说:"人子啊,我立你作以色列家守望的人,所以你要听我口中的话,替我警戒他们。我何时指着恶人说:'他必要死',你若不警戒他,也不劝诫他,使他离开罪行,拯救他的性命,这恶人必死在罪孽之中,我却要向你讨他丧命的血。倘若你警戒恶人,他仍不转离罪恶,也不离开罪行,他必死在罪孽之中,你却救自己脱离了罪。再者,义人何时离义而犯罪,他必死在罪中,他素来所行的义不被纪念,我却要向你讨他丧命的罪"①。好的教育资源造就好的学生,坏的教育资源制造坏的学生。人的心里被种上坏的树,人就结坏果子;人的心里被种上好的树,人就结好果子。所罗门说:"你的仇敌若饿了,就给他吃;若渴了,就给他喝。"②使徒保罗说:"你不可为恶所胜,反要以善胜恶。"帕斯卡尔解释说:"如果你的仇敌饿了,就给他吃的","这就是说,恶的酵素如果饿了,就给它吃《箴言》第九章所说到的智慧的面包;如果它渴了,就给它喝《以赛亚书》第五十五章所说到的水"③。这是非常有价值的教育资源,就是说,如果你的仇敌饿了,你就应该把善良的教训输入进去,

---

① 《新旧约全书》,结3:16—20。
② 《新旧约全书》,箴25:21。
③ 帕斯卡尔:《思想录》,第204页。

把无条件的爱,把叫人离开罪的义,把永恒的赦免和拯救,把叫人得饱足的生命的粮,把滋润人心的永不枯竭的生命的泉源。就是说,当你的仇敌饿了时,你要喂给他爱而不是恨,是宽恕而不是刀剑,当你的仇敌饿了,你若喂给他善的饮食,赐给他"圣灵所结的果子,就是仁爱、喜乐、和平、忍耐、恩慈、良善、信实、温柔、节制"①,他就可能由此而离开以前邪恶的道而归向义的道,而做义工,做义人。原来的敌人就变而为人。当你的仇敌饿了,你若喂给他恶的饮食,给他仇恨、褊狭、诽谤、陷害、怀疑,以牙还牙,以眼还眼,以恶还恶,以刀还刀,那么,你的仇敌就只能在这样的饮食中得饱足,得壮大,就只能原原本本成长在原来的恶中,就只能依然生长在有毒的根上,长有毒的枝子,生产有毒的果子。那么,最终,他只能在恶的份上不断增加,只能在恶人的本质上越变越坏,越繁衍越猖獗。

基督教文化资源认为,作恶者只不过是凭一时之血气,就如一阵去而不返的风。恶在人们身上,就像酒醉在人们身上,人虽作了恶,但他自己却不晓得。使人作恶的乃是人身上的恶之品质,是愚妄和蒙昧。"智慧之子使父亲欢乐;愚昧之子叫母亲担忧"②。面对恶,面对愚昧,人还会有什么更好的办法? 奥古斯丁说,面对愚昧之子,你还是必须依赖神,最好的办法最终还是完全交托在神手中。完全按照神的旨意而行,愚昧之子的恶总会被改变,终会结出善果来。面对行恶的愚昧之子,一个准则是:不要只凭人的眼见,只凭人的论断,只凭人一时之情绪。你万不可举手一杀了事,而是要仰望超出人的智慧和情绪之外的神的永恒的爱,完全在神的教训里,以智慧消除愚昧,

① 《新旧约全书》,加 5:22—24。
② 《新旧约全书》,箴 10:1。

以德还给怨，以爱还给恨。耶和华说："我在公义的道上走，在公平的路中行。"① 所罗门说："唯有公义能救人脱离死亡。"②

在俄罗斯文化语境中，陀思妥耶夫斯基说："如果人们的恶行使你悲愤得无法克制，甚至产生了要想报复作恶者的愿望，那么你应该千万对这种感情保持戒惧；你要立即去自求受苦，就像是你自己对人们的恶行负有罪责似的。你要甘于受这种苦，耐心受苦，这样你的心就会得到安慰，你就会明白你自己确也有错，因为你本可以甚至作为世上唯一无罪的人，成为引导恶人的一线光明，但你却并没有做到"③。这种说法看起来艰涩，似乎为难无罪的人，但这里表达的事实你绕不开。实际上，人类一直关注的是目前的困境，比如现代社会里极典型的对今日粮油水电价格的关注过于对人类制造的毁灭性的环境灾难的关注。陀斯妥耶夫斯基讲的正是人类如何摆脱仅为此时此刻困境所困的问题。就是说，要解决人类恒久的问题，目前纷扰的诸多麻烦你必须担待，许多不公和痛苦你必须忍受。如若不然，你注定要被临时的纷乱艰难搅扰得理不清头绪，总是到不了解决根本问题的那个时候。在基督教文化资源中，困苦的忍耐会使人刚强，之后，必有善果。"我们经过水火，你却使我们到丰富之地"。④ "他试炼我之后，我必如精金"。⑤ "神使我在受苦之地方昌盛"。⑥

---

① 《新旧约全书》，箴 10∶2。

② 《新旧约全书》，箴 8∶20。

③ 陀思妥耶夫斯基：《卡拉马佐夫兄弟》，上册，人民文学出版社 1981 年版，第 421 页。

④ 《新旧约全书》，诗 66∶12。

⑤ 《新旧约全书》，伯 23∶10。

⑥ 《新旧约全书》，创 41∶52。

"我受苦,是与我有益"。① 神说"你不要害怕,因为我与你同在;不要惊惶,因为我是你的神。我必坚固你,我必帮助你,我必用我公义的右手扶持你"。② 希伯来人的哲学是探究人生根本的,不苟且,不绕开。

暴力历史中的知识分子

作为知识分子,鲁迅在真实地体验着暴力的逼真。暴力一步步逼向自己,有血腥与恐怖贯穿其中。由远及近,由近渐远,由远及近。这种切近的恐怖感是鲁迅之外的其他人难以体会的。

鲁迅自己在三个时空距离中以知识分子的身份体验到暴力。一、暴力在遥远的历史文化之中。暴力贯穿于王的时代、匪的时代、寇的时代和太平的时代,"自己被人凌虐,但也可以凌虐别人;自己被别人吃,但也可以吃别人",这种暴虐酷毒虽然可怕,但它在过去的历史里面,鲁迅以知识分子的眼睛看见,以知识分子的心态体会和传达,这种切近感由作为历史后来人的鲁迅重新进入历史和承担历史而产生,因为隔着历史的厚壁,就鲁迅的境遇而言,鲁迅有较为宽绰的退路。这是一种在"淡淡的血痕中"的切近感。二、暴力在鲁迅的生活周边。在鲁迅身边作为知识分子的青年、学生、同乡时刻被暴力攫取性命,鲜血淤积起来,这种活生生的血使鲁迅害怕,暴力的血腥与鲁迅自己的距离如此之近,恐怖常常袭击鲁迅的心。这是在"淋漓的鲜

---

① 《新旧约全书》,诗 119:71。
② 《新旧约全书》,赛 41:10。

血中"的切近感。三、暴力在鲁迅自己的生命之中。怒向刀丛觅小诗的时候是有的,静下心来为自己的处境顿感惊骇的时候更是有的。鲁迅说,"我先前的攻击社会,其实也是无聊的。社会没有知道我在攻击,倘一知道,我早已死无葬身之所了。……我之得以偷生者,因为他们大多数不识字,不知道,并且我的话也无效力,如一箭之入大海。否则,几条杂感,就可以送命的。"这是自己的性命被暴力的刀斧切割在旦夕之间的切近感。

1927 年以后,鲁迅常谈到革命和知识分子,鲁迅认为中国没有真正意义上的知识分子,也没有真正意义上对革命的目的及过程有清醒认识的革命者。他说有些知识分子面对革命时,或者是太空洞的高谈,或者是享乐者或颓废者在现实中寻求的一种刺激。在鲁迅看来,从所有人身上都能找出"不革命"或"反革命"的根据而予以捕杀的暴力革命者是相当可怕的,鲁迅感觉中的可怕至少有两层意思,其一,这种革命的纯粹面容实际上是经不起现实考验的,一经严酷现实的触及,这样的人最容易从一个极端走向另一个极端;其二,这种极端纯粹的革命者一旦掌权,那么,在他们眼中所有那些不可能十全十美的人注定不能有活路,而世界上的所有人都有这样那样的不完全,那么,全世界的所有人都可能要遭殃,这种现象在鲁迅看到的"奉旨革命"和"打倒反革命"的事实中已经有些了然了①。"革命前夜的纸张上的革命家,而且是极彻底,极激烈的革命家,临革命时,便能够撕掉他先前的假面。"②"革命是痛苦,其中也必然混有污秽和血,决不如诗人所想像的那般有趣,那般完善……所以对于革命抱着浪漫谛克的幻想的人,一和革命接近,一到革命进行,便容

---

① 《鲁迅全集》第 4 卷,第 36—37 页。
② 《鲁迅全集》第 4 卷,第 227 页。

易失望"①。鲁迅所说真正意义上的知识分子和革命不彻底的知识分子,表达的是鲁迅在不同时间和不同精神遭遇里完全不同的两个概念。前一概念中,真正的知识分子是指完全依靠真理而肩负历史人生的基本责任,直面人生的基本真实,宣扬人道、公义、平等、自由,关注人间的不平,反暴力、反专制、反剥削,坚持正义、捍卫真理。这一概念表达的是鲁迅对知识分子一以贯之的基本看法、要求和期盼。后一概念说的是在特殊历史境遇中,当启蒙的正常活动遇到诸如国破家亡之类大的挫折,正常知识分子的使命看上去反而比不上眼前的生存更真实时,当民族国家腐败、人民遭罪到千疮百孔、不堪收拾的程度而使得在解决当前的燃眉之急的事情上暴力强权反而比真正知识分子的价值意义似乎更有效果时,知识分子的本来使命反而暂时被看淡、被看为无用、甚至被嘲笑、被抵触时,甚至被要求连知识分子自身的身份都要在临时困境里彻底置换时,也就是说,当知识分子的命运彻底陷入"特殊时期"时,而且,当鲁迅自己也陷在他自己特别的情绪和精神状态中时,鲁迅才发表的一种就鲁迅而言确实是激情化而非理性化的、临时性而非长远眼光的含义复杂的论断。这一论断充满矛盾、愤激、无奈和绝望,含义复杂,只有理解整个鲁迅才能理解这种论断的内涵。鲁迅的后一种论断在很大程度上是生命经验性的、相对的、愤激的、悲怆的,非理性的或非理论的。

　　鲁迅视野及周围有多种知识分子形象。一、对暴力的本质有了解,对暴力豪勇正义的旗帜不幻想,对暴力的血污不认同,对暴力的结果无能为力。这种诗人只关心每一个日常生活中息息在即的纠心事。就像孩子,就像幼小的孩子的心。在有些人

---

① 《鲁迅全集》第 1 卷,第 328 页。

看来,这种诗人不食人间烟火,出污泥而不染,只留守心中一片净土,灵魂清洁。实际上,这种诗人极其关切现实人生,只是在这种诗人眼里没有所谓大事,只有切切在即的日常困难。他急切、焦虑、担忧、奔波。在有些人眼里,这种诗人超然、冷漠、古怪。实际上,这种诗人赤脚踏在土地上,内心柔软、情感细致入微、对世界的感触敏锐无比,胸膛中满是热情,灵魂里满是悲悯、体恤、宽容、善良和爱。这种诗人对世界有纯粹的爱。纯粹,就像孩子。现实刀兵和污浊的压迫太酷烈时,这种诗人内心的田园可能会被压扁乃至于一无所有。他可能被逼压、被包围、被践踏而越来越孤独,越来越陷于黑夜,就像现代化钢筋水泥农药化肥各种污染毒害中慢慢死去的大地。困守、寂寞、挣扎、退避。最终没有退路。这种诗人是大地上的花朵。大地之上,有美丽花朵在阳光雨露中幸福绽放,有花朵使大地平安。但钢筋水泥农药化肥各种污染毒害之后,大地衰亡。二、在鲁迅看来,对暴力革命过于神往的诗人。有一些是刘邦项羽一样想自己取而代之也阔起来,而赤膊上阵,自己终于捞到好处,由军兵到元首,终于不再是诗人的诗人;有一些是打定主意靠在一股刀兵的脊背上,想事成之后分得余炙,而事成之后竟未分得残羹冷菜,而怅然,而颓废的诗人;有一些是一开始就看错了事情,错以为暴力会给人类以公道,后来在腥风血雨中竟看出真相,幻灭,绝望的诗人;有一些是由于暴力在骨子里原本就以诗人和知识为仇敌,轻蔑、敌对诗人,使得诗人自始至终不能与暴力讨相好,被刀兵拿脚踢开的诗人。三、代表人类的良心,捍卫真理,看透暴力的底细,永远反对暴力的诗人。这是真正的诗人。这是人类健康的心脏。甘地、托尔斯泰、马丁·路德·金、桑切斯等是这种诗人的典范。"上帝死了"——"知识分子死了"——"人死了"——"生物死了"——"地球死了"的历史实际上正是暴力一步步血洗人类的心脏，一步步把真正的诗人从人类清理出去的历史，是人类的良心被焚烧、人类的灵魂被杀死的历史。在这一历史的前两个阶段，真正的诗人高举永恒的真理，坚持和传扬爱。现世的污秽和罪恶不断袭来，捍卫人类良心，维护正义，引导人类向善，阻止人类走向邪恶越来越成为真正诗人的命运。在暴力面前，真正诗人的呐喊淹没在屠刀之下。真正的诗人不断被逼向人类的边缘，不断被赶离讴赞暴力的整个人群。真正的诗人陷于长夜。真正的诗人不断减少。鲁迅正是这样的诗人。

俄罗斯文化中"圣愚"（"为了基督的傻子"），拉斯普津、瓦西里、伊萨基、普罗科比等，人们指着说："怪异而癫狂的"，"愚蠢的人"。在这样的人越来越被逼向人类边缘时，人们越来越从这些人身上看到矛盾、可笑和该死。智慧——愚蠢、纯洁——污秽、传统——无根、温顺——暴戾、崇敬——嘲讽。在众人眼中，这些人只有悖谬，只有该死。① 而实际的情况是，在人类相对异化下去时，只有这样的知识分子才保留着一些原本人的底色。

如果真正的诗人灭绝，人类的良心就关闭。

在人类历史演进的后几个阶段，良心既已泯灭，人类就完全被刀兵集团分割成内涵不同的条块。这个集团下是这道理，那个集团下是那道理。今天是这道理，明天是那道理。没有人类唯一而永恒的共同准则和信念。所有行为都由某人临时的一念决定。只一念之间，一个要灭绝天下所有鸟雀的运动开始了，只一念之间，两个国家就打起来了，只一念之间，森林被夷为荒漠、

---

① 汤普逊：《理解俄国——俄国文化中的圣愚》，三联书店、牛津大学出版社 1998 年版，第 6 页。

江河变为臭水沟、食物成了农药色素激素和添加剂。人的命运完全呈现为偶然状态。偶然这样,你幸免遭殃,偶然那样,你必入陷阱。偶然这样,你得势,偶然那样,你败落。一切都在临时之中。谎言、诈骗、威严、价值、意义都在临时之中,一闪一灭。所谓思想、观念、意识、认知、情感,所谓法律、条例、规则都是仓促之间即生即灭的碎片。就像漂流的广告词一样,就像江海之上解冻时期的浮冰一样,就像旋转之中的大赌盘一样,像地震之前噩梦一般逃离家园的兽群一样。

假若说诗人还未死光,假若在诗人已经死光之后回望一眼,那么,真正的知识分子永远也不可能成为暴力的同盟军。反对暴力是真正知识分子永远不能摆脱的使命。只要他是真正的知识分子,他的天敌就是暴力。也许别人无知,但真正的知识分子知道,暴力是人类的天敌。真正的知识分子只能是人类共同良心的同盟军。他辨别人类一切行为的准则是永恒真理。他发言和行动的依据来自信念、智慧、良心和正义。他必须通过教育把这些信息不断地传达和巩固,由此构成他在地上终生不息要做的工:道理和教育。暴力是对教育的颠覆和否定,是对人类向善必须遵循的准则如爱、理解、宽容、怜悯、忍让等的怀疑、否定和悍然毁灭。它直截了当,以刀刃见血的方式,它横扫一切绊脚石,它立斩违令者,它处决非同类者,它诛灭胆敢讲理者,它刺杀对垒为敌者,它血洗争权僭越者,它蹂躏沉默的众民。暴力的野蛮血腥决不仅仅是举刀的一个瞬间或一场战争,而是一个贯穿。哪里有暴力,哪里就有对人的尊严、价值、意义的践踏,就有对人道的玷污,就有对天理的否决,就有对邪恶的张扬。真正知识分子的责任和天命就是维护人类尊严、捍卫人道、抵制恶。在鲜活的人群中,真正的知识分子如耶稣的使徒保罗一样,"被人咒骂,我们就祝福;被人逼迫,我们就忍受;被人毁谤,我们就劝善"。① 真正知识分子的永恒立场是反对暴力。除非他也变成暴力强权的附庸,除非他被暴力所灭。

像鲁迅一样,真正的知识分子总是通过启蒙、理性和人道来改良社会。就像子君、魏连殳、吕韦甫们一样,就像鲁迅一样,真正知识分子的基本立场是反对暴力而崇尚理性。

谁是鲁迅的追随者

灵魂的孤零使鲁迅在汉语生存语境中独一无二。

鲁迅的生命中没有上帝。没有源于上帝的土壤、清泉和亮光。仰望夜空,他看不见永恒救赎者爱的天窗敞开,他不能由此蒙恩惠、得怜恤、得随时的帮助。他敞开自己的灵魂向一个漫漫长夜。他孤苦伶仃。有饥渴,他无处得饱足;有盼望,他无处得回应;有软弱,他无处得坚固;有过犯,他无处得清洗;有试探,他无处得抵挡;有痛苦,他无处得抚慰;有疑惑,他无处得启明;有求告,他没有垂听者。他不能举净洁的手向上帝祈祷,他不能敞有罪的心向上帝忏悔。没有灵魂根基上完全的交托和仰望。他的灵魂行走在夜的长空,前后左右都是黑夜。他的心灵没有来路,没有归途。困苦焦躁的思虑是他的生命舟。只有困苦,没有喜乐。只有颠沛,没有安息。

鲁迅的这一遭遇,是"五四"以来几乎所有中国知识分子的共同命运。也是丧失信仰以后整个人类的共同危难。没有人生基本的信仰,没有起码的生命关怀,没有心灵的起点和归宿。灵魂行走在夜的长空,前后左右只有黑夜。只有知识,没有信念,

---

① 《新旧约全书》,林前 4:12—13。

只有脑子,没有心灵。人的世界充满脑子、充满算计、充满精明、充满智慧、充满理论、充满案例、充满文件、充满污染、充满技术、充满能力、充满毁灭,人的世界充满人的无所不能,但人的世界里没有人的心灵。

别尔嘉耶夫说:"我清楚地看到,世界上正在进行的不仅是非基督化,而且是震撼着人的形象的非人道化、非人情化。"他说:"我经常感到,上帝离世界而去,世界和人被上帝所遗弃,我被上帝所遗弃。"①

鲁迅生存的四周,也没有同道者。有的是学者、君子、文人、青年、雅人、长者、公义,各式的旗帜,各式的招牌,各式的点头,各式的暗号,各式的陷阱,各式的乞讨,各式的钻营,各式的呕吐和恶心。没有同道。鲁迅站在世界上孤独一人。他直面人生,他想抓住每一个细节,他要追究根源,他要沿着事实解决问题。他洞悉真与假、是与非、明与暗、生与死、爱者与不爱者、充实与空虚、希望与绝望。但他从洞悉走入彷徨,在黑夜里彷徨于无地。他呐喊、他规劝、他奔走、他举起了投枪。他陷入无物之阵,无物之物取胜。微风起来,四面都是灰土。言语化为无辞。

鲁迅之后的中国没有真正意义上鲁迅的追随者,从心理到行为,而不是在愿望上或口头上。鲁迅之后的中国,活着的人追随鲁迅基本没有可能。鲁迅之后的鲁迅追随者有两类,一、在愿望上和理想上以鲁迅为是,并拿鲁迅精神给自己鼓劲,借鲁迅精神在现实中分辨是非、抵御邪恶、坚守一些人生的底线,这类追随者是诚实的、有良知的,这类追随者在心里给自己说,能坚守多少就算多少;二、把鲁迅严严实实看守在机关的高墙里,自己一伙人打扮成两肋插刀侠义豪勇的忠仆,有的手持大刀站在门

---

① 别尔嘉耶夫:《自我认识》,第 289、294 页。

口,有的背负利剑游走于东南西北的鲁迅研究界,为了看守的垄断职务,他们要把两件事情进行到底:其一,把凡是鲁迅在世时候批评过的人一律砍倒;其二,把凡是鲁迅去世后敢说鲁迅文章中有缺陷的人,把假借鲁迅而发自己牢骚的人,把生在新社会竟然还揭露黑暗的人,一律歼灭。

前一类追随者继承了鲁迅的一些精神,内心敬仰鲁迅,但由于环境的过于险恶而不敢像鲁迅一样把精神贯穿到行动中去,这类追随者是中国人群中最可贵的、最有价值的、最应得到尊敬的。后一类追随者是攻城拔寨之后强行闯入而收"保护费"的鲁迅的看守、保管和牢首领。这类追随者换了好几副穿戴,他们正是鲁迅生前拿着通缉令追杀鲁迅的人,正是鲁迅死后围追堵截剿灭鲁迅精神的人。这类人追随鲁迅,是因为他们自己依仗的高墙可以把鲁迅化为自己家的祖传秘方,是因为他们在垄断秘方编撰权之后完全可以随心所欲地把鲁迅字典中"恶仆"、"二丑"、"牢首领"、"奴隶总管"等修订为"鲁迅研究界——著名学者",然后,无忧无虑地穿梭于各种讲话会和宴会。

鲁迅生前没有鲁迅的看守和保管,因为鲁迅活着,鲁迅是独立的人,鲁迅厌恶跳蚤、蚊子、苍蝇,更厌恶"牢首领"和"奴隶总管",而且鲁迅有能力把跳蚤、蚊子、苍蝇、奴隶总管们从自己身边赶开,而使得他傲然兀立,任长风吹动短发。但是,鲁迅去世了,他睡去了,他再也没有力气驱逐他身后的秃鹰,哪些秃鹰要撕吃他,哪些秃鹰要看管他,哪些秃鹰要监督他,哪些秃鹰要领导他,他生前的哪些话要被这样解释,哪些话要被那样解释,哪些文字要被编进全集,哪些文字还不能被出版,都再也不是鲁迅自己能够做主的了。

鲁迅的问题是鲁迅自己的,是他自己经受折磨而摆脱不掉的,是他必须拼死力去研究去深思去解决的。若不解决,他无法活。他的胸口被封死,他就要死灭。他不得不寻找出路,他必须呐喊,必须挖掘,在漫漫长夜的铁屋子里,他必须拼死力挖掘,他必须找到生路,首先为他自己,找到呼吸的出路。鲁迅之外的很多人则不同。这些人生活得很自在,这些人在更苦的人身上看见自己的幸运,在生存的夹缝中看见游戏和适意。鲁迅谈剪辫子,是由于辫子使无数的人莫名其妙遭殃受祸,是由于遭殃受祸的血淤积得叫有心脏的鲁迅不能呼吸,是由于杀人者的野蛮愚蠢叫鲁迅无法忍受,是由于他被这些事件挡住了去路,他绕不开,他必须面对,必须解决。而有些人谈剪辫子,是由于他想无论在随便什么阴沟里找个题目抄些杂志上的无聊废话拼凑个论文评个职称,是由于职称得到了俸草吃到了心理空虚得要死了而想搜罗一些有趣的好玩的话题摇头晃脑作文章弄专家。鲁迅主张民主大骂暴政贪官时,贪官正拿着通缉令追杀他,他在到处逃命,而有些人在大骂贪官时,心里却敬仰贪官高明之手段和无法无天之胆量,并回过头向自己的子女小声欷歔个中应该学一学的深远奥妙。

鲁迅的言语,是直扛扛对着生存处境,切身切心的。一个事件、一个思虑、一个选择、一个抗争,都是硬碰硬的,都是他为生存要负的使命。发言,是他绕不开的责任,险恶的境遇随时使他深陷发言与生存的生死验应之中。若发言,就难保性命,若不发言,自己的心又要枯死。鲁迅终生被卷在灵魂与肉体的酷烈重压之下,焦虑、激愤、痛苦、紧张。四周的挤压和自己的愤激难平使他在面对邪恶时,一方面极端厌恶暴力;另一方面又想拿起刀把那些坏种除掉。有些人不能理解鲁迅痛苦孤独的心,不能像他一样亲自承担一切,不能像他一样完全彻底地卷进去。鲁迅无法松手、没有喘息的机会,他在怎样地经受煎熬,怎样地经历抗争和绝望,是只会巧妙周旋生活、只知道用聪明词颠来倒去作文章、半年一本垃圾著作的专家、教授、学者、学术带头人之类根本不可能理解的。鲁迅就是鲁迅。在面对刀剑时,他有他的焦虑和仓促,他不仰望来自上帝的永恒真理,但在俗世意义上他永远是寻找真理的锐利眼睛,是仰望真理的温暖胸膛。

耶稣说:"天国近了,你们应当悔改。""你们要结出果子来,与悔改的心相称。"①

鲁迅说:"你们立刻改了,从真心改起! 你们要晓得将来是容不得吃人的人……"②

在要人悔改这一点上,鲁迅和耶稣如此相像。

作为鲁迅的后人,我们在距离鲁迅很远的地方与鲁迅同行。

暴力攻打暴力是撒旦逐赶撒旦

鲁迅说,"孙中山奔波一世,而中国还是如此,最大原因还在他没有党军"③。他说中国革命的屡遭挫折就在于没有巩固胜利,消灭敌人,即在于未打"落水狗"。他说:"弄得循环报复,没有个结帐日子",是由于"打仗打得不彻底","没有认清真正的冤家"。④ 在呼唤创造第三样的时代的青年而不得时,鲁迅说:"我想,要中国得救,也不必添什么东西进去,只要青年们将两种性质的古传用法,反过来一用就够了:对手如凶兽时就如凶兽,对手如羊时就如羊! 那么,无论什么恶,就都只能回到他自

---

① 《新旧约全书》,太4:17,太3:8。
② 《鲁迅全集》第1卷,第431页。
③ 《鲁迅全集》第11卷,第39页。
④ 《鲁迅全集》第8卷,第359页。

己的地狱里去。"①

在面对极其险恶的环境时,鲁迅主张以暴抗暴、以恶还恶。认为,暴力是穷苦人、下层人彻底解放自己的直截了当的手段。

面对暴力的鲁迅从来都不是单一面孔的。实际上,暴力的主张蕴涵着鲁迅太多的愤怒、激越、挫折感和悲怆感,以至于实际上出离了他理性的本意,他的本意是改造人的精神,使其"内曜"。对"五胡十六国的时候,黄巢的时候,五代的时候,宋末明末的时候……不服役纳粮的要杀,服役纳粮的也要杀,敌他的要杀,降他的也要杀"②那样野蛮无度的暴力,鲁迅是极其憎恶和反对的。理性的鲁迅是看穿暴力中一切魑魅魍魉之底细的。鲁迅痛恨暴力的"凶酷残虐"③。

鲁迅的观察是静穆的,鲁迅有穿透历史的锐利眼睛。王晓明说:"唯有鲁迅这样敏锐深刻的人,才能从那共和替专制的庆典当中,看出自己由奴隶沦落为'奴隶的奴隶'的厄运;也唯有鲁迅这样敏锐深刻的人,才能从那旗号一次比一次堂皇的'革命'背后,看出黑暗势力一次比一次疯狂的卷土重来。"④

鲁迅说:"暴君治下的臣民,大抵比暴君更暴。"⑤马丁·路德说:叛变的暴民只会使一个暴君结出一百个暴君。基督教文化认为,暴力的实质是血腥杀戮,血腥杀戮的人性根基是野蛮愚昧。杀人就是杀人,其中没有是非曲直。在基督教文化语境中,人类得到真正解放和幸福的方法只有一个,那就是爱。爱之外的任何其他方法都是危险的,而与爱恰恰相反的暴力则是所有

① 《鲁迅全集》第 3 卷,第 61 页。
② 《鲁迅全集》第 1 卷,第 12 页。
③ 《鲁迅全集》第 3 卷,第 17 页。
④ 王晓明:《刺丛里的求索》,上海远东出版社 1995 年版,第 20—21 页。
⑤ 《鲁迅全集》第 1 卷,第 366 页。

方法中最虚无、最绝望、最迎合人性弱点、最具欺骗性、最具灾难性的一种。以具体一个地域、一个民族、一个阶层或一部分人为核心而把其他人看做对立面时，暴力似乎总被理解和设想为有道理的和可以带来希望的。但在基督教文化语境中，耶稣说，要爱你的弟兄、要爱你的邻居、要爱你的仇敌、要爱你自己，也就是说要爱所有人。以耶稣的眼光，把地上所有人都看做自己的儿女时，怎么可以设想用血腥杀戮的办法去解决自己儿女的问题呢？刀剑怎么可能解决好自己儿女的问题呢？

美国"9·11"之类的恐怖袭击事件已经成为这个时代严重的人类灾难之一。但实际上，这类事件的灾难性远远在具体的事件之外，更大的灾难在此类事件之所以发生的根由，在于人们解决这类事件"理所当然"所采取以恶还恶的灾难性手段。这一灾难的根源是暴力和民族之间的隔阂。使灾难进入恶性循环的原因也是暴力与隔阂。

鲁迅说中国只有"官魂"和"匪魂"，亦即中国总是由未做官的匪和匪变成的官统治，亦即中国总是被暴力统治。实际上，这一悲剧不只呈现在中国，而是呈现在全人类。虽然在民主、自由、平等、博爱理念长期得到培植和熏陶的国家，在民主体制较为健全的国家，在朝代政府的更替主要通过民主选举而不是靠武装起义的国家情况确实好一些。世界上很多国家建立起来和维持其存在所依靠的手段几乎都是暴力。国攻打国，邦攻打邦，人攻打人。仅仅考察一下许多国家国歌中的话语和思想（"杀死"、"烧光"、"埋葬敌人"，用刀枪扫清道路之类），各种旗帜上的图形和意蕴（刀枪之类），就可以明白人类实际上是在如何公然地、旷日持久地鼓吹仇恨和暴力。现实教化中，无论在哪一领域、哪一层面，都弥漫着对草莽英雄无穷尽的标榜、吹捧、仰慕、爱戴、仿效和追逐。当不了草莽英雄的人就编造满天满地的英

第三论题　论鲁迅的非暴力呐喊

雄故事,让小说、电视、卡通、网络游戏所有人类的生存空间都充满了刀剑血腥,能当上草莽英雄的人更以杀人行凶为是、为乐、为荣、为有利可图。

对刀剑血腥无休止的渲染和欣赏终于使人类的心脏在潜意识中被暴力化,暴力的一切行为被合法化、正义化和职业化。在被暴力化的人类潜意识中,无论民间的被命名为"匪"、"寇"、"盗"、"恐怖分子"的,还是以国家政府名义自称"党卫队"、"国军"、"警察"、"反恐英雄"的,只要手里有枪,只要心狠手辣,他就是老大。暴力化使人类异化到如此程度,以致于使人类最终丧失了对暴力的起码的防备感觉,使人类在面对暴力时甚至就像只不过在面对一瓶酒、一件儿童玩具。在这一背景中,满载炸药驶向美国纽约世贸大楼的飞机只不过是一瓶打开盖子的酒。"9·11"之类的灾难,如此野蛮,但又如此直白而简单,就像一个醉汉在无比的豪情中打开了一瓶酒,就像一个顽童随心所欲地摆弄一阵电子玩具枪,在如此培养暴力心态、如此宣扬暴力血腥、如此把杀人当儿戏的地球上。

基督教文化认为:"新约绝不鼓励以暴力影响社会的改革。耶稣不让他的门徒动干戈(路22:36—38)。他更勉励基督徒要与所有人和平相处。如果忽略这个基本原则,就无法达成社会改革。产生斗争的方法,同时也就破坏了人权。"①有些社会极端看好暴力解决目下急切问题的立竿见影的功效,但在根本上,如基督教文化所认为的,"暴力有时能揭穿一个社会的外表,却不能倡导一个自由的社会。"新约一直坚持的是改变人的心志,比如想要废除奴隶制、要改善工厂条件、要提高农民收入、要使

---

① 唐诺·古特立(Guthrie Donald)著,高以峰、唐万千译:《古氏新约神学》,下册,中华福音神学院出版社1991年版,第1197页。

掌权者行正道,要使整个人间好起来,唯一有效的方法就是叫人的心苏醒、向善、归正。急急忙忙帮人类解决问题的暴力真的能帮人类解决问题吗?被几乎所有国家装点得光华灿烂的暴力真的能帮助人类做出好事情来吗?暴力能消灭暴力,刀能消除刀吗?

圣经说:"你们要谨慎,无论是谁都不可以恶报恶。"①耶稣说:"若撒旦赶逐撒旦,就是自相纷争。"②撒旦不可能消除撒旦,撒旦只能使撒旦更泛滥、更猖獗、更名正言顺、更招摇过市。

用暴力攻打暴力就是撒旦逐赶撒旦。

耶稣说:"你们中间谁是没有罪的,谁就可以先拿石头打她。"③

人类拯救的唯一路途是爱。爱之外没有拯救。

鲁迅被太多人宣扬为一个匕首投枪,但实际上,他是一个非暴力呐喊者。

第五条诫命

在基督教文化资源中,旧约圣经之第五条诫命是"不可杀人"④。马丁·路德解释说:"这诫命十分简单明了。我们每年在福音书(太5:20—26)中都听到基督自己讲解,例如:我们不可杀人,无论是以手、心、言语、记号、态度,或找帮凶

---

① 《新旧约全书》,帖前5:15。
② 《新旧约全书》,太12:28。
③ 《新旧约全书》,约8:7。
④ 《新旧约全书》,出20:13。

或教唆别人。"①这条诫命是保护所有人的。马丁·路德解释说，由于罪性的煽动，会有嫉妒纷争的人出现，"当我们看到这种人，我们内心愤怒，准备流血、报复。接着便惹起口角、继而动武，终至谋杀悲剧重重。在这种情形下，上帝就像慈父制止、调和纷争，使众人平安。简言之，他愿藉此拯救、保护每一个人免受其他人的邪恶、暴力伤害。于是，他把这条诫命立定为围墙、堡垒和避难所，使我们的邻舍不受别人伤害。"②

这条诫命禁止的是一切杀人行为。禁止第一个人起初的杀人，也禁止由此引发的可能的还手和可能反复繁衍下去的杀人，总之，禁止任何人杀任何人，"所以这条诫命所教导的是：谁都不应为任何人的恶行而加害他，无论他是否罪有应得。不仅杀人被禁止，一切导致杀人的事都被禁止。"

这条禁令不仅禁止眼见的动手杀人，也禁止心里诅咒人而杀人，就是说，要把心里的诅咒和仇恨移去，把重担交给上帝，从上帝那儿求得怜悯和爱心。在此意义上讲，有两层含义非常重要，其一，手上杀人之根源是心里杀人，要根治手上杀人，就必须清除心里杀人的动意、念想、谋算、筹划、认知和观念，必须在心里清楚了结这种想法；其二，离开上帝的保守和带领，人是做不到这一点的，站在人一己的立场上，人即便真的认识到这一诫命的真理性，他也没有能力行出来，因为人太软弱，太被有限性、相对性、暂时性所捆绑，太被血气所左右。因而，希伯来人说，只有信靠上帝才能够真正做到这一点，只有完全顺服上帝的旨意的人才能从心里到行为真正做到不杀人。

"报复的心，乃人的天性，并且一般认为：谁也不愿意受到

---

① 李志杰编辑：《协同书》，第 347 页。
② 李志杰编辑：《协同书》，第 347 页。

伤害。因此上帝愿移去我们邻舍的此种痛苦根源。他要我们把此诫命放在眼前,作一面镜子来反省自己,而仰望他的旨意,以诚心的信靠与祷告,将我们所受的冤枉交给他。那么我们便会任由敌人尽其所能恶意漫骂。我们可以学习平息愤怒,特别对惹我们发怒的敌人有忍耐、温和的心。"①马丁·路德说:"简言之,要正确地将此印在一般人的心上,使他们知道这诫命禁止杀人的重要性:第一,不可伤害他人。主要指动手或其他行为;其次,我们不应用舌头教唆伤害别人;此外,我们不采用或同意任何可伤害他人的方法;最后,我们的心不可在愤怒与恨恶中,对人怀恨或行恶。……第二,人不仅在实际行恶时干犯此诫命,也在不向邻舍行善时,或虽有机会而不阻止、保护邻舍,以致他身体受损时,干犯这诫命。你若能给赤身者衣服而不给,就是让他冻死;如果你看到有人饥饿而不给他吃,你便是让他饿死。同样,你若看见某人无辜被定死罪,或受类似的灾难,而你知道有方法拯救他,却不帮助他,你便算杀害他。"②

这条诫命禁止所有的杀人,不但禁止直截了当或有意识的杀人,也禁止间接或无意识的杀人,不但禁止恨人,而且禁止不爱人,不但禁止恶意伤害人,而且禁止不照顾人、禁止不关心人、禁止不体恤人、禁止不帮助人、禁止不施恩于人、禁止不解救危难于人。就是说,不但禁止杀人、恨人,而且禁止不爱人如己。

而且,上帝给人的诫命是,人不但自己不能杀人,而且也不能不及时防范和制止别人杀人。"因此,凡是看见别人有困难,或身体和性命都处于危险之中,而不用言语相助的,上帝都恰当

---

① 李志杰编辑:《协同书》,第348页。
② 李志杰编辑:《协同书》,第350页。

215

称其为'凶手'"。① "因此,上帝的本意是要我们不应让任何人受损害,需要当向人人表明仁爱,"②上帝要我们止息一切伤害,要我们撒播信德、温暖、慈爱。"在此上帝再用他的道鼓舞我们,勉励我们,行真正崇高的善事,诸如温和、忍耐,简言之,即对仇敌表示爱心和善意。"③

从鲁迅批评阿尔志跋绥夫的厌世、复仇和绝望的言辞中可以体会到鲁迅自己的态度。鲁迅说,"阿尔志跋绥夫是厌世主义的作家,在思想黯淡的时节,做了这一本被绝望所包围的书。""然而绥惠略夫临末的思想却太可怕。他先是为社会做事,社会倒迫害他,甚至于要杀害他,他于是一变而为向社会复仇了,一切是仇仇,一切是破坏。中国这样破坏一切的人还不见有,大约也不会有的,我也并不希望其有。"④

让我们来分享索洛维约夫关于陀思妥耶夫斯基的一段讲话:"他相信的是人类灵魂的无限力量,这个力量将战胜一切外在的暴力和一切内在的堕落。他在自己的心灵里接受了生命中的全部仇恨,生命的全部重负和卑鄙,并用无限的爱的力量战胜了这一切,陀思妥耶夫斯基在所有的作品里预言了这个胜利。"⑤在我看来,索洛维约夫所说的,恰好也是鲁迅。

鲁迅没有屈服于暴力、仇恨与绝望,鲁迅的基本精神就是伟大的爱和光明的盼望。鲁迅是一个非暴力呐喊者。

---

① 李志杰编辑:《协同书》,第350页。
② 李志杰编辑:《协同书》,第350页。
③ 李志杰编辑:《协同书》,第350页。
④ 朱正:《鲁迅传略》,人民文学出版社1982年版,第145页。
⑤ 索洛维约夫:《神人类讲座》,张百春译,华夏出版社2000年版,第213页。

第四论题

鲁迅与爱

有人认为,西方世界对爱的解释主要有两个来源:一是柏拉图(《会饮篇》)、其信徒及相关解释与衍生;二是基督教(《圣经》)信仰及其文化资源。① 在两个来源的重新分类里,柏拉图、普罗提诺、奥古斯丁的爱的哲学是理想主义的;卢克莱修(Lucretius)霍布斯、弗洛伊德的爱的哲学是现实主义的,而桑塔亚是两者的结合。汉语文化语境中,对爱的解释也有两大来源,一是孔子理论,强调伦理和社会化的爱;二是墨子理论,强调无区别的个体化的爱。人们不断体察和认识,使得关于爱的要素及其关系的解释较多,很难用 eros(性爱),philia(朋友之爱),nomos(人对上帝之爱),agape(上帝对人之爱),仁爱、兼爱等有限的词表达清楚②。而在基督教文化语境中,上帝就是爱。离开上帝就无爱可谈。

作为对事物进行评价的一种方式,作为对有价值事物的一种积极反映,爱在许多人的阐述中主要呈现为爱的类别、爱的存在方式、关于爱的理念的历史演化等。以这一思路,爱的呈现有父子之爱、朋友之爱、师生之爱、君臣之爱、长幼之爱、邻里之爱(以人的社会构成状况分类);有人爱与圣爱、仁爱与博爱、欲爱与灵爱(以爱的诉向的对应性描述分类);有对事物的爱、对人的爱、对理念的爱(以作为爱的对象存在的物理排列分类)、有希特勒理解的爱,有保罗、托尔斯泰、甘地、马丁·路德·金理解的爱(以对爱的经验、感受、判断、定义、概念的不同感应分类)等。这样说来,就有人类不同历史时期、不同地域、不同文化语境、不同人的很多爱的存在方式,很多爱的类别,很多对于爱的

---

① 欧文·辛格:《爱的本性——从柏拉图到路德》第 1 卷,高光杰、杨久清、王义奎译,云南人民出版社 1992 年版(下同),第 46 页。

② 欧文·辛格:《爱的本性——从柏拉图到路德》第 1 卷,第 173 页。

经验、感受、判断、定义、概念。

一种肯定的表达

"不能恨人"、"不能恶待人"这一否定方式表达的命意,在基督教文化、精神、心灵资源中,用肯定方式表达,就是爱。托尔斯泰、甘地、马丁·路德·金等对暴力的明确否定,对世界上许多强大暴力机构及其理念所宣称的暴力合理性的戳穿,都是以背景根源上真正能够解决问题的基督教文化的核心理念——爱——为依据和最终归结的。托尔斯泰在揭穿暴力给人类所有承诺的可怕骗局时,在对暴力作出断然否决时,自始至终贯穿着对究竟何者真实可信,何者最终能把人类引向拯救的问题的谨慎探究和明确回答。其回答是,人类解救的唯一路途是源于基督的爱。而且,检验和克服邪恶骗局的唯一有效手段也只有源于基督的爱。托尔斯泰说:"只有那些通过统治他人而获益的人才会相信,暴力可以改善人们的生活,而没有堕入这种迷信的人,一定会看得很清楚,人们的生活由坏变好只能依靠他们内在灵魂的转变,而丝毫也不取决于在他们中间所发生的暴力行为"。① 实际上,即便是那些暂时通过暴力获益的人,也只是获得仇恨和短命的益、只是血腥的撕裂中临时的强制性概念中的益、片面的益、恐怖的益,而不是与心灵安宁和人生福分有关的益。就像尼禄皇帝在罪恶的顶峰所享有的鬼气森森的阴谋、反叛、仇恨、屠杀,是在刀剑簇拥中夜不成寐的益。

托尔斯泰说,"不以暴力抗恶的学说,不是什么新的法则,

---

① 列夫·托尔斯泰:《生活之路》,第27页。

它只不过指出了人们肆意放弃爱的法则的现象,它只不过指出,种种纵容以暴力对付他人的行为,尽管打着惩戒和使自己或他人摆脱恶的旗号,但与爱却是格格不入的。"①托尔斯泰对基督的爱的法则的阐释是质朴的,本来意义上的,是贴近普遍世俗胸膛的。他说:"基督推翻了以往的暴力法则:以眼还眼,以牙还牙,进而由此推翻了建立在这种法则之上的全部世俗体制,并且创建了新的有爱无类的法则,也就以此创建了新的世俗体制,它不是建立在暴力之上,而是建立在这种有爱无类的法则之上的。"②别尔嘉耶夫说,人生有价值的道路有两种,上升路线和下降路线。人上升,趋向上帝,获得最高精神力量,创造价值;但人的精神是软弱的,人无法拥有最高的价值,于是下降,便帮助兄弟,分享精神财富和价值。这就是人类为了永恒的生活而进行的拯救。而这一拯救根本的价值体现正是托尔斯泰、甘地等在基督教文化里汲取的爱。③

汉语文化语境

汉语文化语境中,一、爱首先是亲情伦理的、现实的、俗世的和知识学基础上的。孔子理论基本上以仁为本,说"君子务本,本立而道生。孝弟也者,其为仁之本与!"孟子说,"尧舜之道,孝弟而已。"即所谓"立爱自亲始"④,"能事父兄,然后仁道可大行"。有言说,"故以春秋之仁为经天下之大经,孝经之孝为立

---

① 列夫·托尔斯泰:《生活之路》,第 27 页。
② 列夫·托尔斯泰:《生活之路》,第 269 页。
③ 参考别尔嘉耶夫:《自我认识》,第 20 页。
④ 康有为:《论语注》,第 3—4 页。

天下之大本也。"①从国家民族角度而言,孔子说,"道千乘之国,敬事而信,节用而爱人,使民以时"。② 二、有一个作为天理的参照体。康有为解释孔子之道说,"仁之美者在于天。""天抚育万物,既化而生之,又养而成之。人之受命于天也,取仁于天而仁也。""天地者,生之本,父母者,类之本"③。天理应该是一切道理的源头,是根本的道理,是最大的道理,尊重和顺从天理,是讲所有其他具体小道理的基础。三、鲁迅的生存语境。鲁迅说"我只觉得我所住的并非人间"④。据鲁迅说,他生活的现实社会是一间"绝无窗户而万难破毁"的"铁屋子"⑤,是一座插着人类旗帜的鬼魅地狱。鲁迅说"华夏大概并非地狱,然而'境由心造',我眼前总充塞着重迭的黑云,其中有故鬼,新鬼,游魂,牛首阿旁,畜生,化生,大叫唤,无叫唤使我不堪闻见。"⑥"这似人非人的世界","我不知道这样的世界何时是一个尽头"⑦。这样的现实语境甚至使鲁迅怀疑,在解决关乎生存的迫切问题之前谈论爱还有没有意义。如果说鲁迅语境中的爱有文字语境中的爱与现实语境中的爱的区别的话,那么,这后一种,实际上就是鲁迅现实语境中的爱。

在鲁迅的现实生存语境和文字语境中,爱的意义大有不同。在生存语境中,人们对爱的体会让人无法言说。鲁迅说,几个穷乡壮汉被莫名地抓进衙门问一些莫名的事,"打完屁股"被赶出时还要高声喊:"谢老爷","谢老爷不杀之恩"。皇上看谁不顺

---

① 康有为:《论语注》,第3—4页。
② 康有为:《论语注》,第6页。
③ 康有为:《论语注》,第3页。
④ 《鲁迅全集》第2卷,第273页。
⑤ 《鲁迅全集》第1卷,第419页。
⑥ 《鲁迅全集》第3卷,第68页。
⑦ 《鲁迅全集》第3卷,第274页。

眼而递给一杯毒酒时,临死的人还要含泪感谢皇上亲手赐死之恩。贞节牌坊、割自己的肉孝敬父母、聪明人和傻子和奴才、失掉的好地狱、孤独者、二丑、看客、屠杀、地狱、炼狱……爱在其中究竟是什么,在如何关照人生,实在叫人难以捉摸。鲁迅似乎在说,这一语境中的爱没有内涵外延,没有演化为一种清晰理念。这一生存语境中,爱没有显现为一个正面图景,没有被高举为一个旗帜或理念,爱只在爱的背后作为反衬者隐现。你无法用肯定语气说"爱是……",你只能用否定语气说"恨不是……""……不是恨"(恨是爱的负面)。在"恨不是……"这样的表达中,只有鲁迅语境中的人才可能试着感觉那隐藏极深的含义,比如说一种在恨里感受到的恨的对立面的缺乏,渴望之心等等。但由于总是"不是"的否定式表达,而使得人们虽然有时心领神会,但爱的正面含义实际上总是模糊不清,甚至总是存在于人们千方百计的否定性表达当中。

这一语境中爱的真义被隐,是爱的负面在这个世界里的过于强大所致。爱的负面以各样脸面占满整个人生空间。它们是:恨、怀疑、否定、愤激、不公正、复仇、伪善、阴险、冷漠、残酷、虚假、逃避、卑鄙、消沉、厌恶、不满、敌意、陷阱、侵犯、防备、禁忌、恐惧、欺骗、担忧、苦痛、青面獠牙、麻木不仁。这些否定的面孔一如无限多样的病菌被弃遗在一个巨大的不健康的生命环境里,各种腐败可怕的生命因素迅猛生殖,各种潜在的灭顶之灾在旷世的遗忘里横行猖獗,各种感染和糜烂吞食和瓦解着所有杂和于其中的存在。

就鲁迅一己言,在险恶的现实环境中,鲁迅所承载、所付出和所昭示的爱的深厚、巨大和广远,与同时代汉语语境中的许多人相比,似乎显得更突出。鲁迅身上的爱是通过对恨、暴力、黑暗、否定、怀疑、大痛苦、大绝望等爱的反面的直面、揭示、铭心刻骨的经验和主动承担来昭示的。鲁迅的爱的大蠹在其艰深复杂的言说的背面，在其形影模糊的投枪和苦斗姿态的生存经验深处。鲁迅卷入人生的程度比一般人要深一些，他所承载的重负比一般人要多一些，以至于在他身上蕴藏和发散的爱的苦涩和刺芒让一般人不能立见其衷。似乎可以肯定，在中国现代文学史上，在有条件和愿意用文字表达思想情感的中国人当中，鲁迅是向人类表达爱的中国人中杰出的一个。鲁迅的爱实际上是在过多异质精神因素的裂变中折射出来，其内涵、其运载结构和其施发图式都异常复杂。如果仅在鲁迅写出来的文字符号里寻找爱，就须谨防因拘于字面而把一个丰盛巨大的鲁迅看为一个片面干瘪的鲁迅。内山完造说，在中国，文章文化与现实文化是两码事，在文章中被描写得香气扑鼻妖艳可人生机勃勃的鲜花世界，实际生活中则是臭气熏天的近似于垃圾坑的地方有一株奄奄一息的枯花。另一方面，汉语语境实际上绝非一个内涵纯一的一体化概念，它实际上由无限多样的具体语境构成，就像不存在纯一概念的所谓"西方文化"或"东方文化"一样。鲁迅说"中国社会上的状态，简直是将几十世纪缩在一时：自油松片以至电灯，自独轮车以至飞机，自镖枪以至机关炮，自不许'妄谈国理'以至护法，自'食肉寝皮'的吃人思想以至人道主义，自迎尸拜蛇以至美育代，都摩肩挨背的存在。""既许信仰自由，却又特别尊孔；既自命'胜朝遗老'，却又在民国拿钱；既说上应该革新，却又主张复古；四面八方几乎都是三四重以至多重的事物，每重又各各自相矛盾。"①鲁迅自身构成的世界也是跨度大，内涵多。

鲁迅说："我现在心以为然的，便只有'爱'"②，"独有'爱'

---

① 《鲁迅全集》第1卷，第344页。
② 《鲁迅全集》第1卷，第133页。

是真的。"①鲁迅认为,爱至少应该有两层内涵,一、"爱己",就是爱惜和眷顾自己,"无论何国何人,大都承认'爱己'是一件应当的事。这便是保存生命的要义,也就是继续生命的根基。"②鲁迅说,爱己是人的天性,只有首先能健康爱己,然后才能谈超越自己、超越过去的爱。二、"无我的爱"。鲁迅说:"所以觉醒的人,此后应该将这天性中的爱,更加扩张,更加酵化;用无我的爱,自己牺牲与后起新人"③。他引用有岛武郎《与幼者》的话——幼辈当毫不客气地拿前辈做踏脚,超过前辈,向着高的远的地方去,前辈爱后辈,使其像尝过血的兽一样尝到爱,"只有爱依然存在"。④ 这样一种无我的爱在鲁迅身上已经演化为一个形象,一个鲜活的面世姿态——"中国觉醒的人,为想随顺长者解放幼者,便须一面清结旧帐,一面开辟新路。就是开首所说的'自己背着因袭的重担,肩住了黑暗的闸门,放他们到宽阔光明的地方去;此后幸福的度日,合理的做人。'"⑤

汉语文化资源中,爱源于何、谁保守

爱来源于何?爱要落到哪儿?为什么有爱这样一种存在?谁培植?谁保守?鲁迅发现,在汉语文化语境中,这些问题的答案都需要人仔细体会。这个语境中只有肉体的纬度、知识的纬度,没有超越现实的心灵的纬度,只追求肉体的满足、头脑的满

---

① 《鲁迅全集》第 1 卷,第 137 页。
② 《鲁迅全集》第 1 卷,第 133 页。
③ 《鲁迅全集》第 1 卷,第 135 页。
④ 《鲁迅全集》第 1 卷,第 362 页。
⑤ 《鲁迅全集》第 1 卷,第 140 页。

足,不追求心灵信仰的满足。没有世俗现实以外的神性仰望和祈求,没有心灵痛苦时候的诉向,没有心灵喜乐时候的安然居所。世俗的大地之外没有永恒、绝对、神圣、信仰的净化维度、保守维度,或者说这样的维度不被接纳和回应,在灵魂的最高处,人们迈向偶然、暂时、虚无、迷惘和绝望。这就使汉语文化语境在思想和精神方面基本上处在两个状况之中,一、上升到灵魂的、行而上的层面而承受痛苦与绝望;二、避免上升到灵魂的、行而上的世界,基本上保持在纯粹物质现实的关怀层面。

鲁迅肯定爱,但鲁迅最为肯定的爱,是与中国孝道语境下欠下恩情还恩情的爱相反的天然的爱,即自然界安排的爱,"他并不用'恩',却给予生物以一种天性,我们称他为爱。动物界中除了生子数目太多——爱不周到的如鱼类之外,总是挚爱他的幼子,不但绝无利益心情,甚或至于牺牲了自己,让他的将来的生命,去上那发展的长途。"[1]"人类也不例外,欧美家庭,大抵以幼者弱者为本位,便是最合于这生物学的真理的办法。便在中国,只要心思纯白,未曾经过'圣人之徒'作践的人,也都自然而然的能发现这一种天性。"[2]这是一种"天然相爱","这离绝了交换关系利害关系的爱,便是人伦的索子",倘若一味强调恩、报偿、孝,那便会抹杀了真正的爱。[3]鲁迅所说的这种爱实际上是指合乎万物生存根本的律的爱,是合乎宇宙大道的爱。

在汉语文化语境中,如鲁迅所言,有皇帝忽然宣称他爱民如子,那其实不过是做皇帝的人在中国大地上独自一人,他像狮子

① 《鲁迅全集》第 1 卷,第 132—133 页。
② 《鲁迅全集》第 1 卷,第 133 页。
③ 《鲁迅全集》第 1 卷,第 133 页。

游走,想干什么就干什么,想宣称什么就宣称什么。除了想宣称什么就宣称什么的任意妄为,爱民如子的真实含义是:一、皇帝要民像尊奉父亲一样尊奉他;二、孝敬父母的典范是儿女把自己身上的肉割下来给父亲吃;三、强调的不是对孝的夸奖,而是对不孝的惩处;四、个别老实的信以为真亲亲热热讨好撒娇去的乖儿子却被草菅似地除灭。这样,到头来,在爱民如子里人们只体验了一回爱的反面。爱本身在整个过程中不可捉摸,不知所云。如鲁迅胡适们注意到的,宋明理学讲了几百年,但没有人看见他自己的母亲姐妹女儿们缠的三寸金莲是骨折,是违反天理的人为伤残。人们似乎忙于爱三寸金莲的"妙"、"趣"、"境界",人们陶醉于爱的趣味而忘了追问爱在人胸膛根基中的本来意义。拉开距离之后人们发现,宋明理学和三寸金莲的爱的标准是一回事,那个暗含的爱的标准实际上就是光天之下的酷烈、野蛮、虚伪、畸形、变态、丑恶、阴暗。因而鲁迅在整个一段仁义道德的历史中只看见吃人。那些统治百姓的皇帝们,无论他们以天子的名义、圣上的名义还是总统的、元首的名义,无论他们把自己对百姓的恩情标榜得比天高还是比海深,他们都只不过制造一些暂时的骗局,他们的爱从来不构成人类爱的源泉。而老百姓自己创造的历史,无论是与皇帝们打成一片创造的,无论是在弑君、反叛、起义的刀剑血腥中创造的,都不是人类爱的源泉。

在漆黑的铁屋子里,扛着黑暗闸门要把后人放到光明之地去的人的爱,范爱农的爱,吕韦甫的爱,魏连殳的爱,眉间尺的爱都不是爱的源头,都不是从爱的源头而来。爱在这些人身上只不过是冷暖善恶等各种不同性质的能量摩擦碰撞相生相灭过程中,光暖能量的一闪一息。背景过于黑暗,有光和热从这些人身上发出,只能在漆黑一片的大背景中显出一丝光亮。

魏连殳们身上依稀的爱的面影一闪而逝,似乎是很少人身上才有的类似于好德行的一种存在,似乎来源于自我性灵,似乎来源于后天的培养和自律,似乎来源于知识智慧,似乎来源于茫茫人世各种因素的摩擦碰撞。充满热望与良知,但偶然、迷蒙、盲目、无根、暂短。这样的爱的面影,在自我理性的外化行动中遭撞击时迅速变为绝望和虚无,在自我激情涌动荡漾的潮头遭扑打时即刻朝消沉、灰暗、颓废的一面转换,最终化为乌有。如此偶然、迷蒙、暂短、人性、自我、单一向度的爱的火花如若逢着太阳,那么,它在太阳底下也算不了什么;如若不幸而始终遭遇黑暗,那么,在铁屋子之中,它不但不能把黑暗如之何,而且,它自己也要化于黑暗。在如此可怕和长期的黑暗里,几乎所有那些试图靠着自己的力量与黑暗抗衡而保守自我内心一片光明的人,或迟或早都最终被黑暗渗透、瓦解、颠覆、吞灭。就像被抛在大块盐碱地中的一把净土。同样可怕的是,黑暗的长期浸泡甚至使人丧失对自我的反观能力,使得经常出现的情况是,我们早都化为黑暗了,但自己却依然真诚地自认为是光明的使者。这种爱在茫茫宇宙人生中经摩擦碰撞而一闪一息,自生自灭。这种爱没有本源,没有必不可少的相关维度的培育、滋润、喂养、支撑、保守。而且,它时时遭遇着承载者自我维度不同能量的杂和、内耗和变异。

魏连殳们生长于斯的人性和社会根基是恶的,他们身上依稀闪现的爱的火花大不过那个总的恶。他们身上的爱总是被遏制于其他众多与自己内在光明品质相反的品质之下。无论在魏连殳们身上还是在整个社会之中,黑暗总是在爱的火花的后面和根部侵袭爱,击垮爱。这就是魏连殳们不知不觉中的爱的变异。一方面,魏连殳们终于抵御不了而撒手;另一方面,背景和根基把他们吞食瓦解使爱的主体毁灭。因而，在鲁迅生存语境中，魏连殳们实际上不可能显示和传达纯正、明晰、完整的爱。魏连殳们自己像茫茫宇宙中所有其他人一样，都不是爱的源泉。

鲁迅似乎要在孩子们身上找到一种有关爱的根源的东西。孩子本身似乎是源头，但孩子又似乎源于某一源头，孩子身上的爱必然源于孩子之源头处。如此这般的探究本身不再是鲁迅主要关注的了，总之，鲁迅依稀感觉到孩子身上有爱、有希望、有光明。鲁迅这种与孩子有关的感觉中的爱，与其说是揭示性的，不如说是希望性的；与其说是关于根源的，不如说是临时的偶发感念。爱在孩子身上稍稍还有，那只是一种此时的存在状况。鲁迅其实也只关注了这样一种存在状况。也许是爱的因素还没有在孩子身上褪去，也许是爱的对立因素还没有透彻贯穿到孩子身上去。鲁迅环顾四千年的吃人历史，寻找未吃人者而不得时，就退后一步猜想，没有吃过人的孩子或许还有，救救孩子。

即使在这时候，鲁迅探询的依然是有无此物存在的问题，而不是此物从何而来的问题。鲁迅以疑心极深的眼睛不断察看，发现孩子也不是纯正的。给魏连殳做过房东的那位太太的孩子大良二良们本来似乎有天真的爱在他们身上，但一转眼就世故得近于灰暗。在上海西安游乐场照相馆一脸死相的孩子，在大街上蓬头垢面的穷人家的孩子，在家里油头粉面娇形妖势的富人家的孩子。一茬一茬的孩子出生、逛游、长大、荣升为父辈、荣升为社会栋梁，一茬一茬都无指望。

在鲁迅眼中，一、爱作为情感构成要素在孩子心田里被冷酷的、瞎混混的父母无情地、暴烈地践踏、压扁、踩死，使愕然、使干枯、使愚钝、使畸形、使麻木。二、爱作为理性文明中可培植的光和热,在沙聚之邦,在只会生殖的白痴父母"(嫖父娼母)"①那里根本得不到健康有益的培植,而疏离、而沙化、而蛮荒。三、爱作为人际互动中内化而外动的社会要素,在虚假和黑暗的社会大面影中被阻隔、被遮蔽、被异化,最终让防范、敌意、仇恨和刀剑所替代。四、爱作为根本来源处的神圣维度,在鲁迅语境中被亵渎、被歪曲、被肢解、被颠覆而被解说为不存在。

基督教文化资源中,什么是爱

基督教文化认为,"神就是爱,住在爱里面的就是住在神里面,神也住在他里面"②。基督教文化中,上帝是爱,上帝是爱的主体,是爱的源头。上帝爱人,不是因为人完美、善良、公义,也不是因为人有过犯、有瑕疵,而是因为上帝爱人,而是因为上帝就是爱。上帝的爱是一种 Agape 的爱,这种爱"是源自上帝,爱的主体是上帝,而不是人。人是神圣爱的对象(客体)。上帝的爱乃是'上帝是爱'这个事实所产生的结果,不是因为对象(客体)有何吸引人之处,仅因为上帝是'agape'"。③上帝的爱与世俗的爱有所不同,世俗的爱有外加条件,有原因,有分别,而上帝的爱是无条件的、上帝就是爱的原因、上帝爱人没有分别。"我们爱某些人,是因为我们所爱的对象为我们做了一些事;也许是他的美丽、良善,我们爱他;甚至可能由于别人孤立无援,我们爱他,给予我们一个展现我们能力的机会。人的爱常是附带条件

---

① 《鲁迅全集》第 1 卷,第 296 页。

② 《新旧约全书》,约一 4:16。

③ 乔治·W. 傅瑞勒:《圣经系统神学研究》,吴文秋译,橄榄基金会 1997 年版(下同),第 131 页。

的,经常对爱的对象有所要求,……这样的爱我们称之为欲望之爱(eros),这并非全然指向感官上的爱或是情欲。'eros'被希腊哲学家描述得极美好,是与真、善、美有关的爱,能将人的注意力导向使其变得更好的目标,进而使人洁净。事实上,'eros'是人为了达到一切值得完成之目标的方法,终极而言,就是人达到上帝面前的方法。"①欲望之爱,追求的是完美,选择的是合乎完美标准的部分,内在动因是人一己的一些需求。"基督教信仰中所提及,相信上帝是'agape'的爱。这位已经在耶稣基督身上显明自己的上帝,他爱不完全的、有罪的、可怕的人;他爱罪人,不是因为他们不完全、可怕、有罪,而是因为他是爱。"②上帝是爱本身,上帝是爱的原因本身,上帝不是爱的结果。"上帝是满溢、自我奉献、灿烂无比的爱,爱就在他身上,而非爱的对象所产生的结果。"③"神圣的爱不去找爱的对象,而是创造出可爱的对象。上帝不因我们可爱而爱我们;我们可爱是因为上帝爱我们。"④约翰一书说:"不是我们爱上帝,乃是上帝爱我们。"⑤

基督教文化非常强调高出人的第三存在者、神圣存在者、永恒存在者,强调绝对存在与相对存在的根本区别,强调超越性存在的重要性与独特性。基督教文化说,上帝是爱的爱 agape,在希腊文中主要是指对不值得爱的对象的爱,这表明的是上帝对人类的无限救恩。在非超越性层面,人的爱是选择自己喜欢的而放弃不喜欢的。"上帝的爱是在救赎罪人的事上表明的,但

---

① 乔治·W.傅瑞勒:《圣经系统神学研究》,第131—132页。
② 乔治·W.傅瑞勒:《圣经系统神学研究》,第132—133页。
③ 乔治·W.傅瑞勒:《圣经系统神学研究》,第133页。
④ 乔治·W.傅瑞勒:《圣经系统神学研究》,第133页。
⑤ 《新旧约全书》,约一4:10。

也藉着上帝对受造物的照顾而流露出来。"①上帝的爱也表达的是上帝对人的怜悯和赦免,而这种怜悯和赦免就上帝而言是流血舍命也不惜的,而在人则是白白得到的。上帝的爱在人类而言是上帝给人类的恩典,但在上帝而言又确乎是一种责任,"'恩典'在希伯来文是 chen, chesed, 这是一个与立约有关的词,意思是坚贞不渝或坚定不移的爱"②。这种爱确实与人的爱大为不同。

刘小枫说,圣子耶稣以自我牺牲奉献给苦难的人类的爱表明,上帝所倡导的爱是给予的、倾身倾心的爱,绝非互惠的爱,它以神性的意愿推动人的本然情感,而不是相反。这种爱就是人与上帝的同在,是上帝旨意在人身上的全备的传达和回应,是上帝的爱在人间的实践。"上帝的圣爱本身有明确的价值形态的规定,它所要求的是一种神圣的生命。圣爱就是赋予被爱者以神圣的生命,在现世的爱的行为中所体现出来的也只能是这种神圣的生命圣爱要求,任何爱的行为必须使被爱者感受到另一个崭新世界的存在。"③爱是基督教文化的核心,基督教文化中积极的人生就是对上帝是爱和拯救之信息的回应。

基督教文化说,"爱是对所爱者绝对价值的直接感知。"④人间有爱,是因于人对上帝的直接感知、接纳、仰望和顺从。只有在仰望和接纳上帝时,只有当人把上帝接在自己心中时,爱才可能充满人间。而这种爱不是任何人施与的、不是任何人可以限制或垄断的、不是任何人能从上帝那儿阻挡得了的。这种爱关

---

① 布鲁斯·米尔恩:《认识基督教教义》,第 102 页。
② 布鲁斯·米尔恩:《认识基督教教义》,第 104 页。
③ 刘小枫:《拯救与逍遥》,第 321 页。
④ 弗兰克:《爱的宗教》,见刘小枫主编,扬德友、董友译:《20 世纪西方宗教哲学文选》,上卷,第 366 页。

乎所有人但又超乎所有人,它是绝对的、永恒的、无限的。弗兰克说:"只有基督教意识才第一次原则上揭示出爱的本质,认为爱是包罗多种多样个体存在的具体普济主义。"①"这种包罗万有的爱,作为对一切具体东西的最高价值的感知和承认,在两种(量与质)意义上都是普遍的:它包括的不仅仅是众人,而且是众人中的一切。它承认一切具体存在物的价值,包括各种各样的人、民族、文化、信仰的全部丰富性,而其中每一个又包括它们各自的丰富内容。"基督教文化认为,就一个人而言,能不能接纳神亦即能不能接纳爱在自己心中,就成了一个人是否是一个健康人的根由。使徒保罗说:"我若能说万人的方言,并天使的话语,却没有爱,我就成了鸣的锣,响的钹一般。我若有先知讲道之能,也明白各样的奥妙、各样的知识,而且有全备的信,叫我能够移山,却没有爱,我就算不得什么。我若将所有的周济穷人,又舍己身叫人焚烧,却没有爱,仍然与我无益。"②上帝的爱在人间的传达和实践就是人对上帝的回应,使徒保罗说:"爱是恒久忍耐,又有恩赐;爱是不嫉妒,爱是不自夸,不张狂,不作害羞的事,不求自己的益处,不轻易发怒,不计算人的恶,不喜欢不义,只喜欢真理;凡事包容,凡事相信,凡事盼望,凡事忍耐;爱是永不止息。"③

克尔凯郭尔说"爱之隐藏着的生命蕴于人之最内在的深处,它是无法探明的,处于与人的整个此在的无法探究的关联之中……人的爱有一个比湖泽还要深得多的根源:人之爱根源于上帝之爱。假如在深处没有源,假如上帝不是爱,就既不会有哪

---

① 弗兰克:《爱的宗教》,见刘小枫主编,扬德友、董友译:《20世纪西方宗教哲学文选》,上卷,第372页。

② 《新旧约全书》,林前13:1—3。

③ 《新旧约全书》,约一。

怕是一个小小的湖泽,也不会有人之爱。"①使徒约翰说:"爱是从神而来的。凡有爱心的都是由神而生。"②基督教文化资源中,爱的道理在神,在神与人之间,在由神眷顾中的人与人之间。爱与神同在,爱在神处本为有,在无神处则为无,基督教文化资源中,人是神按着他自己的形象造的,人的被造之中就含着神的爱,人身上的爱的质地源乎神,源乎神的创造和神的拯救。人在地上犯罪,神就用爱拯救人,就像父母用百般的爱呼唤浪子回家。当人不断犯罪,不断悖逆而使得地上满了罪恶时,神甚至派他的独生子来到世上承担万民的罪来救赎万民,就像父母为不孝的儿子最终付出的是全部的爱乃至于为不孝的儿子代罪受死。爱由神而来,没有神就没有爱,没有神的创造就不会有爱的存在,没有神的拯救,就不会有爱的延续。人类在屡屡犯罪的死荫幽谷中之所以总没有彻底沦丧,之所以没有完全败坏堕落到绝对的死地,就是由于神的不断警醒、管教、呼唤、启示、保守。就像父母日夜保守不懂事的孩子。

希伯来原创文化典籍中,耶和华说,"我以永远的爱爱你,因此我以慈爱吸引你"。在人犯罪时,神的爱一直在召唤人;在人陷入忧愁痛苦时,神的爱在安慰人;在人陷于绝望时,神的爱给人希望;在人无力自救时,神的爱给人以救赎。使徒保罗说:"你们与罪恶相争,还没有抵挡到流血的地步。你们又忘了那劝你们如同劝儿子的话,说:'我儿',你不可轻看主的管教,被他责备的时候,也不可灰心,因为他所爱的,他必管教,又鞭打凡所收纳的儿子。"③犹大王希西家对神的爱心存感激:"看哪,我

① 克尔凯郭尔:《基督徒的激情》,鲁路译,中央编译出版社 2001 年版,第97 页。参见刘小枫:《拯救与逍遥》,第 321 页。

② 《新旧约全书》,约一 4:7。

③ 《新旧约全书》,来 12:4—6。

受大苦,本为使我得平安,你因爱我的灵魂,便救我脱离败坏的坑,因为你将我一切的罪扔在你背后。"①神"以慈爱和怜悯救赎他们,在古时的日子常保抱他们,怀护他们"②。因着爱,神在人的罪孽里一同受罪,神在人的过犯里一同受苦。"他在一切苦难中,他也同受苦难"。③ 这种解释实际上可以拓宽汉语文化认识和思考人生的空间。

基督教文化解释说,神的爱在耶稣基督身上更加清楚地表明出来。"神爱世人,甚至将他的独生子赐给他们,叫一切信他的,不至灭亡,反得永生。因为神差他的儿子降世,不是要定世人的罪,乃是要叫世人因他得救"。④ "基督的爱是何等长阔高深",⑤"这爱是过于人所能测度的",⑥不是因为人类做得好神才爱人,而是由于神要把人从罪恶里救出来才爱人。不是由于人的行为能在神公义的审判面前站得住,不是由于人的行为够得上神的爱,而是由于神无条件地爱人,就像父母无条件地爱子女。"因我们还软弱的时候,基督就按所定的日期为罪人死。为义人死,是少有的;为仁人死,或者有敢做的。唯有基督在我们还做罪人的时候为我们死,神的爱就在此向我们显明了。"⑦

这确实是个很有意思的话题,在基督教文化语境中,人去爱人时,你无论去爱什么人,你自己并没有付出什么,损失什么。因为爱不是你自己的,因为爱由神而来。神赐给人爱的灵,神赐给人蕴藏爱的身体,神赐给人接纳爱的心,神赐给人对爱的保

---

① 《新旧约全书》,赛38:17。

② 《新旧约全书》,赛64:9。

③ 《新旧约全书》,赛64:10。

④ 《新旧约全书》,约3:16—17。

⑤ 《新旧约全书》,弗3:18。

⑥ 《新旧约全书》,弗3:19。

⑦ 《新旧约全书》,罗5:6—8。

守。故而,人对人的爱是神的恩典,人用来爱人的爱本身就是神给人的恩典。是神白白给人,人白白拿来向别人用就行了。人对人的爱,无论你去爱谁,哪怕是爱你的敌人,你只不过是把神赐给你的叫爱的那个恩典白白地施给他人。因而,人在爱他人时自己本身并不损失什么,当然,人去爱他人时,人也没有理由炫耀人自己而把荣耀归于人自己,因为荣耀来源于神,也当归于神。"你有什么不是领受的呢? 若是领受的,为何自夸,仿佛不是领受的呢?"①故而,基督教文化语境中人的爱人就没有人的自私性、封闭性。把由神而来的爱不讲条件地施发给他人,你施发的爱是你应该原原本本施发出去的,也是你所面对的人同样应该得到的。这确实是一种特别宽厚的认知思维,这种思维是面向世间所有人的。

基督教文化说,人把爱施向爱己者时,如果只把别人从神那儿得来又施给你的爱无动于衷地还回去,那就近乎于把一种中性的东西接受然后还回去,就近乎把一个物接受,然后归还,也就近乎把随便什么性质的物接受然后归还,也就近乎把恨接受然后归还。这种对应回环中,人实际上是一个石头,没有爱。耶稣的道理是,在人与人之间,没有爱被对方施来,你主动施出你老早从神得来的爱,这才显示出合乎神旨意的爱。有时非但没有爱被他人施来,而且有恨施来时你依然以爱回敬,这才贯彻了神以爱消灭恨、以爱胜过恨的爱的命令——只有神才有这种爱,只有神才可能施出这种爱,离开神,人没有这种爱也无能施行这种爱,只有信靠神时,只有在神的掌管中时,人才可能有这种爱也才能施发出这种爱,人才会有合乎神的旨意的爱的行为。

基督教文化一直仰望一个高于人的永恒存在,追求向绝对

---

① 《新旧约全书》,林前 4:7。

目标的不断提升。在希伯来人看来,爱是神老早为人预备好的,而且预备得丰盛无比,人把那爱拿来使用时,人根本用不着去讲什么条件,用不着人去谨慎算计,吝啬使用,而是可以白白拿来,可以高高兴兴享受,可以慷慨大胆使用。爱来源于创造者,在绝对的高处存在,"爱来自于上帝的绝对神圣,"①一、爱来自于上帝而不来自于别处。二、爱来自于上帝是一个绝对真理。三、来自于上帝的爱是神圣、普世的,绝非世俗语境中所论说的封闭、等级、敌对的所谓爱。就像空气、阳光、雨露是来自于宇宙自然一样,就像你应该把大自然白白给全人类的空气、阳光、雨露慷慨地让世界上一切人白白享用一样,就像你把大自然白白给你的空气、阳光、雨露给别人享用时你没有理由吝啬更没有理由扣下来不给一样。空气、阳光、雨露来源于大自然而不是来源于你自己,就大自然的本来状况和原始规律看,就人类以及世间万物原本的、正常的、自然生理的合适需求看,空气、阳光、雨露是绝对、永恒、无限的而不是像你以为的那样是相对的、暂时的、有限的。人的本分是顺从大自然的规律而与世间所有人共同分享大自然的养育,而不是画地为牢各自垄断,更不是掠夺、污染和毁坏。

由基督教文化的这一思路似乎可以推出,为什么有一天人们连空气、阳光、雨露是源于大自然的这样一个基本的道理都不明白了,而认为是自己的,必须卡在自己手中不能给别人或者必须节省、吝啬地给别人?因为人们操纵自然、主宰自然、改造自然、战胜自然,亦即,因为人们不要大自然赐给人类的原生态的空气、阳光、雨露,不要大自然的基本规律,不要大自然的养育,而要靠自己的聪明创造污染和废墟。

---

① 刘小枫:《拯救与逍遥》,第 322 页。

照世俗眼光,似乎可以说,大自然是空气、阳光、雨露的源泉,大自然所昭示的道理和规律是爱的源泉。似乎可以说,人们彼此相爱所使用的爱不是某人一己的,而是存在于造物者的,因而人们可以慷慨施发出爱而不必吝惜。

爱是一个命令

基督教文化要人们彼此相爱,对人而言,爱是一个命令,是来自高处的律令、典章、诫命、法度。爱的得到也贯穿在对爱的命令的服从里,就像父母指着他们的婴儿说:"不要把手指伸进火炉里",婴儿要得到爱,他就必须服从爱的命令而不把手伸进火炉里。耶稣说:"我爱你们,正如父爱我一样,你们要常在我的爱里。你们若遵守我的命令,就常在我的爱里,正如我遵守了我父的命令,常在他的爱里。"①基督教文化说,爱由神赐予、施发,在耶稣基督里显明,得到人的回应和接纳,根植于人心,贯穿于人的行动。因着人对耶稣爱的命令的服从,爱才会撒满人间。耶稣基督给人爱神的命令,要人活在神的爱里的命令,同时正是要人们彼此相爱的命令。"我赐给你们一条新命令,乃是叫你们彼此相爱;我怎样爱你们,你们也要彼此相爱。"②爱神和爱人的命令是相同的。人只要在神里,人就总是在神的爱里,就总是在神的保守里。这时,人会在心里行为上显出神性的一面,如公义、和平、喜乐、恩惠、智慧、能力等,在人与人的互动中就显出神性的一面,如宽容、慈爱、怜悯、尊重、平等、信任等。

---

① 《新旧约全书》,约 15:9—10。
② 《新旧约全书》,约 13:34。

爱既是一个命令，又是无条件的，这就使得上帝对人的爱既是不可拒绝的，又是可以选择的。不可拒绝，是说人除非被上帝的爱浇灌，人除非把爱传播于人间，否则，人间就不会有爱。可以选择的意思是，上帝给人自由意志，"上帝的爱不是附有条件的爱，乃是上帝所给予人的，坦白而慷慨的自我牺牲的爱。设法要将上帝的爱之施行限于一群履行某种他们所定条件者身上的那些人，实在没有了解上帝的爱的要素。他们的福音并不是'上帝的爱'，而是：'倘若你履行我们为你所定下的各项条件，上帝就爱你'"。① 因为上帝的福音是"大好的信息"，上帝呼召人是用积极的方法，而不是消极的方法，上帝要人在内心喜乐，要人得福分，要人被爱，哪怕人拒绝上帝的爱，上帝还是爱人。因为上帝就是爱。② 这种解释对汉语文化而言，应该有知识学意义上的启发。

爱的四种关系，前提和结果

基督教文化资源强调爱的四种关系：人与神的关系、人与自我的关系、人与他人的关系、人与受造万物的关系。人与神的关系是，神爱世人，神赐爱给人，神要人爱神。"圣经要我们欢迎神的爱，并要爱神"。③ 耶稣说："你要尽心、尽性、尽意，爱主你

---

① 腓利士：《三一基督教文集　新约的信仰》，三一文化事业有限公司1976年版（下同），第83—84页。

② 腓利士：《三一基督教文集　新约的信仰》，第84—85页。

③ 侯特（Bradley P. holt）：《基督教灵修神学简史》，杨长慧译，道风山基督教丛林1997年版（下同），第29页。布鲁斯·米尔恩：《认识基督教教义》，第137—154页。

的神。这是诫命中的第一,且是最大的。"①在人与自我的关系上,神要人"爱人如己",其潜在意思是,人自然而然是首先要爱自己的、应该爱自己的、必须爱自己的,这种爱自己指顾惜自己、保护自己、珍惜自己、养育自己、用权利、尽责任、尽义务,不是自私,也不是自我偶像化。人与他人的关系应该是"要爱人如己"②。人与受造万物的关系是要人照料全地,爱惜和享受地上的出产,管理好全地。③ 爱神是爱世人的前提和保障。

基督教文化非常强调超越性存在的绝对意义和优先价值。基督教文化坚持把尺子放在首位,把秤放在首位,把遵从规律放在首位,然后才说要量的长短和要衡的轻重,然后才说在规律的原则下干具体的事情。基督教文化认为,只有爱神,人才能与神的道合一。只有能行神的道,人才能在神的旨意的保守中去真正爱人。耶稣说:"你们若常在我里面,我的话也常在你们里面"④。"我爱你们,正如父爱我一样;你们要常在我的爱里。你们若遵守我的命令,就常在我的爱里,正如我遵守父的命令,常在他的里面"⑤。"人若爱我,就必遵守我的道;我父也必爱他,并且我们要到他那里去,与他同住。不爱我的人,就不遵守我的道"⑥。一个爱神的人就是在神里面的人,就是把自己的心怀意念交托给神的人,就是以基督的心为心的人,而"神比我们的心大",⑦有爱的人就被神包容了。既在神里面,神就掌握了一个人的心和相应的行为,神的命令就成了人行动的指南。

---

① 《新旧约全书》,太 22:37。
② 《新旧约全书》,太 22:39。
③ 参侯特(Bradley P·holt):《基督教灵修神学简史》,第 29—34 页。
④ 《新旧约全书》,约 15:7。
⑤ 《新旧约全书》,约 15:9—10。
⑥ 《新旧约全书》,约 14:23—24。
⑦ 《新旧约全书》,约一 3:21。

"遵守他的命令,行他所喜乐的事"①、"照着他所赐给我们的命令彼此相爱"②就会成为自然的事。

　　基督教文化关注超世俗第三纬度存在的意义,关注公义的第三只眼睛,客观的第三参照系统,平等的第三监督者,善良的第三审视者。这一存在作为真理,永远存在于任何人与人之间,是一把尺子,是一杆秤,是一个准则,一套免疫系统,一个保卫者。基督教文化说,爱神是爱人的首要条件,坚持真理是坚持其他条例规则的前提。没有超越性存在神性因素在人内部支撑的人会遭到罪的攻击,人一旦远离神,罪就以各种面目各种姿态攻击人,离开神的保守的人自身没有能力抵御罪、战胜罪,他最终会被罪击垮、毁灭。远离神的人就像一只失去免疫力的小动物遭到各种疾病的传染和侵害,它自身没有能力自卫、自救,它没有能力抵御病魔,只能眼睁睁看着病魔在自己身上猖獗,眼睁睁看着自己的生命离自己而去。就像小动物生存的前提是肌体内部的免疫力,人爱人的前提和保障是人爱神。耶稣说:"爱父母过于爱我的,不配做我的门徒;爱儿女过于爱我的,不配做我的门徒;不背着他的十字架跟从我的,也不配做我的门徒。"③只有爱神,人的爱人才会成为可能。强调把坚持真理放在做其他一切事情之前,在汉语语境中,这样的阐释也是可以理解的。

　　尺子最终是为了量长短,秤最终是为了秤轻重,基督教文化说,只有通过爱人才能体现和见证人的爱神。只有把爱施与人才能传达人对神的爱。只有把一切具体的事情都做好,才能证明你是坚持了真理。耶稣在论到审判的日子时打比方说,有一

---

① 《新旧约全书》,约一 3:22。
② 《新旧约全书》,约一 3:24。
③ 《新旧约全书》,太 10:37—38。

个主人,向一个义人说:"你们这蒙我父赐福的,可来承受那创世以来为你们所预备的国。因为我饿了,你们给我吃;渴了,你们给我喝;我作旅客,你们留我住;我赤身露体,你们给我穿;我病了,你们眷顾我;我在监里,你们来看我",①那义人问那主人他们什么时候为他做过这些事呢,那主人回答说:"我实在告诉你们:这些事你们既做在我这弟兄中一个最小的身上,就是做在我身上了。"②就是说,神要人爱神的最终落脚点是爱人。神要人爱的人指的是所有人,指的是无论哪一个人,指的是每一个具体的个人,指的是人当中最小、最不起眼的一个。神要人通过爱人来体现人的爱神。一个人时时处处爱世人,把爱给住在世上所有的人,哪怕是最不起眼的,最小的一个人,这就是表达了对神的爱。也就是说,神要人爱神只不过是为了保障人的爱人。叫人爱神是前提,叫人爱人是结果。在汉语文化语境中,似乎可以说,只有爱真理,才能爱实际的人,爱真理是前提和保障,爱具体的人是结果。

基督教文化认为,人一旦进入按规律办事的良性轨道,那么,具体事情的进展就会水到渠成,办成具体的事和按照规律办事也就成了同一件事。基督教文化说,人一旦进入神,一旦爱神,那么,爱神和爱人实际上就是一回事。人心一旦充满神的爱,人面对人时就会有爱施发;人一旦爱人,就见证了他的爱神。对此,使徒约翰说:"亲爱的弟兄啊,我们应当彼此相爱。"③"亲爱的弟兄啊,神既是这样爱我们,我们也当彼此相爱。从来没有人见过神。我们若彼此相爱,神就住在我们里面,爱他的心在我

---

① 《新旧约全书》,太 25:35—37。
② 《新旧约全书》,太 25:40。
③ 《新旧约全书》,约一 4:7—8。

们里面得以完全了。神将他的灵赐给我们,从此就知道我们是住在他里面,他也住在我们里面。父差子做世人的救主,这是我们所看见且作见证的。凡认耶稣为神儿子的,神就住在他里面,他也住在神里面。神爱我们的心,我们也知道、也信。神就是爱,住在爱里面的,就是住在神里面,神也住在他里面。这样,爱在我们里面得以完全。"①"我们爱,因为神先爱我们。人若说:'我爱神'却恨他的弟兄,就是说谎话的;不爱他所看见的弟兄,就不能爱没有看见的神。"②希伯来原创文化确实给我们提供了一种思考问题的角度,一种逻辑推理的方法。

有爱,是爱

鲁迅身上确实有丰盛巨大的爱。在鲁迅自己的语境中,鲁迅本身就构成一个独异的爱的世界。在一个无爱的现实世界里寻找爱、呼唤爱、争得爱构成鲁迅之爱的基本品质。查看中国历史,鲁迅发现这个历史很黑暗,这个民族很不幸,他发现,世界上没有哪个民族的人像中国人这样遭受无穷尽的不幸。这使鲁迅在面对这个民族时满怀着太多的悲悯。悲悯是鲁迅的爱的底色。过于丰盛的悲悯使他没有办法像其他人一样安然度日,悲悯迫使他要为改变这个民族太多的不幸做点什么。与整个这个语境中其他那些四平八稳的人相比,做点什么的想法和行动使鲁迅把爱表达出来时,就不像人们普遍见到的给人们讲爱的道理的人那样绕开现实的不幸而慢条斯理,而显出文士风范或君

---

① 《新旧约全书》,约一4:11—17。
② 《新旧约全书》,约一4:19—20。

子的道貌,更不像《聪明人和傻子和奴才》中的聪明人那样骑墙和蒙骗,而是一开始就切入基本的实质,如此迫切、如此焦躁、如此与整个语境不和谐,如此狂乱、如此静穆以至于一开始就与世态有距离,让一般人不习惯、不理解,使得鲁迅的爱在一般人看来难以接受,甚至使有些人怀疑鲁迅身上究竟有没有爱。对不幸的民众,鲁迅要唤醒,要让看清他们处境的可怕性,要让改变他们身上的劣根性。对人们生存于斯的历史现实,鲁迅要揭示其黑暗和残酷。因为如其不然,如若不先揭穿假象触及真实,他就会像其他那些四平八稳、摇头晃脑的理论家一样,就会像耶稣所痛斥的文士和法利赛人一样永远在虚概念、伪问题、空理论、表面的仪文里毫无意义地绕圈子、耗生命,就无法进入改变和建设,恨的世界最终就无法变成爱的世界。故而,鲁迅不得不首先以揭露、批判、颠覆的姿态面世。而且,这一选择使他不得不冒另一些风险,这风险之一就是好心不得好反应。在鲁迅的面世姿态里,当权者看见的或许是叛逆、挑衅、捣乱,普通百姓看见的或者是与自己无关的看上去挺好笑的多管闲事,焦头烂额,狼狈不堪,或者是让人烦的与人直接面对面的无缘故找上门来的挖祖坟、怒骂、刻毒、阴险、怀疑、否定、仇恨、愤怒。

　　人们不容易看见鲁迅的一脸慈祥,在鲁迅的姿态上,人们似乎更容易看到与爱完全相反的投枪、匕首、苦斗和一脸凶相。这种反应是鲁迅老早就知道的。鲁迅不只一次为先驱者总为民们作"散胙"而喟叹。但鲁迅的目的不是苟且蒙混讨好取悦于民,不是要为自己得些夸赞或奖赏。他的目的首先是叫老百姓看清无爱的世界的真相,首先让人们拥有看清世界真面目的眼睛。为着爱的世界的到来,他基本上全身心投入紧迫实际的事,基本上无暇做也无须做取巧和粉饰的事,因为作为思想者的鲁迅实际上没有办法消除他自己与更广民众之间比较大的知识层面和生命体验的差异。一个人的生命极其有限,对老百姓最有说服力的是眼见的结果,而鲁迅所做的在思想层面改变现状的努力在几十年的社会里很难见成效,这就是鲁迅的爱向这个世界表达的无可奈何的真相。有丰富的爱在胸膛里和行动中,但在有限的生命时间里,爱不能更多地在外观上展示出来。

　　钱理群说:"他同样是一位以巨大的爱,为被侮辱和被损害者'悲哀、叫喊和战斗的艺术家'。而且,他的作品的风格,也同样是'虽有憎恶和愤怒,而更多的是慈爱和悲悯'。请注意这一评价:愤怒、慈爱和悲悯。我们往往注目于愤怒的鲁迅,却忽略了鲁迅悲悯和慈爱的一面。"①钱理群借用史沫特莱对珂勒惠支作品母题的概括,说:"人间至爱者'为死亡所捕获'——在某种程度上我们可以把它看做是鲁迅作品的母题,象征和缩影,而且鲁迅自己就是'人间至爱者'当中的一个,鲁迅可以说是把伟大的爱的热烈和死的冷峻两个极端交织在一起,这构成鲁迅的性格特征,也构成鲁迅的心理特征。"②鲁迅有一篇《"这也是生活"……》的文字记录了他 1936 年大病时候"由死回生"的体验:大病一段时间后,他几乎失去了心理和生理的感觉,但感觉相当敏锐,表达的情感耐人寻味——

　　"有了转机之后的四五天的夜里,我醒来了,唤醒了广平。

　　'给我喝一点水。并且去开开电灯,给我看来看去的看一下。'

　　'为什么?'她的声音有点惊慌,大约以为我在讲昏话。

　　'因为我要过活。你懂得么? 这也是生活呀。我要看来看

---

　　① 钱理群:《与鲁迅相遇——北大演讲录之二》,三联书店 2003 年版(下同),第 12—17 页。

　　② 钱理群:《与鲁迅相遇——北大演讲录之二》,第 17 页。

去的看一下。'

'哦……'

她走起来,给我喝了几口茶,徘徊了一下,又轻轻的躺下了,不去开电灯。

我知道她没有懂得我的话。

街灯的光穿窗而入,屋子里显出微明,我大略一看,熟识的墙壁,壁端的棱线,熟识的书堆,堆边的未订的画集,外面的进行着的夜,无穷的远方,无数的人们,都和我有关。我存在着,我在生活,我将生活下去,我开始觉得自己更切实了。"

这确实是一段由爱谱写的文字。钱理群在谈到鲁迅的"普通的爱"时真正注意到了鲁迅细微、柔软、平凡但又实在是真正鲜活、饱满、伟大的爱,钱理群说,"这里表达的是鲁迅对于人的最普通最平凡的生活的渴望,珍惜和眷恋。鲁迅在生活快要结束的时候,最珍爱的就是这样一种生的快乐,而且是人的日常生活中的看似平淡却格外浓郁的欢乐。正是从这里,我们可以感觉到,作为地之子的鲁迅,他和真实的生活在这个土地上的普通人之间的血肉联系。"①面对普通平凡的人生,鲁迅的胸膛中充满爱,充满悲悯、热望和眷恋。

就其一生的人生追求和基本姿态看,鲁迅实际上是一个使命追求型的鲁迅不是平凡生活型的鲁迅,而肩负使命的鲁迅却总在一个缺少爱的世界里为爱的世界的到来做揭示真相的铺垫的工,总是老牛拉车的姿态,总是挖掘、研究、思考的姿态。由于他更多时候与作为挖掘对象的恶的世界搅在一起,以使得他有限生命中最光明、最饱满的部分也在无意识中被淡化,甚至发生变异,以至于他身上的爱实际上成为他自己所说的隐晦的、刻毒

---

① 钱理群:《与鲁迅相遇——北大演讲录之二》,第24—25页。

的、惨烈的、枯涩的、无奈的爱。这或许是鲁迅的失败,是无物之阵的胜利。是爱、光明、平安、正常在汉语文化中的失败,是恨、黑暗、暴戾、鬼气在汉语文化中的胜利。而这样的鲁迅之后,未庄依然沉浸在旧习之中。

基督教文化说,如果人们爱人,如果人们彼此相爱,那只能说,这些人身上有爱的存在,而不能说,这些人是爱。希伯来原创文化认为,原初的爱的存在体是上帝。"关于一个人,我们可以说他(或她)有爱或施爱,或者说他接受爱,但不能说'她是爱'。爱是人的存在方式,无论什么爱,都必须有一个人作为施予者,这个人有爱,但不是爱。"①人有一种生存状态:在爱里。人还有其他生存状态,比如在恨里、在怀疑里、在恐惧里。你不能说人就是爱、是恨、是怀疑、是恐惧。《新约·约翰一书》里说:"上帝就是爱。"②云格尔说,基督教文化所关注的主要是"上帝是爱"的上帝,而不是"上帝有爱"的上帝。路德派主张区分公开的上帝(这个上帝就是爱)和潜在的上帝(这个上帝可能是完全不同的一种存在),云格尔说,"但这时我们应当懂得:'上帝是爱'这句话已经被贬值为'上帝有爱'一类的话,这样上帝与人之间的区别就已经被抹杀了。"③"上帝是爱"说的是上帝与爱的同一,《新约》对此有清楚的陈说,"爱是从神来。凡有爱心的,都是由神而生"。④"神将他的灵赐给我们,从此就知道我们是住在他里面,他也住在我们里面。"⑤"神就是爱,住在爱

---

① 普伦特:《上帝是爱:上帝学说与基督学的关系》,见刘小枫主编,扬德友、董友译:《20 世纪西方宗教哲学文选》,中卷,第 772 页。

② 《新旧约全书》,约一 4:8。

③ 云格尔:《上帝是爱:论上帝与爱的同一》,见刘小枫主编,扬德友、董友译:《20 世纪西方宗教哲学文选》,中卷,第 772 页。

④ 《新旧约全书》,约一 4:7。

⑤ 《新旧约全书》,约一 4:13。

里面的,就是住在神里面,神也住在他里面"①。而人只是因着上帝对人的爱,因着人对上帝的仰望而从上帝那儿接纳爱、汲取爱。上帝是爱本身,而人只可能是对爱的回应者、接纳者、传送者和拥有者。就是说,真理是真理,拥有真理的人是拥有真理的人。

跟着云格尔的思路,进一步的阐明是,一、"上帝是发自本身的爱者"。上帝是自有永有的,他是道的创造者也是道本身,是存在的创造者也是存在本身,是爱的创造者也是爱本身。"上帝来自上帝,他一向是爱者"②,上帝是自由的爱者。就鲁迅而言,他自己及其语境中的人都只是爱的对象,爱的接纳者和在此基础上的爱的拥有者、施与者。二、上帝既是爱者又是被爱者。作为爱者的上帝和作为被爱者的上帝在耶稣合而为一。基督教文化说,"上帝不仅是爱者'我'而且是被爱者'你'"③。爱者是主动的爱,被爱者在分离之时是愿意的爱,合一就是救赎人类的爱。这一点在耶稣身上完全显明。而鲁迅这样的人只会是人,是就神而言的被爱者,是就人而言的爱的传播者、互动者。三、"这个爱的历史就是上帝本身",呈现在对人的救赎历史之中,上帝通过十字架舍己而完成自己、拥有自己。这一完成和拥有呈示为一个历史,原因在于人类的罪和被爱。如果没有人类的罪,上帝就无须分离;如果没有对人类的爱,上帝就无须向人类呈示什么。人类在罪里的与神分离,在十字架上的与神相,上帝之爱展现为一个历史。这一历史艰辛而漫长,鲁迅语境也只

---

① 《新旧约全书》,约一 4:16。

② 云格尔:《上帝是爱:论上帝与爱的同一》,见刘小枫主编,扬德友、董友译:《20 世纪西方宗教哲学文选》,中卷,第 788 页。

③ 云格尔:《上帝是爱:论上帝与爱的同一》,见刘小枫主编,扬德友、董友译:《20 世纪西方宗教哲学文选》,中卷,第 789 页。

是其中之一节。四、上帝之爱是苦难之爱。亚里士多德说"爱的对象就是爱的原因"①,如在鲁迅的语境中,有原因爱才爱,真善美洁才爱,选择对象,关注对象的本质,但神爱人不分辨人这一对象本来的是非曲直。上帝爱迷失的羊,上帝爱愚拙的、有罪的、瞎眼的、瘸腿的、患麻风病的、软弱的、卑贱的、被人厌恶的②,人这一存在就已经构成了上帝爱人的原因。基督教文化说,上帝用爱涂抹人的过犯,用爱洁净人的罪污,用爱化解人间苦难。在上帝的爱里,上帝担当了人的苦难。

基督教文化的这些坚持是有意义的,这种坚持实际上是坚持永恒和神圣的存在不被世俗所玷污,是拒绝触犯神圣永恒的那块领地,是永远承认人自己的有限性。基督教文化在人的任何行为中关注一个高出人的准则,一个超越性存在体,一个监督的眼睛,一个永恒规范的警戒者,说,无论在人爱人时,无论在人不爱人时,上帝都作为第三者在人与人之间监督人,审视人,规劝人,或者说,在人们的一切行动中,都有一个不变的尺度在第三者立场上存在着。因为希伯来人首先遵从的是这神圣的第三者存在,因而,希伯来人就拥有了一种行事为人的参照准则,一个均衡力量,一个缓冲空间,一个超然的参与者,一个远离双方利害关系的公正者。希伯来坚持把"是爱"和"有爱"分开,是有重要意义的,超然存在者是爱,人只不过有爱在自己的心理行为中,这就促使人们一直向高出人的相对的、暂时的、有限的爱之外,向着超然存在着的恒久真理不断上进,使人自己不断提升。

---

① 云格尔:《上帝是爱:论上帝与爱的同一》,见刘小枫主编,扬德友、董友译:《20世纪西方宗教哲学文选》,中卷,第792页。
② 《新旧约全书》,林前1:27。

有缘故的爱，无条件的爱

　　一般而言,汉语文化语境中的爱是有高下等级的。孔子的教训中,仁、礼、法三者构成一个对待世人的基本思路。一、仁是主人内在精神的。孔子说:"唯仁者能好人,能恶人。"(《论语·里仁》)"君子"和"小人"的概念不容混淆,父子、君臣、夫妻、长幼、朋友的纲常不能乱的。孔子教训里贯穿着文明的基本规范和要求,肯定有其合理的地方,但当爱人的规范里有了等级区分时,理论上看,人当中的一些人显然被蔑视。二、礼是主人行为规范的。孔子说:"丘闻之,民之所由生,礼无大。非礼,无以辨君臣上下长幼之位也;非礼,无以别男女父子兄弟之亲,婚姻疏数之交也。"(《礼记·哀公问》)礼的一个意思是世人皆须注意的泛义的文明规范,而其一个意思是尊卑贵贱等级秩序。匡亚明说:"从孔子伦理学角度去看,礼是人们的行为准则,体现了社会对人的外在束缚;仁则是人的本质,是修己、爱人的内在自觉性。只有外在束缚而无内在自觉,则人的行为完全成为强制的结果,失去人之为人的特点;只有内在自觉而无外在束缚,则人人按自己标准行事,不能保持尊卑上下的秩序。因此外与内、礼与仁必须统一起来。以礼的准则行仁(修己爱人),以人的自觉复礼(贵贱有序、亲疏有等)。"①三、法即强制性律法。孔子说:"道之以政,齐之以刑。"(《论语·为政》)孔子又说:"礼不下庶人,刑不上大夫。"(《曲礼》上)这种礼制是以"贵有常贵,贱有等威"(《左传·宣公十二年》)的思想为背景的。上下尊卑

────────────

　　① 匡亚明:《孔子评传》,南京大学出版社 1990 年版,第 196—197 页。

有严格的规定,"如周天子有六军,大国三军,次国二军,小国一军","天子有七庙,次侯五庙,大夫三庙,士一庙"①。号称礼仪之邦的《仪礼》实际上只讲给"士"以上的"君子","士"以下的"庶民"、"小人"是没有资格讲礼仪的。刑反过来只有庶民的份,"凡命夫命妇不躬坐狱讼"(《周礼·秋官·小司寇》),"有爵者不为奴"(《秋官·司历》)。或者对犯了"十恶"之类的大夫以上的人要"刑于隐处",以示虽是行刑而君子小人仍有区别。鲁迅忍不住对孔子"勿友不如己者"发议论云:"势利眼"!②

鲁迅真实地揭示了中国历史和现实中的吃人,呼唤人间平等的爱。但是,在爱的话题下,鲁迅的爱人也不是完全平等的、有爱无类的,而是善恶、是非、好坏、智愚、主奴等区分观念中的。鲁迅说,"现在世界没有大同,相爱还有差等。"③"穷人决无开交易所折本的懊恼,煤油大王哪会知道北京捡煤渣老婆子身受的酸辛,饥区的灾民,大约总不去种兰花,像阔人的老太爷一样,贾府的焦大,也不爱林妹妹的。"④在批评"自由人"、"第三种人"时,鲁迅说:"生在有阶级的社会里而要做超阶级的作家,生在战斗的时代而要离开战斗而独立,生在现在而要做给与将来的作品,这样的人,实在也是一个心造的幻影,在现实世界上是没有的。要做这样的人,恰如用自己的手拔着头发,要离开地球一样,他离不开,焦躁着,然而并不是因为有人摇了摇头,使他不敢拔了的缘故。"⑤鲁迅说,在阶级社会里,人总是受阶级意识支

---

① 钟肇鹏:《孔子研究》,第 358 页。
② 《鲁迅全集》第 1 卷,第 224 页。
③ 《鲁迅全集》第 1 卷,第 137 页。
④ 《鲁迅全集》第 4 卷,第 204 页。
⑤ 《鲁迅全集》第 4 卷,第 440 页。

配,"在阶级社会中,文学家虽自以为'自由',自以为超了阶级,而无意识底,也终受本阶级的阶级意识所支配"①。在汉语文化语境中,人们说世上没有无缘无故的爱,也没有无缘无故的恨;人若爱我我就爱人,人若犯我我必犯人;人不爱我我就恨他,人若恨我我就复仇。在汉语文化语境中,对这样的理论,静态的讲,人们一般是腹诽之的,总体上还是有不完全赞同的地方,但在动态的现实语境中,这样的理论实际上是主宰汉语语境主流社会人生的。

鲁迅认为,讲爱、讲公理要看环境,对不同的人要区别对待。讲"费厄""还要有等差,即'费厄'必视对手之如何而施"②。如其不然,就会使老实人自找苦吃,"反给恶势力占了便宜"③。"即使真心人所大叫的公理,在现今的中国,也还不能救助好人,甚至于反而保护坏人。因为当坏人得志,虐待好人的时候,即使有人大叫公理,他决不听从,叫喊仅止于叫喊,好人仍然受苦。"④爱只对可爱的人讲,只对配得爱的人讲,或者说,只给好人讲。好人爱坏人是上当受骗,自找苦吃;坏人爱好人是阴谋陷阱。有些解释者甚至说,"横眉冷对千夫指,俯首甘为孺子牛"是鲁迅爱憎分明的典型画像。

如果把基督教文化的解释与汉语文化的解释相互关联,相互借鉴,相互补充,把两种文化结合起来,不绝对站在基督教文化的立场,也不绝对站在汉语文化的立场,那么,仔细想一想,推究到极致,要真正把爱人落到实处,实际上,只能推演到不加区分的爱人。在两种文化的缓冲地带,在两种文化的良性结合处,

---

① 《鲁迅全集》第 4 卷,第 205—206 页。

② 《鲁迅全集》第 1 卷,第 275 页。

③ 《鲁迅全集》第 1 卷,第 276 页。

④ 《鲁迅全集》第 1 卷,第 275 页。

对此问题进行思考和推论,实在是必要的和有建设性意义的。

无论在哪一种文化中,当然,最好在两种文化的结合中看,实际的情况是,如果要讲条件,要追问原因,人最终就没有理由爱人,人最终是不可能爱人的,甚至没有理由、没有可能原谅人、宽恕人,因为人类满眼看到的都是人坏的一面,从小孩到老人,从家人到熟人、同事、路人。要看清最终的推延结果,还需借助于一个超然性存在,在基督教文化中,神爱人不讲条件,不讲原因,神不按人的过犯待人。若讲条件,世界上没有人在心理和行为上配得上永远不变的爱,因为人实在是时时刻刻有这样那样的错误、毛病甚至罪恶。神是本乎神对人的爱,本乎对人的救赎而爱人。如果上帝只选择爱义人、爱好人、爱有智慧的人、爱漂亮的人、爱皮肤白皙的人、爱体格健壮的人,那么,世界上就不会有一个人有资格蒙神永恒的爱,因为最简单的道理,一个人即便是好人,也不能保证他同时是一个漂亮的人或同时是一个高个子的人。

有人用"圣爱"与"世俗之爱"来区分上帝的爱与人的爱之间的区别,在汉语文化语境中似乎更容易理解。K. 巴特论述圣爱与世俗之爱的不同时说:"在诚爱(亦即圣爱,翻译之异)之爱中,人的本质所固有的共在人性受到尊崇。……在诚爱者的爱中,坦诚地看见他人,自己同样坦诚地显现于他人之前;在诚爱者的爱中,他对这一切怀有喜悦之情","诚爱在这里也意味着奉献,——这并非为另一个人而丧失自我,否则我们便进入了爱欲之爱的领域;这是为另一个人承担责任,而全然不问他的吸引力、他所能向别人提供的东西,全然不问对方与自己的关系的交互性,也没有要求对方以同样奉献的形式进行报偿的意图,怀着诚爱之爱,人将自己给予他的共在者,并不期待共在者的回报,这是纯然的大胆行为,甚至冒着他人恩将仇报的危险,冒着得不到他人的回报之爱的危险,最后这种回报之爱甚至可能是他人人性的泯灭。"①

基督教文化关注超越纬度的圣爱,确实能给人更大空间的启发。基督教文化认为,神之爱与人之爱不同,"神之爱首先使'爱的对象'变得值得爱:'上帝之爱不是发现爱的对象,而是创造爱的对象。'"上帝不是在芸芸众生中发现值得爱的人,而是使不值得爱的人也变成值得爱的人,使罪人、恶人、愚拙的人、软弱的人变得正义、善良、智慧和强壮。②"'上帝是爱'的爱,不能理解为向着无爱流布的爱。这个爱是跟那无爱密切关联的。它所找到的那个对象是不值得爱的,它是把完全不值得爱的东西变成了值得爱的东西,而且,它是通过爱它来做到这一点的。"③上帝是爱本身,上帝是救赎者。这种解释确实是学术性的、思想性的,这种扎实的学理确实把问题引向了多层面、多角度和多空间,进入这样的思想体系,问题本身也变得更为明晰。

希伯来人做学问实在是不含糊,不姑且,他们总要把问题推进到足够说服人的程度,首先不是要说服别人,而是要说服自己。在希伯来人看来,神的爱是超出世俗眼中的利害关系的,是无功利关系的公正者的爱,"十字架象征爱的完全,而这爱超越历史中的公义与互惠的常范。"④希伯来人的理论基础是绝对性正义,是无限性平等,是永恒性信服。低一层面的道理无法说服自己时,马上进入高一层面道理的论证。希伯来人的推论发现,

---

① K. 巴特:《教会教义学》(精选本),三联书店1998年版,第319页。

② 云格尔:《上帝是爱:论上帝与爱的同一》,见刘小枫主编,扬德友、董友译:《20世纪西方宗教哲学文选》,中卷,第792页。

③ 云格尔:《上帝是爱:论上帝与爱的同一》,见刘小枫主编,扬德友、董友译:《20世纪西方宗教哲学文选》,中卷,第791页。

④ 尼布尔:《牺牲的爱与基督的无辜》,见刘小枫主编,扬德友、董友译:《20世纪西方宗教哲学文选》,上卷,第268页。

纯世俗意义上人的理性、逻辑、哲学、选择、算计中的爱靠不住，因为这种爱太多变异。希伯来人发现神的爱远远逾越人的知识智慧，在长远人生中，人的智慧往往显出矛盾、盲目、荒唐和灾害性。使徒保罗说："我们晓得我们都有知识，但知识是叫人自高自大，唯有爱心能造就人。若有人以为自己知道什么，按他所当知道的，他仍是不知道。"①希伯来人基本上不标榜人的智慧，认为，如果离开真理，人越标榜自己会越显得愚拙。

在汉语文化语境中，鲁迅的爱是有缘故的、理智的、是非分明的爱。他爱一个人的前提是，这个人对众人好，这个人是好人，是值得爱的人。一般而言，人的爱有三种诉向和归途，肉体的爱、理智的爱和心灵的爱。基督教文化语境中，圣爱的传达和回应主要是心灵的，心灵能感觉到但在知识条款里有时无法证明，不可计算，不能度量。鲁迅的爱实际上是一种理性的、知识的、智慧的。鲁迅语境中，爱与人的道德品质有关、与人的知识智慧有关、与人的眼光和世界观有关、与人的善恶好坏有关、与爱者和被爱者之间复杂的推理演绎有关。在鲁迅语境中，爱源于具体的、可陈说的、可触摸的、可验证的数据、证词、物件、因果律等，是历史的、现实的、经验的、因果中的、计算着的。爱本乎人的理性时，人的各种理性因素因人因时因势而千差万别，面目纷呈。各种前提的设置和结果的引出极具偶然性、多样性和变化性，使得人在人的道理之中的爱的实践时刻陷于矛盾，使得实际的情形往往就离开了人良好的愿望和美好的本意，爱的表象之后是机关算尽，是猜疑、仇恨，使得爱在实际上很难存留。

无论在哪种文化语境中，把问题仅仅限制在人的单一纬度

---

① 《新旧约全书》，林前 8:1—3。

中时，由于人自身的软弱性，人自身难以克服的人人具有的负面品性，有分别的、有选择的、有缘故的爱的道理总是以我为中心，往往是利己而损人的。以自我为中心的爱总是善变的，骑墙的，徘徊的，"有原因"的爱总是演化为有原因的恨，表面上看上去一来一往有根有据的、有选择的爱的道理实际上最终成了爱有关环境、爱有关态度、爱有关倾向性、爱有关是非善恶品质、爱有关经济状况，爱有关阶级地位，爱有关受教育的程度，爱有关血缘关系、爱有关社会属性等，爱的本来的意义最终离开人而转向与人无关的物，爱最终不关乎人本身了。在这种语境中朦胧表相的爱实际上非但不是像人们说的那样不去爱他们不感兴趣的未选中的一部分人，而是连他们真正选中了的够条件的人也往往最终还是没有理由去爱。因为无论人们如何仔细，被选中的那些人总会在一定的时间地点或多或少显出一些不能叫人爱的因素，使得他无法叫人爱，人们最终没有办法在这个世界上爱一个人，由人解说的世界到头来只有仇恨的道理。这确实是一个值得探讨的问题，不同的思考资源确实有不同的价值关照点，不同层面的启发。

进一步的延伸是，如果认为人可以有条件、有选择、有分别地爱人，就意味着人可以有条件、有选择、有分别地不爱人，也就意味着人可以有条件、有选择、有分别地对付那些不能让人爱的人，而在现实的人生中，这种对付往往变成了斗争和残杀。

"要消灭你的敌人"，"要爱你们的仇敌"

在汉语文化语境中，鲁迅主张爱人，但也主张以憎回敬于不爱者；说，他以为然的只有爱，唯有爱是真的，但又说，要爱就须懂得憎，能憎才能爱。"至于文人，则不但要以热烈的憎，向'异己'者进攻，还得以热烈的憎，向'死的说教者'抗战。在现在这可怜的时代，能杀才能生，能憎才能爱，能生与爱，才能文。"①在鲁迅的话语系统中，这种声音常常被一些解释者定义为正面的精神资源，实际上，这样的声音是需要我们认真体会和谨慎接受的。在有些解释者看来，鲁迅似乎是一个张扬憎的人，是一个把憎看得比爱更重要的人，实际的情况却是，鲁迅一直在揭穿憎进入恶性循环的可怕轮回。

鲁迅对杀人把戏的内在结构有清醒的认识，鲁迅知道，人们恨人和杀人最频繁使用的口实是：所恨和所杀的人不是人，是坏人、敌人、该死的人。杀人者最基本的姿态是：我是真正的好人，我是唯一正确的，我这样做都是为国为民。人们已经在行为习惯里约定俗成"凡敌人皆该杀、可杀"②。这就使得人类所有的人都可能在转眼之间宣布自己是有权杀人的人，这就使得人类所有人都可能在转眼之间被宣布为该杀的人。人类最终被杀的人，都是最终被叫做敌人的人。在国家、政府名义下，把你命名为反国家、反政府的人，在家族名义下，把你命名为犯了家规、辱没家族尊严的逆子，在小集团的名义下，把你命名为叛徒、内奸，在个人的名义下，把你命名为坏人等，只要是人们想杀人，他总会很容易把一个人判为敌人。只要先把自己的对手命名为敌人，接下来想做的事就容易了。"所以鲁迅就说了，中国人杀人的一个最好办法是什么呢？是先宣布你不是人；'皇帝所诛者，逆也。官兵所剿者，匪也。刽子手所杀者，犯也'。过去国民党

① 《鲁迅全集》第6卷，第405页。
② 钱理群：《拒绝遗忘——钱理群文选》，汕头大学出版社1999年版（下同），第65页。

杀共产党,就说杀的是'共匪'。后来共产党杀国民党,也说杀的是'蒋匪'。我要杀你,就把你开除'人籍',你不是人,我杀了你就没有关系了。本来杀了人总会有心理负担,现在杀的不是人,就心安理得了。"①

鲁迅一直在揭穿、批判和警示:人们把人分为朋友和敌人两大类,用"敌人"这样一个指称来屠杀自己不喜欢的人。"革命的被杀于反革命的。反革命的被杀于革命的。不革命的或当作革命的而被杀于反革命的,或当作反革命的而被杀于革命的,或并不当作什么而被杀于革命的或反革命的。革命,革革命,革革革命,革革……"②。无论是革命的名义,教皇的名义,仁义道德的名义,只要用这些名义杀人,那么,这样的名义无非是一个杀人的计谋,一个玩游戏的障眼法。正如钱理群所说,鲁迅所总结的这种革命的历史实际上就是借口屠杀异己者的历史,"这样我们中国近百年的现代历史就变成了一部不断地杀人,轮回地杀人的历史。"③

鲁迅对这种杀人的本质非常清楚,一直在揭示和批判,但值得思考的一个问题是,鲁迅自己确实是把人看为阶级的、等级的、好坏的、高下的、优劣的,他在反对极革命的人"剖西瓜"式的杀人,反对"辱骂"和"痛吓"的"鲁莽"的战斗的同时,他自己还是认可对"正面的敌人"在战场上予以消灭或让大众予以判决。④ 他呼吁革命者要进行正确的战斗和用合适的方法对付敌人,他说:"德国的无产阶级革命(虽然没有成功),并没有乱杀人;俄国不是连皇帝的宫殿都没有烧掉吗?而我们的作者,却将

---

① 钱理群:《拒绝遗忘——钱理群文选》,第 65 页。
② 《鲁迅全集》第 3 卷,第 532 页。
③ 钱理群:《拒绝遗忘——钱理群文选》,第 65 页。
④ 《鲁迅全集》第 4 卷,第 452 页。

革命的工农用笔抹成一个吓人的鬼脸,由我看来,真是卤莽之极了"①。鲁迅说,更有效的制敌方法是:"也如别的兵战或拳斗一样,不妨伺隙乘虚,以一击制敌人的死命,如果一味鼓噪,已是《三国演义》的战法,至于骂一句爹娘,扬长而去,还自以为胜利,那简直是'阿Q'式的战法了。"②鲁迅不主张"对敌人陪笑脸,三鞠躬"。战斗的文章应该如何写:"必须止于嘲笑,止于热骂,而且要'嬉笑怒骂,皆成文章',使敌人因此受伤或致死,而自己并无卑劣的行为,观者也不以为污秽。"③

鲁迅否定一种杀人,但同时似乎肯定另一种杀人。而且,在汉语文化资源中的很多人看来,这两种杀人真的是不一样。非常普遍的解释是,鲁迅主张的这种杀人是好人对坏人的,是无产阶级对资产阶级的,是下层老百姓对压迫者的,是人民对反动派的,是人对狗的。而实际的情况是,这种较为普遍的看法只不过是回到了人们在杀任何人时先把意欲杀死的人命名为敌人或狗的老路上去了,只不过是重新走在了历来杀人的旧路上,只不过是在新的历史语境中给杀人找到了新的理由,为杀人做了新的解释,给杀人以新的名词。

近现代以来,包括"五四"新文化运动,文化思潮中充斥着过多的仇恨、反叛和血腥,主流文化基本上把仇恨和杀戮正义化了,这种倾向实际上是一种文化自身的灾难。无论在什么时候,一种文化永远都不能鼓动仇恨和暴力,都必须持之以恒地树立爱的观念。

鲍曼所著《现代性与大屠杀》等著作告诉我们,希特勒屠杀

---

① 《鲁迅全集》第4卷,第452页。
② 《鲁迅全集》第4卷,第452页。
③ 《鲁迅全集》第4卷,第452—453页。

犹太人时很多德国人在内心真诚地热爱、崇拜和追随希特勒,因为在德国纳粹党旗帜下,犹太人不是人,犹太人是垃圾、病毒,而希特勒是全国上下狂热崇拜的民族英雄和伟大领袖,整个杀人完全是正确方式下合适的杀人。日本人在效忠天皇的名义下把屠杀中国人的战争进行了8年,在日本侵略者看来,中国人不是人,是猪、是垃圾、是马路大,他们的杀人是正义的、正确的、应该的、英勇的,在他们看来,如果不这样杀人,那是他们对大东亚人民的不负责任,是麻木、是懦夫、是没有良知、是尚武的大日本帝国的耻辱。

实际上,鲁迅所说的正确地置敌于死地,与人类历史上那些在鲁迅看来没有用正确方法置敌于死地的,但同样由眼下现实中某个掌权集团的临时意念主宰,同样把人区分为等次类别,把人划分为敌人或朋友而杀来杀去的杀人并没有区别。可以杀人,不可以杀人,只一念之差,但这形成了两个截然不同的观念,导致两种完全相反的结果。因而,任何人的任何形式的把人分为朋友和敌人而斗争和屠杀的观念、理论和实践都是可怕的、危险的,应当警觉和防范的,任何人的任何形式的"要消灭敌人"的主张或理论都是需要抛弃的。

无论何种文化都应该有自己对人生的承担,都应该有独立的坚守,当社会政治思潮出现不正常时,只要文化的基本品质坚守中正,坚守真理,坚守正确的观念,那么,政治思潮的失误造成的损失就会小一些。在这一点上,基督教文化的最可贵之处,就是其坚持超然的真理而不为时事风潮所动的精神信念和品质。能坚守或不能坚守,完全取决于该文化资源中是否有超然的、第三者的、神圣的制衡真理的存在。

相比之下,基督教文化的主张确实是保护所有人的,这种文化关注的核心是神圣的永恒真理而不是人们自己因时因势而变动着的时尚观念。耶稣说:"要爱你们的仇敌。"他说:"你们听见有话说:'当爱你的邻居,恨你的仇敌。'只是我告诉你们:要爱你们的仇敌,为那逼迫你们的祷告。"①耶稣知道人类的软弱,他否决了人类把想杀的人命名为敌人然后杀之这样的杀人方法的合法性。就是说,在永恒准则下,即便你已经把人命名为敌人,你也不能杀他们。不但不能杀他们,而且要爱他们。这确实是一种保护人类而不让步的理论。

把汉语文化资源中的道理与基督教文化资源中的道理中和,"要爱你们的仇敌"的道理似乎可以作如下理解。(1)人类社会的许多场景就像小孩子的闹剧,所谓敌人只不过是你在软弱人性里此时此刻所不高兴的人,比如你考试得了零分,你父亲揍了你一顿,你一气之下逃出家门,慷慨激昂地给小朋友说,我爸是我的敌人,但一天之后,你爸给你一个冰激凌,领你到公园去时,你和你爸还是亲热如初。(2)被小孩子的闹剧命名为敌人的人、被时势制造为敌人的人实际上只不过是跟你一样的普通人,一个巴掌之后是敌人,一个冰激凌之后是朋友,朋友和敌人之间并没有本质的区别。(3)一个巴掌之后,在气愤的心情下发誓要杀人时,千万先稳住,不要下手,而是要忍耐,要吃冰激凌、逛公园。(4)二战时的日本人整天思考的是怎样怀恨别人、怎样侵犯别人、怎样践踏人类基本的尊严和珍贵性、怎样把周围人的平安生活搅成一团糟、怎样给别人制造伤害、痛苦、灾难和厌恶,这种状况实际上也只是小孩子闹剧中的一个场景,就是说,在所有正常玩耍的小孩子中,唯有这些日本小孩子心术不正,他们的观念不对,他们总把别的孩子看为敌人,总是机关算尽地给被看为敌人的孩子制造灾难,时时刻刻在设法消灭在他

---

① 《新旧约全书》,太5:43。

眼中是敌人的孩子——这群小孩子接受的教育有问题。这群小孩子的教育资源里没有永恒的爱，不是没有人的爱，而是没有神的爱，不是没有像人爱人那样爱人，而是没有像神爱人那样爱人——无条件地爱弟兄姐妹、爱邻舍、爱路人、爱敌人、爱人类、爱自己——永恒、绝对、无限的爱，没有回应于神的认罪和忏悔、没有源于神的宽容平安，只有回应于人的狭隘、刻毒、自卑、变态、古怪、神经质、黑暗、苦闷、愚顽的小集团主义、民族主义。好起来的办法是改变日本这群小孩的教育方式和思想观念，改仅仅源于人的仇恨狭隘的精神资源，源于神的爱的和包容的精神资源，是让超越性的、无条件的爱去滋养和培育这群孩子。(5)"爱你的敌人"的意思是爱所有人。只有能爱仇敌，才可能谈得上爱一切人。只有做到为自己的仇敌祷告，人的爱才能达到无保留、无选择、无条件。只有在这样的爱里，才有一切人都被爱。人类有一个人得不到爱，就是人类没有得到爱。人类有一个人被恨，就是人类中有恨人的人，就是有恨在人类。只有去爱那些在你看来是不能爱的人时，人类所有的人才能被爱，人类才能成为一个爱的人类。

罗赞诺夫说："抑制自己不用恶来回应恶将在根本上消除恶；这个抑制在个别点上可以平息相互纠缠在一起的强烈情感的不安，整个生活都已充满这样的不安，每个个性的意识都被这种不安缠绕。这在开始是很难做到的，在结果上也是很不显著的，但随着一步一步地这样做，它越来越容易，其结果也越来越显著。强烈情感之间不再相互激发，而是逐渐停息，每个被制造出来的恶不再引起任何回应，因此必然消亡。"①我希望所有汉语文化语境中成长起来的人都能读到这段话，我希望汉语文化

---

① 罗赞诺夫：《陀思妥耶夫斯基的"大法官"》，第148页。

资源最终有一天发出这样的声音,认同这样的声音,并且,把这种声音贯彻到自己的行动当中。

基督教文化断然地宣扬无条件、无原则、没有道理地爱人。耶稣说:"你们听见有人说:'以眼还眼,以牙还牙。'只是我告诉你们:不要与恶人作对。"①使徒保罗说:"逼迫你们的,要给他们祝福,只要祝福,不可诅咒。"②耶稣强调爱,目的是以爱消灭恨。基督教文化解释说,如果有人打你的脸你"理所当然"地去打别人的脸,那么,恨的轮回就永无止境。如果人因恨打你的脸而你回敬以爱,则恨就在你自己身上停止,在你与别人之间终止了。在你不把手举起的时候,恨就这样被止住了。那个恨本身就被你不举手打人的这一反应给遗弃了。基督的爱的力量也正是在这个地方得到见证。务实主义者也十分清楚,刀是消灭不了刀的,打是战胜不了打的。爱的功用显示,不是由被打了左脸的人一己此刻激愤的立场出发而看上去他自己因未还手而使自己损失了什么,而是由这人忍耐宽容的立场出发,去看他实际上最终用什么战胜了什么。你不还手,就是在摆在你面前的恶那儿的恨(打)和善那儿的爱(不打)这两个你身体以外的存在物中选择了后者。你所选用的存在物无论来自前者还是来自后者,就你自身而言,那个存在物都不源于你,无论你如何选择和行动,都不会从你自己的身体中损失什么。唯一不同的是,如果你选择并使用了善白白给你的爱,那么,你所用的爱就把在那个人和你自己之间的恨给终止了;如果你选择并使用了恶白白给你的恨,那么,你所用的这个恨就使打你右脸的人的恨更加疯狂,使你自己的恨更加膨胀,使那个恨更加壮大和猖獗。你选择爱,在

---

① 《新旧约全书》,太5:38—39。
② 《新旧约全书》,罗12:14。

你身上之所以显示为善,是因为你服从了神的命令。你选择恨,在你身上之所以显示为恶,是因为你服从了魔鬼的命令。无论选择哪个命令,你自己都不需要多做什么,你只是驯服。就是说,你只不过或者做了神显示爱的器皿,或者做了魔鬼显示恶的器皿,而使你只不过有了一个或行善或行恶的区别而已。基督教文化资源中,无条件地爱人,只不过是服从神爱人的命令,就像人们在世俗中渴求万能的"宝物",我们是一个自由人,是去领取和使用那个白白给予的爱人的宝物呢? 还是领取和使用那个白白给予的恨人的屠刀呢? 基督教文化说,去领取前者,并且使用。在汉语文化资源里去想,这其实是一个简单的道理。

　　无论在哪一种文化语境中,这其实是一种观念,只要你认为人类可以分为好人坏人朋友敌人两类,只要你认为如果我们不杀死敌人,敌人就一定会杀我们,所以我们必须杀死敌人。如果持这样的观念,那么,人类就永远不会有爱人的原因;如果你认定人是只能去爱的,不能去杀的,如果人们持这种观念并在现实中持之以恒地予以贯彻,那么,这个人类就会呈现出一个只爱人而不杀人的和谐世界。

要爱你们的邻居

　　在基督教文化语境中,一种强有力的表达是要爱你们的仇敌,一种更广义、更朴素、更平和的表达是要爱你们的邻居。"邻居"一词的含义在基督教文化语境与汉语文化语境中稍有不同。汉语语境中,是指抬头不见低头见的人,是同一个居住区、同一个生活环境、同一个工作集体里的人。这个邻居具有"人所故有的团结合作或邻里团结,家庭成员兄弟般亲近或民族相近之亲。'邻人'一词最初含义说的正是这种彼此亲近关系中的'亲人'"。汉语文化语境中,一方面,该词的意思是亲人;另一方面,是与"我"分离、保持界限和对立的"你"或"他",这个概念中有护城河、隔离墙等严格区分的意思。但在基督教文化语境中,正如弗兰克所说,这一词是一个包容性概念。"基督教的爱的关系是'公开的'克服人类一切局限的关系,关于仁慈的撒马利亚的寓言,清楚地表明了这个'邻人'的概念的变换;'邻人'原来不是同乡、教友,而恰恰相反,是具有不同信仰的,但表现出怜悯、仁慈和爱的异乡人"。①

刘小枫说:"基督教的爱以至善至爱至美的纯全存在为依据,它才成为超现世形态和自然形态的一种拯救力量。圣爱凌驾于道德的绝对命令之上,对邻人的爱、自爱都只能从圣爱中引导出来。由此被引导的对邻人的爱超逾出伦常的社会关系,它首先意味着,不管是谁他都与我有一种精神上的关系,任何人都有权利求于我。伦常之爱不可避免地把一部分人排除在爱的范围之外。在基督教看来,使人人相依为命的不是自然的和伦理的情感关系,只能是人的精神与圣爱的同一关系。在这样的规定下,爱必然奔向与我'无关'的人,以及奔向罪人和恶人。"②

至亲之爱,死党之爱

在有些文化资源中,爱他人或不爱他人,如何爱人或不爱

---

① 尼布尔:《牺牲的爱与基督的无辜》,见刘小枫主编,扬德友、董友译:《20世纪西方宗教哲学文选》,上卷,第368—369页。
② 刘小枫:《拯救与逍遥》,第322页。

人,以什么方式表达对人的爱或不爱,都是单一纬度中人一己的、个人的事,似乎没有一个超乎所有人而又眷顾所有人的衡量纬度来永恒、绝对、无限地监察人的心。在有些文化资源中,人身上如若有爱,这个爱就是他一己的财产,人们会隐约觉得这个爱在自己体内蕴藏,是自己身体的有机构成,施予他人就等于在自己拥有的有限财物里挖出一部分,就等于在自己的心头割下一块肉给别人。因而,要把一个人的爱施给别人,就须有绝对清楚可靠的前提和保障,必须经过对几代家世的考察,经过无数个案分析、验证、归纳、总结,然后在仔细分辨出来的等级类别里谨慎选择,哪些是可爱的,哪些是可以争取的,哪些是应该保持距离的,哪些是必须恨的,这样才警觉地把爱施发出去。既然施发的爱是一个人的心头肉,而一个人身上有机的构成部分总是不能或缺的,即便是一秒钟,因而,一个人如若有给别人施予爱的打算,那就必须有一个关于回报和补偿的可靠确据。人不能轻率鲁莽随便地把自己的心头肉挖出去给人,一个人一旦把爱施发出去,就必须确保同样的爱不多不少原原本本迅速立刻地被偿还。因而,在有些文化语境中,要一个人去爱仇敌,就等于一个人把自己的心眼睁睁地割下来给狼吃。显而易见,在这样的语境中,一个人去爱仇敌是不明智的,不应该的,不必要的,使不得的。而在这样的语境中竟然有人在理论上宣扬爱,怂恿老实人切下自己的肉去毫无意义地满足屠夫的暴戾,这样的宣传者、鼓吹者显然是不人道的、虚假的、阴险的、狠毒的、奸诈的、无耻的、残暴的。这一语境的现实生活里,居然有人实施这种爱,那么,就很难辨明葫芦里究竟卖的是什么药,十有九成,是个圈套,是苦肉计,是伪君子,是糖衣炮弹,是大阴谋,或者,他干脆就是个弱智或白痴。观念是有实际力量的,这种思想体系的人就不会有那种思想体系之下的认知和行为。或无条件地爱人,或根本不敢轻易爱人,不同的观念,形成完全不同的社会人生,完全由不同的文化精神质地所决定。在一种文化语境中,人可以放胆爱所有人,在另一文化语境中,人却不敢爱人,不同的文化质地竟然有如此相反的结果。

鲁迅的话语系统的确有多意性、跨越性和高远的张力,鲁迅的言语中常常有呼东而言西的激情化表达,就像一个极爱自己儿子的父亲在教训儿子时所使用的痛骂言辞,就言辞本身来看,就像没在表达爱一样,这种状况或许需要鲁迅的接受者仔细体味。问题可能出在汉语文化系统的内在品质,有一个实际的状况是,鲁迅不能轻易相信人、不能爱敌人、不能宽恕人的只言片语,在汉语文化接受者那里得到了广泛而猛烈的赞同性回应,刘关张式的英雄主义情结似乎在这里得到了猛烈的激发,而被更加肯定、张扬、标榜、正义化、合理化。鲁迅说自称是强盗的人无须防,自称是好人的人倒要小心。鲁迅在 1936 年临去世之前写的近似于遗嘱的文字里说:"欧洲人临死时,往往有一种仪式,是请求别人宽恕,自己也宽恕别人。我的怨敌可谓多矣,倘有新式的人问起我来,怎么回答呢? 我想了一想,决定的是:让他们怨恨去,我也一个都不宽恕。"这样的文字与游民社会里的草莽英雄气概一拍即合,在汉语文化资源中被理解为浓郁感人的侠义豪勇色彩,是硬骨头的,是为最广大人民群众喜闻乐见的,是最众多和最温暖的胸膛所敬仰、所感佩、所欢呼、所追随的。这样的结果实际上是可怕的,导致怀疑、欺骗、诡诈和虚无主义横行。人生的基本规律你又摆脱不了,而人生最宝贵的,是爱、宽容、冷静和诚实。

在没有信念、没有永恒神性关怀纬度的文化语境中,不敢贸然施予但还是偶然谨慎施发出去的爱,在历史和现实中只聚积和投射在与自我相关的两个点上:一、至亲(血缘网络),二、死党（社会关系）。以父母为核心的血缘圈子构成汉语文化语境中爱被施发，被接受，由多到少、由有到无的基本图式。《孝经·圣治》说："不爱其亲而爱他人者，谓之悖德，不敬其亲而敬他人者，谓之悖礼。以顺则逆，民无则焉。"孟子说："墨子兼爱，是无父也。"（《孟子·滕文公下》）基督教文化资源提供的信息恰恰相反，耶稣说："谁是我的母亲？谁是我的弟兄？""凡遵行我天父旨意的人，就是我的弟兄、姐妹和母亲了。"①"听了神的道而遵行的人，就是我的母亲、我的弟兄了。"②有人问德兰修女为什么有如此爱心而到印度这样落后的地方去帮助穷人，她回答说："当我看见每一个躺在地上肮脏的人，向我伸出双手的时候，我就看见他就是耶稣基督，所以他伸出双手时，我不会理会他是否肮脏，马上就会把他抱起。"③在有些文化语境中，我要不要把手伸给那些肮脏的穷苦人，由那些穷苦人与我之间血缘伦理的远近关系决定，越近的越多关联，越远的越少关联，没有血缘的就无关联。

汉语文化语境中的死党之爱正是柏格森所说的"封闭集团"的爱。这种爱让人"活在集体一切局限形式——家庭封闭性、阶层和民族独特性中——简言之，活在所有的 esprit de corps（团体精神）中。"④这种爱被完全封闭在由地缘、同学、熟人、同事、社团、帮会等社会关系网络之中，内部是可以爱或必须爱的，对外则约定俗成或强行规定一些鸿沟，圈内与圈外的界限分明，

---

① 《新旧约全书》，太 12:48—50。
② 《新旧约全书》，路 8:21。
③ 温伟耀：《追求心灵的得失——评基督教灵修学四大传统的优点与危机》，第 45 页。
④ 尼布尔：《牺牲的爱与基督的无辜》，见刘小枫主编，扬德友、董友译：《20 世纪西方宗教哲学文选》，上卷，第 369—370 页。

为了强行贯彻对圈内人的爱，你就必须对圈外人有所区别，对圈外人或者要少爱一点，或者根本不能去爱，或者只能去恨，或者必须去屠杀。而圈内与圈外的结构并不是一劳永逸的，这就使得不能去爱贯穿在朝三暮四的变动之中，这就使恨和仇杀贯彻在整个人生状态之中。这种圈内与圈外界限分明的爱在二战时的日本民族中表现得最为"经典"，把灌输杀人和自杀的尚武精神当做培养男孩子人生观重要教育资源的日本，始终笼罩着一种极端狭隘的封闭情结，社会关系网内外、本乡本土内外、民族内外、岛内外、国内外的爱憎界限诡秘而牢固。在那里，爱是一种郁闷的爱、自卑的爱、扭曲的爱、愚顽的爱、阴险的爱、残酷的爱。与此相反，基督教文化语境中的爱是一种面向人类的、开放的、普济主义的爱。在耶稣的爱里"并不分希利尼人、犹太人、未受割礼的、化外人、西古提人、为奴的、自主的"。①

在有些文化资源中，以父母为中心的伦理血缘的爱和以朋友社会关系为中心的死党之爱的结合，既是由孝治天下向死党治天下的过渡，又是孝治天下和死党治天下的紧密结合，这种爱的经典模式，是刘备关羽张飞一气呵成的忠孝节义。所有忠勇豪杰、侠肝义胆、生死相随、感天动地的爱都源于和归于君臣父子兄弟师生朋友这样的血缘伦理和朋友死党。这两个图式轰轰烈烈涌动，构成几乎整个社会的基本面貌。家庭是社会的细胞，以父母为中心的血缘家族和以死党为纽带的社会集团合而为一就是水泄不通的诡秘而稳定的一种社会结构。

刘关张令人陶醉的忠孝节义的爱，发展到曹孙的围剿杀戮、范疆张达的犯上弑君、姜维的猜忌、魏延的背叛造反，整个解说的图式就转动起来了，那个被解说的中心也广告牌一样变起来

---

① 《新旧约全书》，西 3:11。

了。一方面,这一文化语境只关注一个中心的情仇爱恨和身家性命,比如以刘关张为核心时,此中心之外的其他任何人都不被平等看为有价值、有尊严、有珍贵性的生命。如果讲爱,那么,现在就只专注以刘关张为中心的爱,这一中心之外,无论陷入怎样的阴谋诡计、怎样的屈辱诬告、怎样的仇杀、怎样的火海也都不同情、不怜悯、不体察,甚而至于伸长脖子去围观、舔着狼一样的嘴唇去赏玩、发出鬼似的声音去盛赞,眼睛阴森森的,牙齿白厉厉的。另一方面,爱的图式的中心和边缘也随时随地随势迅速挪移翻转。以这个人为中心时,这个人之外的人统统都是可被任意掳虐的奴才、蠢货、贱骨头、草包、物品、牛驴猪羊,根本不是人,而待到以另一个人为中心时,又极限至尊,而另一个之外的人又沦为牛驴猪羊。鲁迅说,中国人只有两个时代,暂时做稳了奴隶的时代和想做奴隶而不得的时代。鲁迅说,在后一时代,"'将人不当人',不但不当人,还不及牛马";在前一时代,"给予他略等于牛马的价钱,有如元朝定律,打死别人的奴隶,赔一头牛"。① 因而,这种爱实际上就是为了父母的吃人肉,就是为了朋友的杀人越货,就是为了中心人物的指鹿为马,就是为了独尊权威的为所欲为。

基督教文化资源中,爱是超越界限、超越血缘和死党,关乎所有人的。"基督教的圣爱要求逾越人的本然情感,既不是佛教所倡导的,空掉一切,也不是道家所倡导的无累于情,无动于衷,更不是儒家所倡导的,以社会伦常秩序规范使本然情感形式化,它要求的只是把人的本然情感提升到神性信念的透明性中来。《新约全书》把信仰、希望等范畴与爱心联系在一起,不过是说,爱包括相信一切,希望一切,由此,爱才能成为一种绝对的

---

① 《鲁迅全集》第1卷,第211页。

力量。爱代表着信仰最纯真的体现。"①基督教文化所阐释的人生道理和认知理论对其他文化还是有正面的启发意义,有积极的建设性意义。

真正的爱人

有人问孔子什么是仁,孔子只回答了两个字:"爱人"②。有人问,是否有可以奉行一生的一句话,孔子回答说,"其恕乎?己所不欲,勿施于人。"③

基督教文化资源强调要防止四种情况发生:(1)假装爱心,(2)憎恶自己,(3)将爱真理与爱他人分开,(4)觉得别人不值得爱④。

鲁迅与他自己的关系不十分好,鲁迅常常看见自己的黑暗、阴冷和沮丧,甚至厌恶,鲁迅说这是他背负黑暗中国积习太多的缘故。鲁迅往往一边在爱真理,一边在恨那些不与真理同在的人。在鲁迅看来,有些狗性不改的人是不值得爱的。基督教文化认为,人跟自己的关系良好才能保证人跟他人的关系良好,而人跟自己关系良好的前提条件是人跟超然存在者上帝的关系良好,没有上帝对人的保守,人不可能保持与自己持久的良好关系。人跟自己或跟他人的关系当中有一种出现问题,都会导致人跟自己的关系和人跟他人关系的恶性循环。当一个人持有一个很高标准但因为环境或自己的原因而使自己总不能实践那标

---

① 刘小枫:《拯救与逍遥》,第 321 页。
② 康有为:《论语注》,第 187 页。
③ 康有为:《论语注》,第 238 页。
④ 腓利士:《三一基督教文集 新约的信仰》,第 86—97 页。

准时,人可能会慢慢与真理游离,"直到最后彻底地看不起自己和自己的一切作为。多年来与他愉快地共同生活的'真我',忽然成为他所不能容忍的外人;不消多久,他便陷入一种全心全意看轻自己的状态中。……一个看轻自己、憎恶自己的人,迟早总有一天,不管自称为什么宗教的人,却表露出憎恶别人和看轻别人的态度。"①

基督教文化认为,健全的道理包含在"爱人如己"这一教训中,一方面,人都要爱自己、珍惜自己、保护自己、尊重自己、体恤自己、谅解自己、顾念自己;另一方面,要像对待自己一样对待别人,"耶稣所劝勉的,必然是劝勉我们将通常用在自己身上的那种爱、那种谅解、那种'放宽尺度',予以扩大,以至能够包罗别人在内。"②基督教文化一直在警戒人们防止以爱人类、为"人类"的口号而仇恨或残害具体的、"个别的人"的行为,"有许多人犯了危害活着的个人之最大罪行,是借口爱护人类而犯的。"③在基督教文化看来,爱"人类"就是指爱具体实在的每一个"个人",而不是爱空泛的、概念化的人类,耶稣要人爱弟兄中最小的一个、最不起眼的一个、穷困的一个、有罪的一个、需要帮助的一个、孤寡的一个,认为,人要是爱人群中最弱小无助的一个,爱有罪的一个,就是爱上帝。同样的道理,人若是真正爱上帝,他就会爱人群中的每一个人,即便在人看来那个人或许有罪、是麻风病患者、是不值得爱的。

基督教文化认为,神的爱驻于人心时,人就成了在基督里"新造的人"。④蒂里希说:"新存在不是简单取代旧存在的某

---

① 腓利士:《三一基督教文集 新约的信仰》,第89—91页。
② 腓利士:《三一基督教文集 新约的信仰》,第91页。
③ 腓利士:《三一基督教文集 新约的信仰》,第91页。
④ 《新旧约全书》,加 6:15。

种东西,而是已被腐蚀、歪曲、割裂,甚至几乎被毁灭而又完全毁灭的旧存在的更新。拯救并不摧毁造物,而是把旧的改变为新的。因此,我们可以用'更新'这一词汇来描述新存在。"蒂里希用三个"重新"阐述这个"新造"的内涵:"就是重新和好、重新结合和重新复活"。① 重新和好,意指与上帝的和好。基督教文化说,人犯罪行恶而背离神时,人与魔鬼和好,人在十字架的救恩里归向神时,人与神和好。人在魔鬼里时,人实际上对人自己也怀有敌意。蒂里希说:"人们常常谈到人的自大、骄傲、自信和自满。但在多数情况下,这只是他们存在之表层现象。在现象底下深层次中,却是自弃、厌世、甚至自我仇恨。"这样的境况往往被许多人忽视,人们往往被假想蒙蔽,往往没有关注到真实,因而,与神和好,也就意味着人脱离魔性统治,脱离魔鬼对人自身的诽谤攻击而使人在神性关怀下使人与他自己和好。蒂里希说:"与上帝重新和好。同时也意味着同我们自身和好。"②

在有些文化语境中,人没有源自自身以外的神的安慰和拯救,没有根本的救赎者。人在自我一己的存在纬度内,或被困或放荡,或迷惘或癫狂,或激愤或绝望。把自我趋向社会,人与纯人性的社会是一间铁屋,狭窄而黑暗,人的呐喊和拼争不过是向着一己和由一己之单一纬度的人构成的社会。待到一己的呐喊发出而又被无谓地碰回,待到一己的拼争奋起被打压,或被陷于荒原,或被众声喧闹污浊得理不出头绪时,一己的心就陷入悲哀和绝望。只留下寂寞、厌倦、乏味、无力、苍白、黑暗、冷酷和仇恨。一切所要攻打的对象,最终又完完全全被弹回,停

---

① 何光沪选编:《蒂里希选集》下卷,上海三联书店 1999 年版(下同),第719 页。

② 何光沪选编:《蒂里希选集》下卷,第 720 页。

留于原地。这一切有时是无物之阵,使勇士无所用其力;有时像毒蛇啮食人的心。这一切终于使一己的个人又不得不回到原地又不得不从头面对自己。这样,一己的个人还是盯住自己,他只能盯住自己,这个可恨的家伙。于是,恨自己、厌恶自己。如果更坏下去,如果一直这样厌恶自己不止,甚至就产生离弃自己的念头。这就是哲学家把自杀看为唯一严肃的哲学问题的原因。①

重新和好,也意味着人与其他人的重新和好。未新造的人,不但与神分离,敌视神,与自我分离,敌视自我,而且也与他人分离,敌视他人。一个没有得到造就的人,和同样本性的人群生活在一个社会时,他人身上的诡诈、野蛮、仇恨等魔性就在人们之间传染、张扬、跋扈、厮斗。在这样的社会,人与人之间充满了攻击、敌意、鄙视、猜忌、冷嘲、算计和仇恨,没有被接纳,只有被遗弃,没有爱,只有恨。恨人是杀人的根由,怀怨是酝酿杀人的酵。杀人是恨人和怀怨的直接行动和最终结果。而在永恒的爱的命令里,爱代替了恨,爱化解了怨,杀人的前提不存在了。爱在怎样实现着,爱在哪儿实现着,爱在如何起作用,人悖逆盲目的眼睛往往视而不见。就如人们天天在呼吸新鲜空气而从来不知道新鲜空气为什么能产生,为什么能被保护,为什么如此奇特地供养万物。基督教文化资源中,爱是不分门别类的,爱是甘甜喜乐而不是痛苦担忧,爱是顺服真理而不是自负狂傲,爱在信任里而不是在怀疑里,爱在神对人的体恤怜悯救赎里而不是在人与人的斗争里。

---

① 加缪:《加缪文集》,郭宏安译,译林出版社 1999 年版,第 624—628 页。

那个敌挡者是谁

有人把人类变好的希望寄托在好人教育坏人、好人改造坏人、好人打倒坏人、好人消灭坏人的思路上。在一些人看来,爱的力量太弱小,爱不能帮助好人在坏人面前取胜,爱只能使好人更被动、更无力、更可怜,爱只能使坏人更放胆、更肆虐、更无法无天。因而,有人主张好人对坏人要多长心眼,要怀疑、警觉、提防,该痛打时就痛打,该以刀还刀时就"抽刃而起"。但基督教文化语境认为,只有爱才能使刀枪变农具,只有爱才能解决人类的根本问题。基督教文化认为,是怀疑,正是怀疑而不是爱的命令使得人间充满了刀祸。正是怀疑的人不肯改变恨人和怀怨于人的立场而真正敌挡了爱的实现。自溺于怀疑之中,连相信都没有进入,在使人间刀剑停息这件事上你连门都没入,你怎能奢谈入门以后的事呢? 所谓爱救人,就是人对爱的命令的遵守执行救人。就像一个婴儿遵守执行父母"不要把手伸进火炉里"的命令而使他自己免遭火烧。因而,怀疑是刀剑之所以不能变为农具的真正原因。怀疑者辛苦寻找的使世界不得安宁的那个最大敌挡者到头来却正好是他自己。"我们的真正的缺乏,乃是缺乏爱。"①

像基督那样生活,像撒旦那样生活

在俄罗斯文化语境中,托尔斯泰说:"可以像基督那样生

---

① 腓利士:《三一基督教文集　新约的信仰》,第92页。

活,也可以像撒旦那样生活。像基督那样生活,就是说以人的方式生活,爱他人,做善事,以善报恶。像撒旦那样生活,就是说以野兽的方式生活,只爱自己,以恶报恶。我们越是努力像基督那样生活,人们中间的爱和幸福就越多。我们越是像撒旦那样生活,我们生活中的灾难就越多。"①托尔斯泰说,"有关爱的戒条给人们指出了两条道路:一条是真理之路,善与基督之路——即生活之路,另一条是欺骗之路,伪善之路——即死亡之路。尽管放弃以暴力保卫自己的任何手段都是可怕的,但我们知道,这却是一条拯救之路。"②

　　一般而言,把爱的信念贯彻到现实人生中,把恨的观念贯彻到现实人生中,会形成截然不同的人生境遇。前者,会形成正面的、积极的、平安的、宽容的、建设性的文化生态,后者会形成负面的、消极的、暴力的、刻毒的、毁坏性的文化生态;前者的人生会相对生活在祝福、爱、平等、公义和幸福里,后者的人生会相对生活在诅咒、仇恨、诡诈和灾害里。爱在人生社会里有如此重要的正面意义,因而,无论在什么社会,无论在什么样的历史阶段,人们都应该积极地呼吁、拥有和实施爱,都应该持之以恒地坚守爱,不苟且,不骑墙,不妥协,不灰心,而是以感恩的心,以喜乐的心,以宽容的心,以盼望的心,以坚定的心。我们应该有宣扬爱的观念的主动承担,应该有对恨的观念的防备和警戒,为我们自己,为我们的父母,为我们的子孙后代,为所有不相识的人,为社会,为人类,为宇宙自然。

---

① 列夫·托尔斯泰:《生活之路》,第 277 页。
② 列夫·托尔斯泰:《生活之路》,第 277 页。

第五论题

论忏悔

"能忏悔的人，精神是极其崇高的"

鲁迅说："能忏悔的人，精神是极其崇高的"。① 但是，忏悔一词的意蕴在汉语语境中不明晰。无论是从诸子百家、《资治通鉴》那样的经典儒史到《三国演义》、《水浒传》之类的通俗野史，跨度很大的整个"文字历史"，还是从远古商纣秦皇的种种大规模暴行到历历在即的文化大革命之"现实历史"，都没有忏悔一词的原初意义解释。有权术、阴谋、杀虐、心安理得和变本加厉，没有忏悔。有的是更进一步更诡秘的阴谋、更残暴的杀虐和更顽固的心安理得，没有知罪、认罪、悔罪、净罪、离罪。没有忏悔。没有重生。

曹操和阿 Q 是这一文化语境的两个典型。

曹操行刺董卓未遂而遭通缉，而逃亡。逃亡三日，奔其父之结义弟兄吕伯奢家投宿。曹因多疑而枉杀、滥杀了准备宰猪款待他的吕家老幼妇孺八人。杀完之后立刻知道是误杀，但这一知道并未在曹心里激起些须痛悔。曹携刀逃离，不到二里，碰见为款待他去市上打酒买菜而归的吕伯奢本人。曹不是见此人而有罪感击打他的心，不是认罪、悔罪，而是把心里的歹毒更加猛烈地加深和巩固。他横下心来又施一计把吕老伯杀下毛驴。同行的陈宫提醒说："适才误耳，今何为也？"曹说："宁教我负天下人，休教天下人负我。"②——这是中国文化语境中宰相肚里能撑船的非凡人物，是为国为民干大事而不拘小节的豪杰，是最终

---

① 《鲁迅全集》第 1 卷，第 360 页。

② 罗贯中：《三国演义》，岳麓书社 1986 年版，第 22 页。

得胜的元勋。这种人物最初无非是些小土匪,小地痞,只不过搅起过几起打架斗殴,行过几次无赖间的阴谋刺杀,是杀过少数人的小杀人犯。由于从来不知道悔罪而只知道在先前的罪恶之上变本加厉,于是打架斗殴的小无赖地痞联络扩展成了军兵,零星的斗殴变成了连年不息的战争,小规模偷偷摸摸的杀人变成了大规模光明正大的杀人,小地痞变成了大英雄,土匪头子变成了元首。进而至于把杀人职业化,法制化,权威化。这些人俨然成了汉室,成了朝廷,成了国家。这些人终日杀人但没有罪感。他们从来不知道有罪在自己身上,从来不知道忏悔。

阿Q跳进那园里拔起四个萝卜兜在大襟里,老尼姑碰在他的面上说:"阿Q,你怎么跳进园子里偷萝卜!"阿Q说:"我什么时候跳进你的园里来偷萝卜?"老尼姑指着他的衣兜:"现在……这不是?"阿Q说:"这是你的? 你能叫得它答应你么!"①——这是在中国以民的样式存在的人类。在各种官的压迫下,阿Q们终生凄凄。生活的唯一目的就是找吃的,生活的唯一行为就是去找。或者偷一点,或者抢一点。或者靠骗人,或者靠作假见证陷害人。阿Q们终生都不会有大举动,除非让生计逼到绝处像曹操一样拿起枪杆子变成大人物,变成在中国来说不是民的人类。似乎总是在干坏事,但每一件坏事又坏得如此轻微,以至于都让人觉得他根本就在干正经事。在曹操们大恶毒大虚伪的对比之下,阿Q们有时甚至即便在正进行的作恶之中也会感觉到自己的合乎情理和光荣来。阿Q们更加没有罪感,同样不知道忏悔。

鲁迅说:"所谓中国的文明者,其实不过是安排给阔人享用的人肉的筵宴。所谓中国者,其实不过是安排这人肉的筵宴的

---

① 《鲁迅全集》第1卷,第506页。

厨房"。"中国人的不敢正视各方面,用瞒和骗,造出奇妙的逃路来,而自以为正路。在这路上,就证明着国民性的怯弱,懒惰而又巧滑。一天一天的满足着,即一天一天的堕落着,但却又觉得日见其光荣。"①有一个极其关键的问题在这里:这一语境中人的瞒和骗不是在人的犯罪之后,而是在犯罪和对罪的认知之前。人心在犯罪行为之前就被瞒和蒙骗了。知罪,认罪的心被封。被蒙以后的心在以后的任何犯罪面前总认为:这不是犯罪,我没罪。这一语境中的罪恶总被认为是正常的。这一语境中,人们把干坏事叫"有本事",把搞阴谋叫"聪明",把行凶杀人叫"树立威望",把捍卫天理良心叫"太老实",把不作恶叫"没出息"。——"从来如此","都这样"。这一语境中的人根本没有罪感。人没有罪感怎么可能忏悔?怎么可能认罪、知罪、悔罪、净罪、离罪?

在世俗意义上,胡适吁请中国人为自己历史之小脚、八股、贞节牌坊、刑讯等罪孽忏悔,巴金等极富良知和悲悯精神的现当代中国人一直呼吁日本人为侵华罪恶忏悔。

拉斯柯尼科夫在杀死阿廖娜·伊凡诺夫娜和丽莎维塔之后,他逃不开的,不是四邻或警察(没有人能在外观证据上识破或逮捕他),而是他自己的心。他向索尼娅认罪,索尼娅说,"您起来!现在,马上就去,站到十字路口并跪下,首先吻一吻被你玷污的大地,接着向全世界,并向四面八方叩拜,大声对大家说:'我杀人了!'"②这时候,就索尼娅而言,这不是一个人要遭逮捕受死刑的问题,而是一个人在如此深重的杀人之罪中根本不可能安然存活的问题。就像安德烈·纪德充分注意到的那样,

---

① 《鲁迅全集》第1卷,第216、240页。
② 陀思妥耶夫斯基:《罪与罚》,哈尔滨出版社1999年版,第381页。

在整个俄罗斯文化中,忏悔的情怀占据着一个极大空间,在一生中,他们更为关注的是:灵魂如何能得安宁。他们害怕自己被陷在罪里,哪怕是别人不知道的、哪怕在自己也是隐而未察的罪。他们"时刻准备着忏悔自己的过错——即使面对自己的敌人"。纪德说:"陀思妥耶夫斯基的绝大多数人物常常在不知什么时候会以一种异乎寻常,不合时宜的方式强烈地要求去忏悔,去恳求他人饶恕,哪怕有时甚至不知道是怎么一回事",陀思妥耶夫斯基本人也常常为自己身上的别人根本不知的罪而焦急万分地寻找随便什么人去忏悔。① 在这样的文化中,忏悔其实并不是指望别人宽恕自己、原谅自己,而是借助于一个眼见的对象把自己内心的罪向一个眼不能见的永恒公义倾诉,向一个根源性的、永远信实、永远慈悲的无限真理——永远爱我们的上帝——倾诉,以期自己的罪得到应有的审判,以期借着永恒的公义和怜悯而使自己的罪得以洗净。这种对罪的难以承载,同时实际上是对义的仰望和渴求。俄罗斯文化土壤上如此丰盛的忏悔情怀来源于东正教信仰。

源语

忏悔不是一个世俗术语。基督教文化中,忏悔是天主教重要的圣事之一。② 这个圣事被称为悔改(皈依)圣事(Sacrament of Conversion)是因为它以圣事的方式实现了耶稣邀请人悔改的

---

① 赫尔曼·海塞等:《陀思妥耶夫斯基的上帝》,社会科学文献出版社1999年版,第92页。

② 参见香港公教真理学会:《天主教教理》,1996年版,第344—358页。

召唤,它是人犯罪离开天父后又重新回到天父的路径;被称为忏悔圣事(Sacrament of penance),"因为它祝圣基督徒罪人在个人及教会层次上的皈依、忏悔及补赎的步骤";被称为告解圣事(Sacrament of confession),是因为罪人在司铎或主教前告明并认罪是这圣事的要素,而且,这圣事是对天父对罪人仁慈的颂扬;被称为宽恕圣事(Sacrament of forgiveness)是因为天父赐给悔改者宽恕与平安;被称为和好圣事(Sacrament of Reconciliation),是因为它最终使罪人与天父和好,使罪人与他人和好,使罪人与自己和好。根据《罗马教理》,忏悔者在心里向父神恳切认罪和祈求赦免的同时还应该有相应的行动,而此行动是一个人由里到外的全然更新的综合性过程。"忏悔圣事要求罪人甘心情愿接受所有这些要素:以心痛悔;以口告明;以行为表现完全谦逊和具有效果的补赎。"[1]痛悔是指忏悔者对所犯之罪的厌恶和对自己犯罪的伤痛,并且,立志将来不再犯罪。告明罪过被认为是很重要的,"忏悔者必须告明所有用心省察出来的大罪,即使是最隐秘的,如违反十诫中最后两诫的罪过,因为有时这些罪过更严重地伤害灵魂,且比那些公开的罪更为危险。"根据教会的规定,"凡到达懂事年龄的信友,皆有责任至少一年一次,诚恳的告明经省察出来的、自己的重罪"。补赎也被认为很重要,忏悔者的罪不仅伤害忏悔者自己,而且也会伤及周围的人,忏悔者必须为此而有所行动,"以弥补他的罪过","他应以适当的方式来'赔补'或'补偿'他的罪过。这样的赔补也称为'补赎'"。[2]

在圣经中,悔改的意思是,"悔改一事(conversio)不是某人

---

① 香港公教真理学会:《天主教教理》,1996年版,第344—358页。
② 参见香港公教真理学会:《天主教教理》,1996年版,第352—357页。

试行为他的罪赔偿（补过），并以行为止息上帝的愤怒；也不仅是为罪忧伤（contritio），或嫌恶罪恶，更不是人郑重决定，以善行改良他的生活；因为即使未悔改者也能行出这一切的事。但是悔改在本质上来说，乃是信心的赐予；罪人由神圣律法得知自己的罪因而他忧愁，并相信那因基督之故赐救赎的神圣应许。"①

在基督教神学中，忏悔的主要意思是：一、向神认罪；二、定意悔改；三、求神洗涤和赦免；四、求神使自己在神的救恩里重生；五、歌颂赞美神。② 米勒尔总结基督教神学家的众多论述，说，要准确把握忏悔的本意，必须注意这样一些要点：不能把悔改看为人赚得功劳的事，看为人的力量的结果，如教皇主义者、苦行、神礼一位派那样；悔改的二因素是痛悔和信赖，但因内心恐惧（而不是因着信心的盼望）而生的痛悔不能从根本上改变一个罪人；悔改之举不是机械的按步骤或等级而形成的，正常的悔改或信心的点燃往往是瞬息之间完成；已经得到恩赐的人仍然可能会丧失和堕落，路德教派反对加尔文派之主张，认为上帝会给人们连续悔改和反复悔改的恩赐，人们堕落是因人心里刚硬，而"上帝愿每一个人毕生得救"；路德派认为，"福音是圣灵在人心内造成信心或悔改所用的适当媒介，同时上帝使用神圣律法使罪人准备悔改"；悔改不是藉着强制，如加尔文主义解释的那样在不可抗拒的恩典之下悔改，而是如奥古斯丁所言，"上帝使不愿意的人成为愿意的人"；③悔改的起点是不信，悔改的终点是信赖耶稣基督的救恩而得救。

① 米勒尔：《基督教教义学》，李天德译，中华福音路德会 1967 年版（下同），第 339 页。
② 参奥古斯丁：《忏悔录》，商务印书馆 1989 年版，序，及第 186 页。
③ 米勒尔：《基督教教义学》，第 339—343 页。

忏悔的诉向

在基督教文化中,神是最终的垂听者和救赎者,因为只有神是永恒的、自存在的、永不改变的、无所不能的、无所不在的、完全的圣洁、完全的公义、完全的爱、完全的信实,只有神能安慰人和救赎人。路德认为,在神与人之间的神父、教皇、代祷者、赎罪券等都不能真正使罪人在神面前得安慰和救赎,最直接有效的方法是人自己直接向神敞开自己的心扉,求神净罪、赦免。基督教认为,耶稣基督道成肉身来到世上救赎万民,他担当万民的罪在十字架上舍命流血,使凡信的都因着耶稣基督的死而罪身灭绝,因信称义,而与父神重新和好,使得凡信者都可以奉耶稣基督的名直接向父神忏悔。基督教教会信条批评天主教的有些行为,说天主教是向人(神父、教皇、圣徒等)而不是向神忏悔,认为,天主教徒在偶像前跪拜说"赐福的玛利亚;……赐福的彼得;……约翰等等……请为我们祈祷"是错误的。因为,(一)荣耀和能力不属于任何人,只属于神。使徒约翰说,千万不可跪拜人,"我与你和你的弟兄众先知并那些守这书上言语的人,同是作仆人的。你要敬拜神。"①(二)即便是圣徒也不是完全无罪的。所有人,都只能靠赖神恩,人类唯因基督担当我们的罪、唯因基督舍命流血救赎我们的恩典才能得救;(三)在天上垂听的只有独一的真神,唯有神广施怜悯、以爱救赎我们出离罪恶。"我们在你面前恳求,原不是因自己的义,乃因你的大怜悯"②;

---

① 《新旧约全书》,启22:9。
② 《新旧约全书》,但9:18。

"因为穷乏人呼求的时候,他要搭救;没有人帮助的困苦人,他也要搭救。他要怜恤贫寒和穷乏的人,拯救穷苦人的性命"①。"若有人犯罪,在父那里我们有一位中保,就是那义者耶稣基督"②;耶稣基督说,"我实实在在告诉你们,你们若向父求什么,他必因我的名赐给你们"③。路德反对罗马教会和教皇在人与神之间显示的特权,关于赎罪礼的三要素,路德说,他承认当然需要忧伤痛悔,也应该认罪,但把这些都制度化就打上了世俗之人的烙印。关于告解,他说,如果有权听取告解的牧人成了豺狼、教皇和世上的机构成了敌基督者,那么,豺狼、敌基督者反而就成了忏悔者与神之间的抵挡,成了对神的救恩的危害。因而,真诚的忏悔必须是人与上帝的直接交通。④"路德并不关注把教会和国家的结构加以哲学化;他强调的只是每一个人都必须为自己向上帝作答"⑤。

路德派的教义神学家认为,说上帝使人悔改和说人使自己悔改实际上是一回事,因为人只有在上帝使他悔改时,人才可能自己悔改。"悔改(conversing)一词在圣经中有双重意义:有一次是说,上帝使人悔改,另一次是说,人使自己悔改,但是关于这事的本身而言是同一的作为。"⑥这种表达不是过分夸大在悔改中人自己的作为,而依然是肯定上帝是人悔改的唯一根源。

刘小枫说,"基督教精神的回忆就是忏悔",就是说,罪的沉沦使人与神隔绝,使人忘记了神给人的救恩和神给人的神性本

---

① 《新旧约全书》,诗 72:12—13。
② 《新旧约全书》,约一 2:1。
③ 《新旧约全书》,约 16:23。
④ 罗伦培登:《这是我的立场——马丁·路德传》,译林出版社 1993 年版(下同),第 87、179 页。
⑤ 罗伦培登:《这是我的立场——马丁·路德传》,第 117 页。
⑥ 米勒尔:《基督教教义学》,第 343 页。

源，"忏悔使罪感中人的生命感觉重新回到生命的神性源头，把罪感推向爱感。忏悔仅仅产生于对上帝的救恩行动的认信，因而只会带来一种独特的精神意向：祈求上帝。"①

所需要的

基督教文化认为，忏悔需要极大的诚意和信心。耶稣基督反对那些只图表象仪文而无诚意的忏悔，认为灰土苦衣禁食克己不是重要的，完全向神敞开自己的心，诚心向主忏悔才是重要的。悔改是信心的赐予，离开信心就不可能有真悔改。忏悔者应该用火热的心把自己完全向主交托，路德认为，"心平气和的悔改是虚伪的悔改。悔改需要极大的诚意，如要'除去旧人'更要忍受大伤痛"。②"若要把内心所积压的每一丝罪咎得蒙赦免，那便要认清所犯的一切罪。""问题不在于罪恶的孰大孰小，而在于有没有把这些罪交托忏悔"。③他认为，"为要使罪得赦免，必须通过忏悔。要忏悔，就得清楚知道并且记得自己犯过什么罪；假如不清楚或者不知道自己犯了什么罪，也就无从忏悔；罪恶若非经过忏悔，则无从宽宥"。④但路德的体验告诉他，只专注于一个人的过犯，无论你把它追查得多么细致，也最终不能得到安慰。因为，需要改变的不仅仅是一个人具体的错，而是整个人性。完全放弃人性，全身心地投入信，全身心地投入上帝的存在和大爱之中，人才能在上帝那儿得到安慰和拯救。

---

① 刘小枫：《拯救与逍遥》，第158—159页。
② 罗伦培登：《这是我的立场——马丁·路德传》，第40页。
③ 罗伦培登：《这是我的立场——马丁·路德传》，第32—33页。
④ 罗伦培登：《这是我的立场——马丁·路德传》，第33页。

舍勒在谈到"懊悔"时说,必须将因害怕惩罚而进行的忏悔与因着上帝之爱而来的懊悔区别开来。他说,在新教主义的形成中恐惧理论发挥过重要作用,"路德和加尔文将忏悔的本质归于对地狱的恐惧,一旦认识到人缺乏践行律法的力量,那种恐惧就会出现。路德认为,对于感觉到自己的罪和自己必然无法实现上帝的律法的人类而言,这种恐惧是唯一的驱动力,它使人通过信仰耶稣的赎罪的血来庇护自己,并使人确信由耶稣的血带来的使人成义的上帝的偿罪和悲悯。"① 舍勒肯定懊悔,说,单纯对惩罚事由的恐惧绝非懊悔,"这种恐惧也绝非是(仅处于害怕惩罚而产生的不完满的)悔恨(attritio),神学将此悔恨与悔悟(contritio)区别开来不无道理。因为悔悟根植于对上帝(即对本身值得爱的至善)的爱之中的'完满'懊悔。"② 他认为,从斯宾诺莎经康德到尼采对懊悔的解释和非难都建立在严重的误解之上。舍勒说,从道德角度,懊悔是灵魂自我治愈的一种形式;从宗教上讲,是上帝赋予灵魂的一种自然行动,"以便灵魂在远离上帝之时,重新返归上帝";③ 从经验决定论哲学角度讲,他援引叔本华之言说,最深刻的懊悔不是表述为"啊,我做了什么",而是更尖锐地表述为"咳,我竟是这样的人","我竟然做出这种事,我该是一个什么样的人"。这种懊悔是能够提升人的和已经使人提升了的。④ 舍勒说,"关于懊悔行动的作用和意义的最深刻的认识恰在基督教之中,而且在天主教会之中。"⑤ 他认为有两点是基督教懊悔观的精髓:一、欠罪、懊悔,人最终在罪中进

---

① 刘小枫主编:《舍勒选集》,上海三联书店1999年版(下同),第690页。
② 刘小枫主编:《舍勒选集》,第692页。
③ 刘小枫主编:《舍勒选集》,第679页。
④ 刘小枫主编:《舍勒选集》,第687页。
⑤ 刘小枫主编:《舍勒选集》,第708页。

人无罪,进入与上帝重新和好的关系之中。"在天堂,一个懊悔的罪人的喜悦甚于一千个义人的喜悦。"。二、"基督教之忏悔学说的第二点精髓是,关于一种不可割裂的关系的思想,懊悔与爱恰在这种关系中被设定。'完满'的懊悔似乎在双重意义上为上帝之爱所承载。"首先,上帝的永恒的爱和人的实际的卑贱状态始终在人心里;"其次,在自发的懊悔行动之后,和在以渐渐感觉到的宽恕和蒙恩为出发点的回顾之中,人将完成懊悔行动的力量体验为上帝赐予的爱和恩典。同时,在懊悔过程中一开始就被引发的人对上帝的爱之冲动逐渐恢复了人对上帝的完整的爱之能力,并通过排除由罪过设置的障碍和与上帝的距离,人与万物之核心的和解与重新融合得以实现。"在忏悔中,我们以为我们在爱上帝,实际上是上帝在爱我们,"人起初觉得这种爱之冲动是人对上帝的爱。而今人们发现,它也依然是上帝对我们的爱。"①

不是我们对上帝的爱,而是上帝对我们的爱使得我们在忏悔中得安慰和救赎。帕斯卡尔说:"要使人成为圣者,就一定得有神恩;谁要是对此有怀疑,就不懂得什么是圣者,什么是义人。"②"如果你们与上帝合一,那乃是由于神恩,而不是由于天性。如果你们屈卑,那乃是由于忏悔,而不是由于天性。"③

汉语语境中,人无法寻得安慰和救赎的根源,无处、无法、无可能去忏悔。人的本性中有不信实的一面。人若与神合一,人会是信实的,公义的,坚强的;人若远离神,则是虚伪的,自私的,软弱的,相对的,暂时的,苟且的,随机的,善变的,诡诈的,绝望

---

① 刘小枫主编:《舍勒选集》,第710页。
② 帕斯卡尔:《思想录》,第227页。
③ 帕斯卡尔:《思想录》,第189页。

的。独立于神的人的本性不能叫人悔改。耶稣基督说,在人远离神时,人心里装的只有"恶念、凶杀、奸淫、苟合、偷盗、妄证、谤渎"。① 陀思妥耶夫斯基说:"如果没有上帝"——那么"人什么都可以做"。② 什么都可以做的人,就是妄念横生,为所欲为的人。因而,奥古斯丁在面向上帝忏悔时一直陈述人的不可信靠和神的唯一的可信靠性。"我和别人有什么关系?为何我要别人听我的忏悔,好像他们能治愈我的一切疾病似的? 人们都喜欢探听别人的生活,却不想改善自己的生活。他们不愿听你揭露他们的本来面目,为何反要听我自述我的为人。他们听我谈我自己,怎能知道我所说的真假?"③奥古斯丁说:"主,不论我怎样,我完全呈露在你的面前⋯⋯这忏悔不用肉体的言语声息,而用你听得出的言语、思想和声音。如果我是坏的,那么我就忏悔我对自身的厌恶;如果我是好的,那末我只归功于你,不归于自己"。④

从来没有人是绝对圣洁、公义的。没有人能把别的罪人从罪的捆绑中解救出来。只有全身心地面对三位一体的神,只有与神交通,人忏悔的功课才能作完满。但在汉语语境中,永恒存在的神圣诉向和时刻被永恒之爱所监察的人心都是缺失的。没有神在其心中的人在战天斗地、为所欲为。曹操、阿 Q 们在为所欲为。很多中国人对人生"无可奈何","有苦无处诉"。

当人明白了什么是悔改的真道之后,讲道、听道就显得异常重要。关于悔改的媒介,路德会信条认为,上帝虽然是人悔改的

---

① 《新旧约全书》,太 15:19。

② 陀思妥耶夫斯基:《卡拉玛佐夫兄弟》,上册,人民文学出版社 1981 年版,第 481 页。

③ 奥古斯丁:《忏悔录》,商务印书馆 1989 年版(下同),第 186 页。

④ 奥古斯丁:《忏悔录》,第 186 页。

唯一原因,但却是藉着所设的媒介使人悔改。而加尔文主义、重洗派认为,上帝使人悔改是藉着他的圣灵,不用任何所造的媒介和器具,也就是说,不需要宣讲和聆听上帝的道。① 路德神学认为,圣灵和圣礼协同做工,上帝若不藉着外表的媒介(道和圣礼),就不赐给人里面的(恩赐),"若没有圣道,圣灵便不被差遣"。② 保罗说:"信道是从听道来的;听道是从基督的话来的。"③路德说:"道的效力是这样,无论人在何时诚恳的默想它,听它并使用它,就必不会不结果子,反而时常唤出新的了解,喜乐和虔诚,并产生洁净的心和意念。因为这些话不是不工作的或死的,乃是能创造的,活泼的言语。"④因而,听道和读圣经是悔改的精神根基。

前提和条件

希伯来人认为,悔罪、净罪是一个人活在基督里的前提。知罪会使人产生渴望,渴望与耶稣基督的救恩联合就会有信心的火花,爱是信的结果,人的心里就会有改变。福音一开始就讲人的悔改。施洗约翰一开始讲道,就是"宣讲悔改的洗礼",⑤"那时,有施洗的约翰出来,在犹太的旷野传道,说'天国近了,你们应当悔改'"。⑥ 是要人在心里脱去罪恶而为主的进入预备地

① 米勒尔:《基督教教义学》,第348—349页。
② 米勒尔:《基督教教义学》,第351页。
③ 《新旧约全书》,罗10:17。
④ 米勒尔:《基督教教义学》,第349页。
⑤ 《新旧约全书》,路3:3。
⑥ 《新旧约全书》,太4:2—3。

方,是要"预备主的道,修直他的路"。施洗约翰最早在耶路撒冷和犹太全地,并约旦河一带宣讲叫人悔改的福音,使那一带人"承认他们的罪,在约旦河里受他的洗"。① 人有多诚的悔过之心,有多深的悔改之意,有多饥渴的对主的仰慕,就会得到相应的多丰盛的赐福与安慰。约翰痛斥只图仪表而无诚实悔改之心的法利赛人和撒都该人:"毒蛇的种类! 谁指示你们逃避将来的愤怒呢? 你们要结出果子来,与悔改的心相称。"②正如米勒尔所言,"一个人只有在他相信上帝因基督之故,恩赐地赦免了他的罪时,才真正地悔改;或说:一个悔改的人,是真正相信神人基督,是使人脱离罪恶唯一的救主。"全身心的信也就是全然放弃人的自居稳靠,"这包括克制一切的自我肯定,一切的狂妄傲慢、自私自利,以及凡所有与自我有关的一切(the I, the me, and the my)"③。在忏悔中过于追求自己的心志,实际上,你越是努力,就越是在反叛造我们的主。基督教神学认为,唯一重要的是热爱上帝。完全交托,完全信靠。唯有信心才可达及上帝的奥秘。没有信心就没有一切。没有信心就不会有神赐的智慧、平安、喜乐、安慰、拯救。但条件和结果的顺序并不是绝对的,就像奥古斯丁谈信仰与理解的关系时所言,"除非你信仰,否则你将不会理解",但他同时说,理解可以反过来帮助人们加深信仰。④信靠和悔改相辅相成,离开对基督的救恩的信靠的悔改是非根本的悔改。

---

① 《新旧约全书》,太4:5—6。
② 《新旧约全书》,太4:7—10。
③ 罗伦培登:《这是我的立场——马丁·路德传》,第34页。
④ 赵敦华:《基督教哲学1500年》,第42页。

不是懊丧或颓废

犯罪会使人产生失败或消沉的感受，"失败的感受可以产生两种天渊之别的后果：一是制止不住的罪疚和消沉感；另一是忏悔和喜乐。"①忏悔不是罪疚，不是消沉，更不是虐待自己。忏悔是向神坦诚认罪，以期在神的救恩里得洁净得健康。忏悔是在神里面的悔过自新。忏悔是要人离开黑暗而生活在光明中，离开忧愁而生活在喜乐中，离开罪而生活在义中，离开恐惧而生活在平安中，离开软弱而生活在坚强中，离开恨而生活在爱中，离开怀疑而生活在信中，离开捆绑而生活在自由中，离开否定而生活在肯定中。懊丧、颓废则是魔鬼借着人的软弱跌倒而对人的控告和攻击。它不能让人离开罪而是让人更深地陷于罪中，它不能叫人悔改而是叫人沉沦。"魔鬼"的原义是"谗毁者"，它在人面前毁谤神，在神面前毁谤人。"魔鬼"又名"撒旦"，意为"敌对者"，它敌对人，又敌对神。人是魔鬼争夺的对象。它"如同吼叫的狮子，遍地游行，寻找可吞吃的人"。② 它的目的是用罪诱惑人，陷害人，捆绑人，辖制人。它要"全世界都卧在恶者手下"，③也就是落在它自己的手中。在人已经犯罪软弱的时候，魔鬼总要更进一步施行诡计，它要迎合人的邪情私欲，它要人疑惑神，它要加大人的惧怕，使人灰心郁闷，使人彻底堕落而最终归向它自己。神叫人忏悔，是叫人从罪的苦境中转回，做义

---

① 李卓(Keneth Leech)：《真祷告 基督教灵修学入门》，罗燕明译，(Tre Prayer An introduction to Christian spirituality)，基道出版社，第 162 页。

② 《新旧约全书》，彼前 5：8。

③ 《新旧约全书》，约一 5：19。

工,做义人。魔鬼则追加人的苦痛和迷惑,加剧人里面的败坏,叫人呻吟,叫人心灰,叫人消沉绝望,叫人的生命彻底趴下而不再振作。因而,人在罪里要警醒。一定要向神呼求,断不可向魔鬼沉溺。

律法

当人发现人的不可信靠时,就用法律来对付人。但法律能叫人悔改吗? 简言,法律有二。摩西律法和世俗法律。在《旧约》中,神借着他的仆人摩西为以色列民颁布了摩西律法,核心是"摩西十诫"。这是旧约时代神的儿女所遵行的根本法典。但律法只是"叫人知罪",给人定罪,律法却并不能叫人不犯罪,并不能叫人净罪。耶稣基督说:"摩西岂不是传律法给你们吗? 你们却没有一个人守律法。"[1]律法只能叫人知罪,却不能叫人不犯罪,不能叫人悔罪。世俗法律在社会控制实践中有其合理性和必要性,但世俗法律要真正起到对不法行为警戒、控制、惩治的作用,还必须做与人的心灵拯救相关联的工。如果放弃对人的心灵的关照,一味地以可视的外观行为结果为依据,那么,这种法律行动就可能只抓小错误而忽略根本的罪。法律条文只认眼见的具体证据,只凭充满血气的人的演绎、归纳、推理、判断。问题是,人的犯罪根源从来就不是外观可见的,不是来自于皮肉,而是来自于灵魂。朋霍费尔说:"历史的内在正义仅仅报偿和惩罚人的行为,而上帝的永恒正义则考验和裁判人的心

---

① 《新旧约全书》,约 7:19。

灵。"①以赛亚谈到耶西秉公治理时说:"他必以敬畏耶和华为乐,行审判不凭眼见,断是非也不凭耳闻".② 保罗说:"我们不是顾念所见的,乃是顾念所不见的;因为所见的是暂时的,所不见的是永远的",③"我们行事为人,是凭着信心,不是凭着眼见"。④ 人的犯罪在人心里,人的不犯罪也在人心里。耶稣说:"神的国来到,不是眼所能见的",⑤"神的国在你们心里"。⑥

当法律是一个极具体的有限、暂时、相对和表象时,它没有可能论判人犯罪的各种复杂构成因素。法律的过于表面化、结果化和具体化,会煽动人的此具体性之外的无限非具体的可能的恶的膨胀。就是说,具体的法律条款可能激发人们避开这些被设置了的有限条款而穿越未设定的无限空间去犯罪。最大的难题是,世俗法律本身往往在邪恶的特权刀剑簇拥之下,它自己往往就是为目下的某个大王和一些小王的眼前利益而设。在特权体制中,一方面,法律的设置本身就是特权向人类的犯罪;另一方面,即便是完备、系统、健全的法律条款,在比利牛斯山以东是这样设置,在比利牛斯山以西是那样设置。人的同一行为在莱茵河上游是死罪,在莱茵河下游是无上的美德和荣光。法律在地球的各个角落标榜着千奇百怪的"正义"和"权威",实际上却肆意猖獗地散发着本地霸王的血腥。如此这般零碎的、片面的、各自为政的法律,在面对人类共同尊严,保守人类共同福祉时,它还能有什么作为呢? 这样的法律怎么能叫人悔罪呢?

---

① 迪特里希·朋霍费尔:《狱中书简》,第 11 页。
② 《新旧约全书》,赛 11:3。
③ 《新旧约全书》,林后 4:8。
④ 《新旧约全书》,林后 5:7。
⑤ 《新旧约全书》,路 17:20。
⑥ 《新旧约全书》,路 17:21。

蒙田说,人类经过艰苦卓绝的努力终于把上帝的审判权争取到人自己手中,终于迎来了人自己制定自己的法律完全照人的意愿来审判世界的时代,但人们很快发现"从前我们受罪恶之苦,现在我们受法律之苦"。①

新生命

基督教文化认为,"神就是光,在他毫无黑暗"。② 在这一领域,人面对永生神,面对神的话语和圣灵的运行,人无法把自己的心怀意念掩藏起来。没有一种诡诈行在背地里而可以瞒骗过神的鉴察。奥古斯丁将"神就是光"的教义理论化,提出了"光照论"。柏拉图"理念"的原意是"看见的对象",引申为"心灵的眼睛"看见的对象。最高的理念"善"是"看"所需之光源,被喻为太阳。奥古斯丁用蜡块的比喻表达"天赋真理"的思想。认为,"谁认识真理,即认识这光,谁认识这光,即认识永恒,唯有爱才能认识它"③就是说,只有在上帝的真理之中时,人才能行正道。使徒约翰说:"上帝是光,在他里面毫无黑暗;……我们若行在光中,如同行在光明中,像他在光中一样,就彼此心灵相通,他儿子耶稣的血也洗净我们脱离一切的罪。我们若说自己没有罪,便是自欺,真理就不住在我们里面了。我们若认自己的罪,上帝是信实的,公义的,必定赦免我们的罪,洗净我们脱离一切的不义"。④ 站立神的根基的人实际上是由神掌管的人,就

---

① 《新旧约全书》,徒 2:37—38。
② 《新旧约全书》,约一 1:5。
③ 赵敦华:《基督教哲学 1500 年》,第 148—150 页。
④ 天道书楼:《圣经新译本》,1993 年,约一 1:5—9。

像站立恶的根基的人是由罪掌管的人一样。神掌管的人就是神
的圣性掌管的人,假若说我们能把神的神圣性如公义,信实,爱
等等都罗列出来的话,那么,神掌握的人实际上是由公义、信实、
爱等掌管。那么,这样的人就容不得与圣性相反的性质同时存
在于自己身上。那么,借助于神性力量消除那些相反性质就成
了这些人迫切的、终生的功课。在这样的人生根基上,人的知
罪、认罪、悔罪、净罪和离罪就实属必然。"那税吏远远地站着,
连举目望天也不敢,只捶着胸说:'神啊!开恩可怜我这个罪
人。'"①大卫说:"耶和华啊,求你除掉仆人的罪孽,因我所行的
甚是愚昧";②"我闭口不认罪的时候,因终日唉哼而骨头枯
干";③"我向你陈明我的罪,不隐瞒我的恶。我说:'我要向耶
和华承认我的过犯。'你就赦免我的罪恶"。④ ——这种忏悔祷
告就实属必然。

神的儿女"举起圣洁的手,随处祷告",敞开有罪的心随时
忏悔。"我们只管坦然无惧地来到施恩的宝座前,为要得怜恤,
蒙恩惠,作随时的帮助。"⑤在基督教文化语境中,神喜悦人不犯
罪。但神也体恤人的软弱,神同样喜悦人向神忏悔,从罪归向
义,从魔鬼归向神。耶稣基督说:"人子来,为要寻找,拯救失丧
的人。"⑥耶稣基督说:"我告诉你们:一个罪人悔改,在天上也要
这样为他欢喜,较比为九十九个不用悔改的义人欢喜更大。"⑦
在"浪子的比喻"中,耶稣说,那位父亲为浪子的回头而加倍欢

---

① 《新旧约全书》,路 18:13。
② 《新旧约全书》,撒下 24:10。
③ 《新旧约全书》,诗 32:3。
④ 《新旧约全书》,诗 32:5。
⑤ 《新旧约全书》,来 4:14:16。
⑥ 《新旧约全书》,路 19:10。
⑦ 《新旧约全书》,路 15:3—7。

乐,"因为我这个儿子是死而复活,失而又得的"。① 忏悔是基督教文化造就人的主要途径之一。在基督教文化土壤上,人的不犯罪被人的心接纳为美好、平安、喜乐、有福;犯罪被感受为不安、痛苦和灾难。罪与信仰的心不相容,罪在健康人的心里就像木刺在正常人的肉体中。因而,人一旦遭遇罪在自己身上,人就要竭力脱离罪而归向义。在基督教文化中,神的毫无瑕疵和永远信实让人随时体察到人自己的不洁和有罪。在神面前,人没有办法负着罪而心安理得,泰然自若。在这种文化中,人信神,人崇拜神圣,赞美圣洁,仰慕公义,因为神是人一切好处的根源。人本来有原罪,人还在犯罪,但在基督教文化语境中,就有一位永远垂听人坦白、永远做公正审判、永远爱人、永远救赎人的神,人可以坦然无惧地奔向神,求神怜悯,求神拯救。因而,在基督教文化语境中,人的忏悔是必然的,人在灵魂中脱离罪是可能的。

---

① 《新旧约全书》,路 15:24。

第 六 论 题

不同姿态的疗救

　　鲁迅《狂人日记》中的狂人,是几千年汉语人文景观中之最卓越者。鲁迅把汉语文化经典之二十四史称为"独夫的家谱"和"相斫书"①。他说:"我们不必恭读《钦定二十四史》,或者入研究室,审查精神文明的高超。只要翻一翻孩子所读的《鉴略》,——还嫌烦重,则看《历代纪元编》,就知道'三千余年古国古'的中华历来所闹的就不过是这一个玩意儿":"将人不当人"。鲁迅说"任凭你爱排场的学者们怎样铺张,修历时候说些什么'汉族发祥时代''汉族发达时代''汉族中兴时代'的好题目,好意诚然是可感的,但措辞太绕弯子了。有更其直截了当的说法在这里——(一)想做奴隶而不得的时代;(二)暂时做稳了奴隶的时代。"②鲁迅说,那些醉心于"国粹"的"复古家"所炫耀的中华文明,"其实不过是安排给阔人享用的人肉的筵宴","大小无数的人肉的筵宴,即从有文明以来一直排到现在,人们就在这会场中吃人、被吃,以凶人的愚妄的欢呼,将悲惨的弱者的呼号遮掩,更不消说女人和小儿。"③鲁迅说:"这人肉的筵宴现在还排着,有许多人还想一直排下去。"④

　　狂人是这一文化的出离者。就世俗立场看,他透明、净洁。狂人吁请吃人者悔改,他用理性的、历史的、现实的、逻辑的人道启发和劝说吃人者去掉吃人心思而做真的人,他想使眼见的非人间变为理想的真人间。他像一个救世者。

　　在基督教文化语境中,《圣经》中的耶稣是"永生神的儿子"⑤,耶稣(JOSHUA)即"主的拯救",他本属乎神,却取了人的

---

① 《鲁迅全集》第 3 卷,第 138 页。
② 《鲁迅全集》第 1 卷,第 211—213 页。
③ 《鲁迅全集》第 1 卷,第 214—217 页。
④ 《鲁迅全集》第 1 卷,第 217 页。
⑤ 《新旧约全书》,太 16:16。

形象来到世间,是为了救赎人类。他作为神是永远圣洁的,他作为人是毫无瑕疵的。耶稣以神的道叫人悔改,他要人明白人性的有限性、暂时性、相对性和不可信靠性,他要人放弃人的自居稳靠而求靠神,求靠神的永恒、绝对、无限和圣洁,他要人以神的心为心而得拯救。耶稣是一个救世者。在站立的根基,在拯救世人的路径,在给世人的教训和根本启示等方面,狂人和耶稣截然不同。作为救世者,后者给人类的启示更为深远。

看待世人

考察人生世相,狂人站在众生之中,以与众生相逆的眼光考察众生,他发现这个世界"原来如此",耶稣则在高处纵览宇宙人生正面切入,他晓得人类"本来如此"。在同一人性层面上,狂人只是与众人的眼光有差异,众人看见的是被告知的和被装点了的,而狂人看到的是假象后面的底细。面对人的真实境遇,众人看见的是仁义道德,狂人看见的是吃人。众人眼光的终点恰恰是狂人眼光的起点,这就使狂人在众人的怡然自得中看见血腥。"慈善家、学者、文士、长者、青年、雅人、君子"、"学问、道德、国粹、民意、逻辑、公义、东方文明"、"好人"、"大哥"、"母亲"①,诸如此类被众声赞誉烘烤得热乎乎暖洋洋的"明摆着"的善,在狂人颠覆性的眼睛里却是青面獠牙——或笑吟吟,或戚惨惨,或肃穆状,或油滑状,或义勇状,或阿匪状。在众人的行动中,狂人只看见暗号和陷阱。一个严酷的事态在凶猛地逼压他:有人在吃人,人人都被人吃,人人都在吃人。而他自己,是一个

① 《鲁迅全集》第1卷,第422—432页;第2卷,第214页。

看穿和说出真相的出离者,一个四面受困的遭捕猎者。

耶稣以神的道俯视人类,他洞悉众生、体恤众生。在耶稣看来,自始祖亚当夏娃毁了人与神的第一个约始,人类就一直陷在罪中。属乎血气的,由罪主宰着的人类"本来如此"。"世人都犯了罪,亏缺了神的荣耀"①。这地上的人"哪个可夸口呢? 没有可夸口的了"②。"没有义人,连一个也没有;没有明白人,没有寻求神的;都是偏离正路,一同变为无用。没有行善的,连一个也没有。他们的喉咙是敞开的坟墓,他们用舌头弄诡诈,嘴唇里有虺蛇的毒气,满口是咒骂苦毒;杀人流血,他们的脚飞跑,所经过的路,便行残害暴虐的事"③。在耶稣看来,人的行恶是由于人远离神而受罪辖制之结果。无论法利赛人、税吏、审判官、渔夫还是牧羊人,无论杀人者还是被杀者,都是让罪蒙了心,都是在作罪的奴仆,都是可怜的被伤害者。根本的恶者是罪,是人性当中的恶的构成因素。在世人眼看为所谓罪人和所谓义人,在耶稣眼里,都是失丧的羊,都是他要拯救的。耶稣"走遍各城各乡,在会堂里教训人,宣讲天国的福音,又医治各样的病症。他看见许多人,就怜悯他们,因为他们困苦流离,如同羊没有牧人一般。"④他要救赎世人出离罪的捆绑而得释放、得自由。耶稣体恤众生的不幸和软弱。在肉体上,他洁净大麻风病患者,治疗瘫子、瞎子、热病者、癫痫病者,"他代替我们的软弱,担当我们的疾病"⑤,他帮助人们在肉体上站立得稳。心灵上,他要用圣灵点亮人们心里的灯,他向万民启示人类得救的根本途

---

① 《新旧约全书》,罗 3:23。
② 《新旧约全书》,罗 3:27。
③ 《新旧约全书》,罗 3:9—18。
④ 《新旧约全书》,太 9:35。
⑤ 《新旧约全书》,赛 53:4。

径——爱人,爱上帝。他要人们在心灵上站立得稳。耶稣无须逼问或仔细研究罪人,他深知一切人的过犯和不幸,他"不把他们的过犯归到他们身上"①,他要使所有的罪人罪得赦免。在面对人类无尽罪恶时,他甚至以自己的血为人类赎罪。

根基

作为思考者、发现者、劝说者和拯救者,狂人都站在人性根基上,而耶稣站在神性根基上。狂人要靠人性,靠人自己,借助"真的人"改造"野蛮人"。狂人认为是坏人在吃人,只要好人劝转坏人,使坏人改掉恶习而变为真的人,整个人间就得救了。"这只是一条门坎,一个关头","只要转一步,只要立即改了,也就人人太平"。② 耶稣则认为,不是坏人在吃人,而是人性在吃人。狂人是要靠真人的真人准则改变非人的非人准则,耶稣则要推翻以人为中心的人性的准则。耶稣的福音是,只有放弃人一己的自居稳靠而全面信靠神,让神爱人的心在万民心中作主,也就是让人"绝对"爱人(只有神才绝对爱人,若离开神,人就没有绝对爱人的能力),吃人者才能变为不吃人者,人类才能得救。耶稣基督说:"我赐给你们一条新命令:乃是叫你们彼此相爱;我怎样爱你们,你们也要怎样相爱。"③绝对爱人是上帝的本质,是上帝给人的根本准则。人会相对地、暂时地、偶然地、善变地爱人,但不会永恒绝对地爱人。舍勒说"只要爱属于上帝的

---

① 《新旧约全书》,林后 5:1。
② 《鲁迅全集》第 1 卷,第 428、430 页。
③ 《新旧约全书》,约 13:34。

本质,只要宗教性的拯救过程不是以人的自发行为,而是以上帝的爱为出发点,'对上帝'的爱就必然始终同时包含与上帝一起爱人乃至一切造物——在上帝之中爱世界,这是不言而喻的"。刘小枫说:"这一诫命也是高超的:它对个人生命提出了太高的要求:不是像人爱人那样爱世人,而是像上帝爱人那样爱人。"①

狂人是用"真人"的准则向"非人"施洗,耶稣则用圣灵向地上的一切人施洗,是用神性向人性施洗。狂人呼吁父子兄弟夫妇朋友师生和各不相识的人的人间亲情,耶稣则坚持超越人类伦理亲缘关系之人准则的神的准则。他说"谁是我的母亲,谁是我的弟兄?"②"爱父母过于爱我的,不配作我的门徒;爱儿女过于爱我的,不配作我的门徒;不背着他的十字架跟从我的,也不配作我的门徒"③,"要爱你们的仇敌,为那逼迫你们的祷告"④。"你们不要想,我来是叫地上太平;我来不是叫地上太平,乃是叫地上动刀兵。因为我来是叫人与父亲生疏,女儿与母亲生疏,媳妇与婆婆生疏,人的仇敌就是自己家里的人"⑤。耶稣先要摧毁由人性建造起来的宗法秩序,建立人爱人的世界真正出现的前提和根本保障,即在人伦亲缘关系为中心的人性法则之前先树立平等关乎所有人的神性法则。狂人要非人变成真的人,耶稣则要非人变成真的人成为可能。"把我们的饼分给饥饿的人,将漂泊的穷人接到我们的家中,见赤身的给以蔽体的衣服,不要轻视和我们同类的亲人"⑥。在狂人看来,这是应该

① 刘小枫:《圣灵降临的叙事》,三联书店2003年版,第84页。
② 《新旧约全书》,太12:47。
③ 《新旧约全书》,太10:37—38。
④ 《新旧约全书》,太5:44。
⑤ 《新旧约全书》,太10:4。
⑥ 《新旧约全书》,赛58:7—8。

的;而在耶稣看来,若没有神性根基,若没有神性之永恒准则作保障,那么,这种谨诚就不可能被执行。赫尔德说:"我们族类中神性的东西是为人性而进行的教育。"①耶稣是说,只有全面放弃人类一己苟且的既有秩序,只有信靠上帝的永恒准则,真的人才有可能被坚守。比如一个"以孝治天下"的法官,他顾念他自己的私心,顾念他的人伦亲缘关系胜过顾念法律准则,那么,这个法官还有可能捍卫正义吗?

路径

狂人救世,行在相对的、可选择的、有进有退的、通向有限拯救的路径上,耶稣行在绝对的、唯一的、无退路的、通向无限拯救的路径上。

狂人和耶稣一样在肩负着救世重负的同时也承担着众人的迫害,因为他们都在众目睽睽之下说出真相,揭穿所有人。耶稣说:"世人不能恨你们却是恨我,因为我指正他们所做的事是恶的。"② 鲍修哀说:"人们几乎永远是不正当的,他们是不正当的主要就在于真理在他们看来是可厌的,并且他们不能忍受真理的光明。"③ 在普遍的世俗历史社会里,无数坚持真理的人被众人仇视或被社会政治集团迫害,只不过是由于那些人不愿做坏事。据说,初期基督教徒被罗马政府严酷迫害,部分原因是由于基督徒们表现出了太好的德行,他们不去竞技场观

---

① 莫尔特曼:《被钉十字架的上帝》,阮炜等译,上海三联书店1997年版(下同),第110页。

② 《新旧约全书》,约7:7。

③ 帕斯卡尔:《思想录》,第100页。

看残酷的决斗、不去剧院看猥亵的表演和不去当兵杀人。① 但狂人和耶稣所承担的，在本质上大为不同。狂人的救世不是他不可摆脱的天命，不是一个不可更改的约，律法不是绝对的，准则不是永恒的，信心不是不可动摇的。他只是在一己有限的生命经验中，依据相对的善恶价值标准和演绎推论法则，经过自己的历史眼光作出判断和决定。拯救不拯救，从什么人着手，救到什么程度，都是自我情感和理性的随机性选择。狂人的救世是一个不吃人的眼前目标，是对一个吃人现实的切迫反动。在人的具体境遇中，人的这一努力也要付出代价，救人和自己得救都比较遥远，而自己的受迫害就死灭却时刻逼在眼前。在关键时刻，人总不愿去权衡不能得救要付出的世代长远的代价和自己马上就死灭要付出的眼前的代价。正如帕斯卡尔所言："人性并不是永远前进的，而是有进有退的。"② 在关键时刻，人总要站在相对准则上。哪怕是彻底背叛真理的人，也会在别人吃人的极端的恶中比较出自己吃人的相对的善来，总要在可能的多条路径上选择宜于自己苟且偷生的路径，总要尽可能把自己急促的前进脚步慢下来或者姑且转个弯或退一步暂时渡过某一难关。而这一切，最终总要把救世的目标变为乌有。因而，狂人最终"愈"了，并"赴某地候补矣"③。

而耶稣救赎人类的路径是绝对的、唯一的和永恒的。耶稣赎救人类是他别无选择的唯一天命，是上帝安排的救世计划。耶稣（JOSHUA）即"主的拯救"之义。耶稣"是基督，是永生神的

---

① 庄祖鲲：《契合转化——基督教与中国文化更新之路》，雅歌出版社1998年版，第60页。

② 帕斯卡尔：《思想录》，第160页。

③ 《鲁迅全集》第1卷，第422页。

儿子"①,"他要将自己的百姓从罪恶里拯救出来"②,他必须传福音,"他必须上耶路撒冷去,受长老、祭司长、文士许多的苦,并且被杀,第三日复活"③。奥利金说:"神的降临人间,不是出现在空间中,而体现在他的天命中。"④门徒彼得为在世间的耶稣的这一命运而悲痛而劝耶稣:"主啊,万不可如此! 这事必不临到你身上"⑤时,耶稣说:"撒旦,退我后边去吧! 你是绊我脚的,因为你不体贴神的意思,只体贴人的意思。"⑥受难前,在人间的最后一次祷告中耶稣向天上的父说:"我父啊,倘若可行,求你叫这杯离开我;然而,不要照我的意思,只要照你的意思"⑦,"我父啊,这杯若不能离开我,必要我喝,就愿你的意旨成全"⑧,犹大卖主,祭司长和长老去逮捕耶稣,耶稣说"时候到了,人子被卖在罪人手里了"⑨。被捕中,有一随从拔刀保卫耶稣,耶稣说:"收刀入鞘吧! ……若是这样,经上所说事情必须如此的话怎么应验呢?"⑩——就是说,耶稣拯救人类是他必走的绝对的和唯一的路径,他必为救赎人类献出自己,他就是拯救,就是道路和新生。

　　狂人救世的路是宽广的,可选择和有进退的,其救世的相对性、暂时性和投机性随时为他设立逃生之路,随时诱他放弃拯

　　①　《新旧约全书》,太 16:16。
　　②　《新旧约全书》,太 1:21。
　　③　《新旧约全书》,太 16:21。
　　④　范明生:《晚基期希腊哲学和基督教神学》,上海人民出版社 1993 年版,第 319 页。
　　⑤　《新旧约全书》,太 16:21。
　　⑥　《新旧约全书》,太 16:23。
　　⑦　《新旧约全书》,太 26:39。
　　⑧　《新旧约全书》,太 26:42。
　　⑨　《新旧约全书》,太 26:45。
　　⑩　《新旧约全书》,太 26:54。

救。耶稣救世的门是窄的,那路是难走的。以世俗解放者的眼光看,实际上,狂人这样的脚走多条路的拯救者的有进有退正是耶稣那样的永恒拯救者没有退路的原因,狂人的苟活正是耶稣必死的原因。正是投机、取巧的相对准则在永不停息地瓦解着通向永恒真理的拯救之路。如果狂人的相对性上升不到耶稣的绝对性,狂人的可选择性不直面耶稣的别无选择,那么,人类的拯救便注定只是一个永远徘徊在试探和算计中的半途而废。而在基督教文化语境中,人性的努力从来就不会有结果,因为人不能自救。

启 示

以世俗眼光看,启发人心,狂人是类比推论启示,耶稣是颠覆性的悖论启示。狂人决意劝转吃人者,"你们可以改了,从真心改起!要晓得将来容不得吃人的人,活在世上","你们要不改,自己也会吃尽。即使生得多,也会给真的人除灭了,同猎人打完狼子一样"。"你们立刻改了,从真心做起!你们要晓得将来是容不得吃人的人……"①。这种基于眼见现实的演绎推论,对应于世俗现实人生层面,符合人性有限性的基本前提和归结。最后把希望延展为"救救孩子"这样一个可触的、动人的人国前景,这是"同类类比"原理的内在推进,是人性相对性根基中平面的、顺应的推论启示。

耶稣说:"日期满了,神的国近了。你们当悔改、信福音。"②

---

① 《鲁迅全集》第1卷,第428—432页。
② 《新旧约全书》,可1:15。

耶稣要用神的道而不是人的道拯救人类。他要人们"把房子盖在磐石上,雨淋、水冲、风吹,撞着那房子,房子总不倒塌。"而不是要"把房子盖在沙土上,雨淋、水冲、风吹,撞着那房子,房子就倒塌了。"①他说:"凡要拯救自己生命的,必丧掉生命;凡为我和福音丧掉生命的,必救了生命。"②"人若不是从水和圣灵生的,就不能进神的国"③。这是对人性根基的颠覆性启示。狂人看穿吃人者的诡计而竭力躲避圈套,而耶稣在面对出卖、逮捕、审判和被钉死时,都自觉领受天命,甘愿自饮这杯。狂人想通过不吃人救人,耶稣则想通过他自己被人吃而救人。耶稣说:"不要为那必坏的食物劳力,要为那存到永生的食物劳力,就是人子要赐给你们的"④。"那从天上来的粮……乃是我父将天上来的真粮赐给你们。因为神的粮就是那从天上降下来赐生命给世界的"。"我就是生命的粮,到我这里来的,必定不饿,信我的人,永远不渴"⑤,"我所要赐的粮,就是我的肉,为世人之生命所赐的"⑥。"吃我肉喝我血的人常在我里面,我也常在他里面"⑦。这种训诫显然与人的人性思路相逆。耶稣解释说:"叫人活的乃是灵,肉体是无益的。我对你们所说的话就是灵,就是生命"⑧。在基督教文化语境中,神的道是人得救赎的唯一途径。在基督教文化语境中,耶稣就是道,人要得赎救,就必须经由耶稣。保罗说:"我们四面受敌,却不被困住;心里作难,却不失

① 《新旧约全书》,太7:24—28。
② 《新旧约全书》,可8:35。
③ 《新旧约全书》,约3:5。
④ 《新旧约全书》,约6:32。
⑤ 《新旧约全书》,约6:35。
⑥ 《新旧约全书》,约6:51。
⑦ 《新旧约全书》,约6:56—58。
⑧ 《新旧约全书》,约6:63。

望;遭逼迫,却不被丢弃;打倒了,却不至死亡。身上常带着耶稣的死,使耶稣的生也显明在我们身上。因为我们这活着的人,是常为耶稣被于死地,是耶稣的生在我们这必死之身上显明出来。"①狂人要求的悔改是人性自主的悔过自新,是要人摆脱坏人的坏的人性而进入好人的真的人性,耶稣要求的悔改则是要人放弃人性自主而转向神,"完全转向,是调头,从远离神而趋向神"。②

就是说,狂人要人悔改而达到的目的正好是耶稣要破的一个起点。狂人要实现的,恰好是耶稣要推翻的。在狂人看来,吃人者是有罪的,不吃人的"真的人"是无罪的,而在耶稣看来,亚当夏娃之后的人类都有罪,罪在人人皆具的人性当中;狂人劝说吃人者悔改,呼吁"救救孩子"的心理立场是人可以救人,人可以自救,耶稣则认为罪中的人没有能力救人,人只能靠无罪的神的救赎恩典而得拯救。人类以目下的快乐和最终取得的现实成就来判断人生价值意义。中世纪,罗马一带的人把最终被挂在木头上的人视为最邪恶的人③,"被挂在木头上的人都受上帝诅咒",④他们把渎神僭妄视为最野蛮的罪,但耶稣最终就是被钉在木头上,他的罪名正好是僭妄、渎神;耶稣是要来召罪人,救赎罪人,他自己却被罪人治死;他是来服侍人,做万民的仆人,但他自己却在被钉死时挂着"这就是犹太人的王耶稣"的罪名牌;他是要成全律法,说,律法上的一点一画也不能改,他自己却被犹太人的律法治死;他是那样爱人,无条件地爱所有人,但他最终

---

① 《新旧约全书》,林后 4:8—12。
② 柯凯文:《基督教的真义》,第 389 页。
③ 约翰·多米尼可·克罗桑:《耶稣传》,高师宁、段琪译,中国社会科学出版社 1997 年版,第 155 页。
④ 《新旧约全书》,加 3:13 申 21:23。

被所有人遗弃,包括他故土的亲人,他最亲近的十二门徒,甚至在临终的瞬间被他最爱的上帝。他成了世界上最为孤独无助的人。使徒保罗说:"为义人死,是少有的;为仁人死,或者有敢作的。惟有基督在我们还作罪人的时候为我们死"①。就人的眼光看,这实在是一种悖论启示。莫尔特曼说:"上帝作为'上帝'只启示于他的反面:不信上帝和为上帝所抛弃的存在。具体说来,上帝只启示于上帝所抛弃的基督的十字架中,上帝之恩典启示于罪人身上。上帝的公义在那不义的人身上启示,他的恩典拣选在那些被诅咒的人身上显现。十字架神学的知识论原理只能是这种辩证原理:上帝的神性在十字架的悖论中显现"②。耶稣在人类的悲惨命运向大地上所有人显明:是软性的、善变的、苟且的、相对的、有限的人性准则害死了耶稣。耶稣启示人类:人的准则是不公正的、残酷无人道的、不可信靠的。在人的准则之下,连耶稣这样一个丝毫没有过犯的唯一的真正纯洁无瑕的人都要害死,那么,活在人生的其他所有难免有罪的人还能有什么指望呢?耶稣净洁无比的血向人间启示:要认清人性的苟且和有限性,上帝的准则才是永恒、无限、绝对的。也就是说,"耶稣使人们认同了上帝"。就像朋霍费尔所说:"基督不是用他那无所不能,而是用他的软弱与受难来帮助我们的"。③

实际上,在基督教文化语境中,人们面对耶稣时,不是在面对一个人文形象,而是在面对信仰、面对上帝。而当人们在信仰中面对耶稣时,耶稣启示的本来意义才能显现。在基督教文化

---

① 《新旧约全书》,罗 5:5—8。
② 莫尔特曼:《被钉十字架的上帝》,第 26 页。
③ 莫尔特曼:《被钉十字架的上帝》,第 242—244 页。

语境中,有罪的人既不能自救也不能救人。"上帝的公义要求那犯了罪的人性本身应当补罪;但人人自己既是罪人,故无人能为别人补罪。"①如奥古斯丁所言,"罪使得罪人无法清楚思考,尤其不能明白更深的属灵真理和观念。"②人身上的原罪是一种"疾病"、一种"权势"、一种"罪咎","我们不能控制自己的罪。从一出生,它就污染了我们的生命,此后便控制了我们的生活。这是我们无法控制的状况。""我们是罪人的事实,意味着我们生了重病,又不能够充分分析我们的病情,更不用谈治疗了。"③人人都有罪,都需要治疗。人人都有病,都不能自治。治疗者只能是永恒圣洁无瑕的神。而神对人的医治是神对人的恩典。如奥古斯丁所言,"神造人类时是好的,他们后来堕落离开了他,而神在恩典中采取了行动。来拯救人类脱离困境。神帮助我们的方式,是医治我们、光照我们、坚固我们,不断在我们里面工作,为要使我们恢复如初。"④在基督教文化语境中,耶稣的救赎恩典是大有能力的。恩典是从圣洁无瑕处来的,有罪的人无有可以施发。其一、恩典被视为使罪人脱离罪的捆绑而得释放的力量,其二、"恩典被视为人性的医治者"⑤。恩典是针对需要医治者的,它在人大有功效。奥古斯丁说,第一,神的恩典是"在先的恩典"(prevennient grace),即,在人皈依神之前神就给了人悔改皈依的恩典;第二,"运作的恩典"(operative grace),即,神

---

① 尼科斯(James Hastings Nichols)选编、汤请(Christopher Tang)编译:《历代基督教信条》,金陵神学院托事部、基督教辅侨出版社1957年版,第187页。

② 麦格福(Alister E. McGrath):《基督教神学手册》,刘良淑、王瑞琪合译,校园书房出版社1998年版(下同),第436页。

③ 麦格福(Alister E. McGrath):《基督教神学手册》,第437页。

④ 麦格福(Alister E. McGrath):《基督教神学手册》,第439页。

⑤ 麦格福(Alister E. McGrath):《基督教神学手册》,第441页。

的救恩在罪人身上做工,在人觉悟之前就产生功效;第三,"合作的恩典"(cooperative grace),即,神把罪人在罪的捆绑中释放出来,使自觉的人与神合作,神性在人性内做工,使人重生和成圣①。在基督教文化语境中,人的真正出路不是人自己纯然人性立场的争辩、算计和挣扎,而是全面地求靠神。

非常相似的三句话:第一句,狂人说:"你们可以改了,从真心改起! 要晓得将来容不得吃人的人,活在世上。""你们要不改,自己也会吃尽。即使生得多,也会给真的人除尽,同猎人打完狼子一样! ——同虫子一样!"②第二句,施洗约翰说:"天国近了,你们应当悔改!"③第三句,耶稣说:"日期满了,神的国近了! 你们当悔改,信福音。"

要人悔改的非常相似的三句话,其内涵却大为不同。第一句要人悔改,站在人的立场上强调了人的"真心",同时,那不悔改的人会被"真的人除尽",而这些可能会被除尽的人究竟该如何悔改,依靠什么基石,通过什么路径,都实际上并没有被交代清楚。鲁迅没有直白讲明究竟谁是有资格去改造别人的人,"真的人"是谁? 在鲁迅的潜意识中可能指真正有很好思想和行为的人,近似于真正意义上的知识分子,但在以人为万物尺度的人的实际行为世界中,落实在真实历史中,那些以改造他人为业的人实际上到头来是横天霸地的超人、元首及在地狱般的集中营让知识分子脱胎换骨的暴虐无度丧尽天良的劳教所管理员。以上第二句也说你们应当悔改,但比第一句增加了一种信息:"天国近了"。第三句在前两句基础上只增加了三个字"信

① 麦格福(Alister E. McGrath):《基督教神学手册》,第441页。
② 《鲁迅全集》第1卷,第431页。
③ 《新旧约全书》,太3:2。

福音"。第一句传达了典型的人的救世的信息,第三句传达的是典型的神的救世的信息,提供了一个神性的层面,信仰的层面,终极关怀的层面。前者包含着人的肉体的消灭,后者是完全意义上的人的拯救;前者是血与火的洗礼,后者是圣灵的洗礼。而在神的眼里,人的那种包含着血腥的快刀斩乱麻的所谓对人的拯救根本就不是拯救,神不叫这地上的一个人丧失,他要叫所有人得救。因而,耶稣基督的话不仅仅指出了人类得拯救的路途,而且,蕴涵着离开神,人什么也不能做的告诫,这一告诫的信息是对人的救世思想局限性的否定,蕴涵着根本性的启示。

狂人确实是汉语文化景观中出现过的最杰出、最卓越的救世者,他确实是汉语大地上出现过的最令人鼓舞的希望之光,但等到我们对耶稣的净洁无瑕和他救世的本质有了体认时,我们最终发现,在耶稣基督面前,狂人这个救世者是苟且的。耶稣的救世才真正叫人深思。写《犹太史》的以色列人阿巴·埃班说:"犹太人的历史之所以引起人们的尊敬和惊异,首先是因为它证明了从原始起点重新出发是可能的。"①这个意思,或许可以作为我们把狂人和耶稣对比之后,对耶稣启示的一个基本的进一步的回应。

---

① 阿巴·埃班:《犹太史》,阎瑞松译,中国社会科学出版社 1986 年版,第 2 页。

附

近二十年来基督教文化关联中的鲁迅研究综论

无论从文字史料整理的角度,从思想史的角度,从不同文化现象对比的角度,从考察不同文化资源如何造就人及会各自造就怎样的人的角度,还是在自我生命经验真切体察的角度,把基督教文化作为一种参照资源而研究鲁迅,已成为自80年代中期以来鲁迅研究界一个引人注目的学术亮点。

近二十年基督教文化关联中的鲁迅研究主要表现在以下几个方面。

探讨

刘小枫的《拯救与逍遥》是这种思考和探索的杰出典范。刘小枫从探讨鲁迅精神的实质入手,对比了基督教文化信仰层面的救人与世俗层面伟人英雄救人之不同,陈述、对比和分析了古今中外鲁迅精神脉络在世俗层面与基督教文化及信仰层面,各自救世的实质和各自可能的程度。刘小枫说,认识到人性恶和世界的不义是许多杰出思想者的共同特点之一,关键问题是认清之后进一步该怎么办。发现恶的真相是重要的,但选择真正能够根除恶的有效方法更为重要。只有那些在面对恶时看清和选择最能造福于人类的观念和途径,最有可能真正把人类领向希望而不是绝望、领向光明而不是黑暗、领向爱而不是恨、领向建设而不是毁坏、领向拯救而不是逍遥的思想家才是人类应该珍惜和感谢的思想家。在这一关键点上,有些思想者貌似勇猛但他的选择却实际上恰恰是走向恶的深渊而不是拯救。鲁迅虽然选择了拯救,但鲁迅拯救所信靠的精神资源和手段都是可疑的。鲁迅的觉悟,是看清人性恶的真相。鲁迅有看穿世界恶的洞见,但在看穿世界之恶后,他不是提出有效消灭恶的办法,而是反过来企图借助恶的力量来改造世界,也就是说,他反而实际上肯定了恶的存在价值。① 刘小枫说,与鲁迅因其洞见在中国赢得声誉一样,陀思妥耶夫斯基因其洞见在欧洲赢得了声誉。鲁迅是因着怀疑、否定、愤激、斗争和绝望,陀思妥耶夫斯基是因着信念、肯定和盼望,是靠着上帝的善、正义、爱、神圣,靠着对上帝的信仰。鲁迅"硬骨头"的精神是什么? 就是与陀思妥耶夫斯基、托尔斯泰、卡夫卡、艾略特等通过信靠上帝的爱、宽容、怜悯、同情和拯救的办法解决问题的"软骨头"精神相比,鲁迅并不相信爱(软的)的拯救力量,而相信恶(强硬的)的事实力量,以恶抗恶,紧握投枪打硬仗。② 刘小枫说,与鲁迅汉语语境相对照,在基督教文化语境中,即便人们真的深陷恶中,也不肯定恶的价值意义,即便人们不能改变恶的事实,也不认同和屈从恶。在基督教文化语境中,索尼娅的典型问题是:"没有上帝我怎么活"。亦即,没有爱、同情、悲悯、公义、拯救及对上帝的永恒信仰,我怎么活。而在鲁迅精神中,"要反抗世界的恶,人就得恶。"③刘小枫说,鲁迅觉悟后向虚无和无情低头,给黑暗捣鬼,而不是用爱和信念来拯救世界,那么,鲁迅的"觉悟"就并不显得"深刻"和"犀利"。虽然鲁迅从未放弃希望,但如果没有把希望寄托在爱和永恒真理的信念,而是给予姑且的复仇、斗争和毁灭,那么,这样的希望实际上就是绝望④。"在现世恶中承负恶而又不被恶吞噬的希望,来自上帝在现世中受苦的爱。领受这种爱,首先要求人的灵魂对神圣美好的东西谦卑和恭顺。既然

---

① 参见刘小枫:《拯救与逍遥》,第273—350页。
② 参见刘小枫:《拯救与逍遥》,第328—329页。
③ 刘小枫:《拯救与逍遥》,第330页。
④ 刘小枫:《拯救与逍遥》,第338页。

怨恨已经占据了这个灵魂,鲁迅所说的希望实际上是坟墓。"①
而在这一点上,鲁迅自己其实也有极为清晰的自我认识,鲁迅
"不愿将自己的思想传染给别人。何以不愿,则因为我的思想
太黑暗,而自己终不能确知是否正确之故。"②鲁迅对自己的精
神缺陷有清晰的认识,但鲁迅身后的研究者却多忽略之。

刘小枫说,在卡夫卡等西方思想者看来,找不到承负恶的力
量是人不幸的本质,无处不在的恶勾销了人反抗恶的能力。他
们认为,上帝是区分善恶的价值根源,区分善恶是上帝才有的能
力。人承受不起分辨善恶这个事实的重量,人分辨不了,又承受
不起,于是,人会在一个极端境域里干脆把善恶一笔勾销。在卡
夫卡们看来,人如果放弃分辨善恶的准则,必将死得连狗都不
如。"上帝不是形而上学的善恶原则,而是逾越了善恶的神圣
爱体,善恶原则不过是上帝之爱在现世中的体现。"③关于拯救
的道路,刘小枫说,鲁迅与基督教文化语境中的卡夫卡等思想者
不同,鲁迅认为,地上本没有路,人可以随便踏出一些路;而卡夫
卡们则认为,"我走向哪里呢?"如果离开上帝而完全由人做主,
那么,"目的唯有一个,道路则无一条。我们谓之路者,乃踌躇
而已。"④解决现世恶的问题,道路只有一条,就是信靠上帝,就是
信靠上帝给人类的律例、典章、诫命、法度和永恒的爱,"这意味
着,人无法自救,只有上帝能救人,上帝救人走的是甘愿受苦的至
爱的道路。借助于十字架记号,一息生命才得以与上帝相遇"⑤。
刘小枫说,中国人如果一直以鲁迅这根"人的脊梁"为最可靠,而

---

① 刘小枫:《拯救与逍遥》,第 340 页。
② 刘小枫:《拯救与逍遥》,第 340 页。
③ 刘小枫:《拯救与逍遥》,第 346 页。
④ 刘小枫:《拯救与逍遥》,第 348—349 页。
⑤ 刘小枫:《拯救与逍遥》,第 349 页。

不祈祷求告上帝的救恩,那么,人的拯救便总陷于貌似真实、勇敢、可靠的怀疑、否定、抗争、毁灭、彷徨和绝望的反复轮回之中。

刘小枫的《拯救与逍遥》等文字对中国学界产生了极大的正面影响,刘小枫站立的精神资源对中国一些真正致力于学术和思想研究的人产生了极大的心灵触动和感召,《拯救与逍遥》引发的建设性思考广泛而深远。刘小枫的文字之后有很多正面回应的声音。何光沪有一篇《拯救与逍遥》的读后感,题目是:"这个世界最需要爱"。他说,"小枫所说的'拯救',是正视苦难,弘扬爱心,迈向超越;小枫所说的'逍遥',是漠视苦难,冷却爱心,自求超脱。"①刘小枫涉及鲁迅的文字同时引发了鲁迅研究界一些质疑的声音。有人认为刘小枫所肯定的基督教文化以及基督教文化影响下的西方作家的思想都救不了刘小枫和中国。对批评刘小枫的文字也有回应文字。有文章说,一些质疑者根本就没有读懂刘小枫的意思,说,刘小枫认为"相信"、"信仰"的问题是中国最重要但一直没有得到解决的问题,提出这一问题和老实面对这一问题都很重要。这一"对话"同时存在的关键问题是,刘小枫提出问题的基督教文化资源的知识体系,比如希腊语早期基督教思想、中古拉丁语基督教思想、近代以来诸民族语文的天主教、新教、东正教之基督教思想、犹太教思想学典以及现代汉语基督教思想等历代基督教学术思想经典著作②,都

---

① 何光沪:《有心无题》,三联书店1997年版,第36页。

② 比如刘小枫主编的"历代基督教思想学术文库"包括古代系列:希腊化时期至十五世纪基督教思想文献;现代系列:十六世纪至二十世纪基督教思想文献;研究系列:十九世纪末至今以人文学角度研究基督教思想之学典,香港的汉语基督教文化研究所、北京的中国人民大学出版社、上海的上海三联书店都出版过汉语简体版本,至少这些能在大陆找到的材料,是试图与刘小枫对话的中国学人起码应该读的。参看港汉语基督教文化研究所"历代基督教思想学术文库"之总序。

是试图与刘小枫对话的一些中国大陆学人不太知道的。一些学人在没有系统了解某一学科，甚至对该学科实际上不知的情况下站出来与熟知该学科的人对话，这种对话就不会有建设性意义。这同样关涉到思考或谈论的一个基本定律，任何人，想要思想或谈论一个问题，首先就必须拥有思考那个问题所需要的起码的知识资源。

梳理

这类研究基本上站在"五四"以来的汉文化背景下，在更大程度上站在汉语人文主义精神资源背景下审视与鲁迅有关联的基督教文化信息。这类研究的文字较多，如马佳《十字架下的徘徊》、杨剑龙《论鲁迅与基督教文化——为纪念鲁迅逝世 60 周年作》、《基督教文化与中国现代文学》、王本朝《基督教与鲁迅文化心态阐释》、管恩森《耶稣·撒旦·鲁迅——鲁迅与基督教文化发微》、许正林《鲁迅与基督教文化》，陈思和《现代作家与基督教文化》、《中国现代文学与基督教文化》、刘勇《中国现代作家的宗教文化情结》、刘锋杰和严云受《鲁迅象征创作的意象资源及独创性》等。

《十字架下的徘徊》之"鲁迅：孤独、受难中冷眼反抗的基督形象"认为，鲁迅与耶稣有很多思想行为的相似之处。比如鲁迅的牺牲精神，认为肩住黑暗的闸门让孩子们到宽阔光明的地方去的鲁迅相似于背负十字架救赎万民的基督耶稣，耶稣作为伟大的宗教家与鲁迅作为伟大的诗人在人格气质上是一致的，耶稣基督作为毫无过犯的人，作为救世者被人钉死，"被钉死的基督是孤独的人之精魂，是人类的悲哀，"而作为先觉者的鲁迅在耶稣基督的受难和复活里依稀可见①。管恩森从资料梳理的角度,认为,鲁迅"以'拿来主义'的独到眼光对基督教进行了选择和看取。他对基督教对人的精神的引导、熏陶作用予以充分重视,尽管他多次写文章揭露中世纪基督教神学统治的黑暗,但他之比一般人高明,乃在于同时看到了别人看不到的地方。""鲁迅在文化选择上的高人之处,就在于他不仅看到自己与耶稣的契合,而且对基督教否定和诅咒的撒旦,也从他个人独特的理解上来加以认同和肯定。"鲁迅与耶稣一样是"面对庸众的先觉者",但他更是一个勇猛的反叛者。杨剑龙认为,在鲁迅所接触、汲取的西方文化中,基督教文化也是鲁迅热心关注的,鲁迅以"拿来主义"精神辩证地对待基督教文化,基督教文化对鲁迅的个性思想产生过深刻影响,鲁迅是一位为拯救世人而受难的基督。② 王本朝说,基督教文化既为鲁迅的启蒙思想提供了价值反思之镜,也转化成为其自身的一种情感体验和行为方式:忏悔与救赎,牺牲与超越,同时,鲁迅又消解了宗教的终极关怀而回到了个体性与现实性的人文价值层面,完成了对基督教的批评和超越,实现了鲁迅从思想启蒙到文学启蒙再到现实改造的话语转型和心理重构。③

以上研究的基本风范,对鲁迅和基督教文化都保持着事实

---

① 马佳:《十字架下的徘徊》,学林出版社 1995 年版,第 13 页。马佳是较早试图把鲁迅和基督教文化资源关联起来的学者,但其着眼点仅仅在表象的知识材料,未深入到精神实质层面。此特点也是大陆基督教文化关联中鲁迅研究的普遍特点,已发表的多数文章均属此类。

② 杨剑龙:《论鲁迅与基督教文化——为纪念鲁迅逝世 60 周年作》,载《上海师范大学学报》1996 年第 3 期。

③ 王本朝:《基督教与鲁迅文化心态阐释》,《贵州社会科学》1995 年第 3 期。此类文章与大陆众多相关文章一样对基督教文化信息表现出明显的陌生与隔阂。

上的距离。从外观上看，这类研究的观念、方法、意识、姿态都更具有"五四"以来汉文化背景中的公众认同性。论者始终把鲁迅和基督教文化二者看为论说的客观对象而直陈，而论断。论者就个体情感而言是旁观者，就有关资料而言是汉文化资源的知识者，就对事理明辨的可信度而言是客观材料的陈述者。

体验

摩罗《因幸福而哭泣》、《不死的火焰》、《大地上的悲悯》（甚至《论当代中国作家的精神资源》、《论二十世纪中国知识分子的精神历程》、《论中国文学的悲剧缺失》、《耻辱者手记》、《自由的歌谣》等）等是与基督教文化关联中鲁迅研究的生命经验性文字。摩罗基督教文化关联中鲁迅研究的明显特点是，（一）不侧重鲁迅文章的理论性阐释和注解，不关心鲁迅的文章作得好不好，而是与鲁迅一样关注活生生的现实，关心社会中的不公义、关心民间疾苦、关心人的尊严，跟鲁迅一样渴望和努力使人间比眼见的好一些，跟鲁迅一样呐喊、彷徨，跟鲁迅一样有时候热情、激越，有时候尖锐、犀利。跟鲁迅不一样的是，摩罗、余杰更倾向于肯定爱、宽容、悲悯、神圣、永恒、拯救和信仰，更注重于眼见现实中良好精神的培育。（二）不侧重论断基督教文化哪儿对哪儿不对，只是让基督教文化信仰中的爱养育自己、造就自己、掌管自己，让基督教文化中丰盛的悲悯在他身上自由生长而使他不得不由于内心的感动而关心生活中具体的愁烦事。（三）摩罗的生命经验使他既是鲁迅的追随者，又是耶稣基督的爱的无言的实践者和注解者。摩罗不是在纸上而是在心里和行动上触及基督教文化所关心的真实问题本身,他不是在纸上而是在行动中关心被丢弃在街上的婴儿、为贫病交加的下层穷人奔走。不是摩罗做得比别人好,而是摩罗在心里拥有一种以爱、宽容和拯救为核心的精神资源。钱理群《拒绝遗忘》、《与鲁迅相遇——北大演讲录之二》等文字都有近似特点。钱理群《人间至爱者为死亡所捕获——1936年的鲁迅》从鲁迅的人生终点阅读鲁迅,"回到现场"、"触摸历史"、细致体察鲁迅的生活和心情①,虽然没有明确谈论基督教文化的文字,但关注的爱的主题是基督教文化的核心,钱理群关心人类、坚持真理,对众生的悲悯、体恤、宽容和爱,对大地生命的敬畏感、神圣感等精神品质,都与基督教文化的精神品质相一致。

太多的人把心思用在研究上帝上,而没有用在按照上帝的教诲行出好行为上。克尔凯郭尔说,上帝的话语是人类行动的一面镜子,这个镜子是要人类关照自己以正自己的行为,而不是要人类去研究镜子。他说:"一个人伟大与渺小完完全全取决于他自身与上帝交往的程度","在你读上帝的言词时,赋予你责任的,不是不明之处,而是你所理解的地方,而你要马上满足这点。如果在圣经中只有一处是你所理解的,——行动吧,你要首先按照这一处去做;而不是要先坐下来,思考不明之处。上帝说出言词,是为了让你照此行动,而不是为了让你练习思考不明之处。"②圣经说:"听道而遵行的人有福了。"③

① 钱理群:《与鲁迅相遇——北大演讲录之二》,第12—59页。
② 克尔凯郭尔:《基督徒的激情》,鲁路译,中央编译出版社2001年版,第8—13页。
③ 《新旧约全书》,路11:28。

信念

　　宋泉盛是台湾的基督徒、牧师,曾任台南神学院院长,有
《第三眼神学》、《耶稣,被钉十字架的人民》等神学著作。宋泉
盛认为,"苦难人民的故事是了解和解释耶稣的'境域'(hori-
zon)"①。他试图建立"人民解释学"以回答人类的诸多问题。
在宋泉盛看来,人民,就是"在耶稣的时代、我们的时代、
及将来的时代,经济上被剥削、政治是受压迫、文化上和宗教
上被隔离、性别上、种族上和阶级上被歧视"② 的人。宋泉盛
关注的人民与鲁迅关注的人民很相似,他们对人民本质的阐释
亦多共同处,但他们对人民自由解救之路途、方法的认识大为
不同。

　　《耶稣,被钉十字架的人民》中有一节"人的摧残性力量",
专门论到鲁迅。宋泉盛完全站在全人类共同立场上看鲁迅,在
谈到《狂人日记》中狂人翻开历史看见"吃人"时,宋泉盛说,鲁
迅不单单揭示了中国历史的罪恶,实际上也揭示了整个人类的
罪恶,"鲁迅似乎可以进一步地说,他在中国历史发现了这个可
怕的事实,使他几乎无颜面对上帝。中国的历史,向来被歌颂为
五千年博大精深的悠久文化,骨子里却是一个吃人的文化! 其
实其他国家的历史岂不也是这样吗? 整个人类历史岂不正是这
样吗? 耶稣的十字架屹立在吃人的历史中,岂不正是暴露了人

---

① 宋泉盛:《耶稣,被钉十字架的人民》,译者序。
② 宋泉盛:《耶稣,被钉十字架的人民》,译者序。

类最丑恶的罪恶吗?"①宋泉盛把鲁迅比作希伯来人的先知,认为,在狂人"从来如此,便对吗?"的质问中"我们感受到一颗被长久以来积累的人类悲剧以及近代社会政治重复出现的乱局所压伤的先知心灵,发出深沉的悲痛及难以言喻的悲愤"②。他说,狂人的眼光启示我们,"要像希伯来先知和鲁迅一样,掀开被压抑的历史真相,修正被权势所扭曲的历史。"③认为,"我们在狂人身上看到的正是对于国家病症忧心忡忡的鲁迅本人。"宋泉盛在充分肯定鲁迅精神的人类意义的同时,反复论证鲁迅的这样一种思想,即:鲁迅在不遗余力地揭示为广大民众远远未能察觉的来自于人类本身的对人类自身的摧残性魔力。他认为,《狂人日记》正是"暴露了历史中摧残性的魔力对人类生命的斫伤"。④ 宋泉盛进而对鲁迅的这种历史经验在心理学角度予以对观,他认为,弗洛姆《人类毁灭性的剖析》勘察的是人类摧毁性魔力的一种真相,如弗洛姆所言,"人类的历史是一连串摧毁、残酷的记录。人类的攻击性远非我们的动物祖先所能望其项背。与大多数的动物相比,人类才是真正的'杀手'","只有人类能够不因其他目的,而单就摧毁生命的活动本身寻找乐趣。更露骨地说,只有人类懂得不为了护卫或争夺自己的需要,只为毁灭而进行毁灭"⑤。

在宋泉盛的阐释中,鲁迅身陷人类共同本性的灾难之中,鲁迅揭示的,恰好是人类共同本性的灾难,而不仅仅是民族文化的缺陷。在这样的眼光中,要解决鲁迅试图解决的问题,就必须对

---

① 宋泉盛:《耶稣,被钉十字架的人民》,第40页。
② 宋泉盛:《耶稣,被钉十字架的人民》,第41页。
③ 宋泉盛:《耶稣,被钉十字架的人民》,第42页。
④ 宋泉盛:《耶稣,被钉十字架的人民》,第42页。
⑤ 参考宋泉盛:《耶稣,被钉十字架的人民》,第42页。原引 Eric Fromm, The Anatomy of Human Destructiveness (N. Y. : Fawcett Crest, 1973), p.210.

人类本性予以警觉,对上帝神圣的爱的救赎予以回应。

文化构建

　　与刘小枫的探讨相似,刘再复、林岗的《中国文学的根本性缺陷与文学的灵魂维度》、谢有顺的《懦弱在折磨着我们》①、笔者的《"非暴力"的力量强还是弱——基督教文化语境中谈鲁迅面对暴力》、《独一无二的鲁迅》②、《鲁迅生存语境与基督教文化语境比较观》、《基督教文化语境中谈忏悔——由鲁迅话题引出》、《人的救世与基督的救世——基督教文化信息关联中鲁迅人文形象认知之一》等系列论题,关注的是鲁迅精神的本质问题和汉语人文精神应该在基督教文化资源里重新建构的问题。刘再复、林岗认为,"中国现代文学虽然受到西方文学的巨大影响,但仍然缺乏叩问灵魂的维度。""鲁迅在陀思妥耶夫斯基的灵魂法庭门前站住,然后退出,这可以看做是一种象征现象:在新文化运动中诞生的中国现代文学,有它先天的弱点,和最伟大的文学相比终究存在隔膜。鲁迅的退出说明了即使是具有巨大思想深度并解剖过国民集体灵魂的最伟大的中国现代作家,也没有向灵魂的最深处挺进。"说,只有引入西方信仰之维、爱之维,才能完成中国人文精神的新的"凤凰涅槃"。③

① 谢有顺:《懦弱在折磨着我们》,http://www.godor.com/xinyang/default.htm 第八期,2003 年 10 月。

② 刘青汉:《独一无二的鲁迅》,《书屋》2002 年第 2 期。

③ 刘再复、林岗:《中国文学的根本性缺陷与文学的灵魂维度》,原载《学术月刊》(沪),2004、8、8—19。http://www.godor.com/xinyang/default.htm 第十七期,2004 年 7 月。

笔者认为,在与恶势力的抗争中,鲁迅看到"非暴力"的弱,而在基督教文化语境中,就人类根本救赎言,暴力解决不了根本问题。"非暴力"的强力显示在其对暴力的瓦解方面而不在竞争方面。战胜恶的强力不是来自更毒的恶,而是来自善①。论到爱,刘青汉说,鲁迅生存语境中的爱是源于人的、有缘故的、有等次差别的、相对的爱,基督教文化语境中的爱是源于神的、无条件的、无分别、绝对的爱。前者爱应该爱的人,后者爱所有人,前者具有封闭性、变化性和矛盾性,后者具有开放性、一致性和永恒性②。论到忏悔,刘青汉说,虽然鲁迅肯定忏悔,虽然很多人要求日本人为他们在二战中向中国和亚洲其他地区人民犯下的滔天罪行忏悔,要求中国"文革"的罪恶制造者为他们的罪忏悔,但一个根本的问题是,在日本这样没有上帝、没有永恒审判者、眷顾者、垂听者、赦免者、拯救者、没有永恒真理、没有罪感的文化里,怎么可能生出忏悔的人心呢?没有永恒的诉向,没有永远的爱人者,人能向谁祷告呢?在汉文化和日本文化语境中,有的是权术、阴谋、杀虐、心安理得和变本加厉,没有忏悔。有的是更进一步更诡秘的阴谋、更残暴的杀虐和更愚顽的心安理得,没有知罪、认罪、悔罪、净罪、离罪。没有忏悔,没有重生。

问题到底出在哪儿?出在精神资源。是汉文化和日本的文化精神资源存在根本缺陷。那样的精神资源不能造就人。那样的文化精神资源只能造就阿Q、曹操和以屠杀生命为最高追求、把杀人当艺术来耍玩的、心身变态的武士道徒而不可能造就健

---

① 刘青汉:《"非暴力"的力量强还是弱——基督教文化语境中谈鲁迅面对暴力》,《师资培训与管理》2001年第3期。

② 刘青汉:《鲁迅生存语境与基督教文化语境比较观》,《西北师大学报》2001年第6期。

全的人①。就精神品质而言,健全人应该同时具有神性、人性和物性关怀,而鲁迅只关注人性。在基督教文化语境中,神性内涵是指神的无限性、自存性、不变性、无所不能、无所不在、无所不知、公义、爱、信实和救恩,人性内涵是指上帝的荣耀、堕落、有限、暂时、相对、盲目、愚拙和蒙神拯救的指望。在改造中国人精神的努力中,鲁迅总是站在人性立场上,力求现实的、具体的、有限的、相对的稳靠,而不求神性立场上属灵的根本救赎。神性关怀之缺失是鲁迅精神构成的一个重要缺陷。神给人的爱是无条件的,神给人的救恩是无限的。鲁迅汉文化资源中改造国人精神的人性努力已经达及顶峰,顶峰之上再没有高处,高处之外再走一步是鲁迅的绝望。汉文化语境中的人应该在鲁迅人性关怀和追求的绝望处尝试着对基督教神性文化思想资源予以体察、认知和拥有。②

　　鲁迅是人类的而不仅仅是民族的,需要明确的是,只有把鲁迅放在全人类共同资源的大文化视域而不仅仅拘泥于中国文化视域中时,鲁迅才是人类的;只有把鲁迅精神中源于中国文化精神资源的暗的一面的品质在人类大文化视野中审视清楚时,鲁迅才是人类的;只有把鲁迅这座中国文化高峰的绝望处境对接到诸如基督教文化爱的、救赎的、希望的连接点上,由仇恨转化为爱、由斗争转化为平和、由否定转化为肯定、由怀疑转化为坚信、由刑法转化为救赎、由毁坏转化为建设时,鲁迅作为中国文化高峰的,主要以暴露、怀疑、颠覆、抗战、理性、绝望为特征的价值定位,才能转化为出离国家民族而面向世界的、关怀宇宙众生

---

　　① 刘青汉:《基督教文化语境中谈忏悔——由鲁迅话题引出》,《道风:基督教文化评论》(香港,汉语基督教文化研究所)2003 年春季。
　　② 刘青汉:《人的救世与基督的救世——基督教文化信息关联中鲁迅人文形象认知之一》,《鲁迅研究月刊》2004 年第 4 期。

的、关怀共同危难、分担共同责任、分享共同幸福的以爱(而不是以恨)、以善(而不是以恶)、以谦卑(而不是以张狂)、以道理(而不是以情绪)、以盼望(而不是以绝望)、以建设(而不是以砸烂毁坏)为基本价值定位的全人类公共的精神财富。中国文化资源中的鲁迅研究者当然明白,鲁迅痛苦的目的不是为了痛苦而是为了实现幸福,恨的目的不是为了恨而是为了实现爱,怀疑不是为了怀疑而是为了实现肯定,暴露是为了治疗,破坏是为了建设。这很多不为鲁迅所拥有的光明的一面,正是鲁迅努力要实现的。而这所有光明的一切,在基督教文化资源中,都在爱里。

中国文化资源中的鲁迅研究者或许应该明白,我们要捍卫的鲁迅精神不是鲁迅自身已拥有的较为暗的那些品质,而是由鲁迅精神延展出去由永恒的爱昭示的鲁迅的盼望和追求。因而,在鲁迅之后,以匕首投枪的战斗姿态、或以愤世的姿态、或以玩世的姿态出现的鲁迅的热爱者、追随者或保卫者其实只能算为部分理解和继承鲁迅的人。以爱、宽容、悲悯、仁慈等品质面对人生,宣扬和培育爱的人,才是对鲁迅精神积极继承和健康延伸的人。鲁迅精神的人类价值昭示我们,人类最宝贵的尊严、价值、意义都在鲁迅的眼前而不完全在鲁迅的姿态本身。

鲁迅精神的人类价值告诉我们,在中国文化语境中,鲁迅改造国民性的努力几近绝望,鲁迅是中国文化的一座高峰,而高峰的高处却是绝望。鲁迅确实是一座桥,中国文化资源中的人要最终走向盼望,就必须走进鲁迅,然后出来。必须走进鲁迅,就是必须开始不再蒙和骗,就是开始像鲁迅一样正视和直面现实。走出鲁迅就是走离具体的鲁迅而走向鲁迅的眼前、鲁迅的盼望:爱的人间。这是中国文化资源中鲁迅研究最应确立的价值定位,也应该成为中国文化精神资源自身不断净化的内在要求。

鲁迅精神最辉煌的光明也许就是这一引领和昭示。

只有在出离有限的中国文化资源而进入人类共同的精神资源,我们才有可能关怀人类共同的危难、分担人类共同的责任、分享人类共同的幸福,以爱(而不是以恨)、以善(而不是以恶)、以谦卑(而不是以张狂)、以道理(而不是以情绪)、以盼望(而不是以绝望)、以信仰(而不是怀疑)、以建设(而不是以砸烂毁坏)谨慎而中正地面对和把握人生。

此课题的研究以大文化眼光把全人类及其精神的存在看为一个整体,认为,"五四"以来由鲁迅达到巅峰的汉文化精神资源在造就人这一点上存在缺陷,而基督教文化资源对汉文化资源是一种积极的、有效的、建设性的补充。这种资源对当下中国和谐社会的构建必将产生积极的影响。

总的来说,基督教文化关联中的鲁迅研究在鲁迅及汉语思想史研究领域是一个极其重要而又全新的课题,从全人类大文化眼光及中国人文精神建构的角度看,此一课题的研究有待更自由、更广泛、更深入地进行下去。

参 考 书 目

1. 刘小枫:《拯救与逍遥》,上海三联书店 2001 年版。

2. 刘小枫:《走向十字架上的真——20 世纪基督教神学引论》,上海三联书店 1995 年版。

3. 钱理群:《与鲁迅相遇——北大演讲录之二》,三联书店 2003 年版。

4. 马佳:《十字架下的徘徊》,学林出版社 1995 年版。

5. 乔治·W.传瑞德著,吴文秋译:《圣经系统神学研究》,基督教橄榄文化事业基金会,1997 年版。

6. 高金田:《关系中的实体——上帝、人与自然》,永望文化事业有限公司 1993 年版。

7. 何光沪:《有心无题》,三联书店 1997 年版。

8. 吴明节著,Graig Moran 英译:《基督教与中国文化的接触点》,道声出版社 1990 年版。

9. 孙郁、黄乔生主编:《回望鲁迅》,河北教育出版社 2002 年版。

10. 布鲁斯·米尔恩著,蔡张敬铃译:《认识基督教教义》,校园书房出版社 1992 年版。

11. 刘小枫主编:《历代基督教学术文库》,汉语基督教文化研究所、中国人民大学出版社、上海三联书店、三联书店等出版。

12. 摩罗:《因幸福而哭泣》,中国工人出版社 2002 年版。

13. 宋泉盛著,庄雅棠译:《耶稣,被钉十字架的人民》,信福出版社 1992 年版。

后　记

　　盼望鲁迅研究界前辈及同行原谅我的简单认知,因为我把鲁迅研究的关心点最终契合到了小时候的一个淳朴愿望。小时候,我心里总盼望世上充满善良的人,我想这一点非常重要,这当中的道理毋庸置疑。大一点儿之后,心里常问,什么原因使得世人竟然像我常听到和见到的那样充满暴力与邪恶。我感觉我的理想与鲁迅切近。我用心读了鲁迅的文字以及与鲁迅相关的研究性文字,我探寻的心思执著,希望一些模糊的思绪变得清晰。探寻的过程让我明白了一些“五四”以来与鲁迅相关的知识方面的道理,但心里的一些期望还是没有得到契合。一个明显的状况是,越认同鲁迅,越与鲁迅信息关联密切,我的思想和人生就越陷入焦虑、紧张、沮丧和绝望。我是鲁迅的追随者,是面向某一前景的探寻者,而我走在后面,我追寻的感觉有时变得模糊,而当我回过头安静下来,一个简单感觉就凸显出来:鲁迅集中精力在解决他人的问题(集群的、社会的、弱小民族的、国民性的),鲁迅是一个社会型人,鲁迅理想的核心是社会公义,而我心里关注的,是我个人、其他个人内在的问题。好长时间之后我的感觉才变得清晰,在对现实的认识和对理想的设定方面,我的心向和鲁迅完全一样,但在出发点和路径上似有不同:鲁迅在寻求社会正义,而我在盼望人心善良。鲁迅的出发点和最终愿望集中在社会正义问题,是从发现社会非正义开始的,大声疾呼,奔走呐喊瞄准的是社会非正义,而以为可行的办法是社会化改造,目的是实现社会正义;但我总是小时候的一个想法,极其简单,一个不容置疑的认识:最重要的是人要好,人要善良,所有人要善良,所有人在所有时间要善良,不能有人不善良,不能有人把不善良英雄化,人善良了社会才好,人如果不善良,什么社会都不好。就是说,最重要的是人心本质好不好的问题,是人心善良不善良的问题,是人的灵魂是否归正的问题,是人的心是否与天理同在的问题。

与以上感觉相关,与现有的鲁迅研究状况相关,一个困惑长时间横在心中,让我抹去不了,回避不了。这个困惑是,周围较多的人、较多的话语、日常生活、"五四"信息、古代人文景象等,太把精力放在恨(而不是爱)、怀疑(而不是肯定)、否定(而不是肯定)、负面(而不是正面)、反叛(而不是顺服)、斗争(而不是和解)、毁坏(而不是建设)上面,并且总说目前这个特殊的历史现实迫使他不得不这样,好像隐含着"首先"之后接下来要做的更重要的事情,就是相信、平安、善良、人道、慈爱、哺育和建设的事情,但遗憾的是,各个历史阶段似乎都是这样的特殊时期,以至于所形成的整个历史是一个缺乏平安、缺乏善良、缺乏建设的怀疑、斗争和破坏的历史。在这样的历史中,人们不是为缺乏善良、缺乏尊严、缺乏人道、缺乏幸福而感到遗憾,而感到羞愧,而感到屈辱,而反思,而呼吁人道,而撒播慈爱,而培育善良,而建设幸福人生,而是在原来的老路上变换旗帜继续更加猛烈地怀疑、否定和毁坏,而且把这样的言行正义化、英雄化、道德化、体制化、规范化、系统化、习俗化,而理所当然地灌输。这种情况令人担忧的本质之一是,人们过度关注了宏大社会,忽略了作为社会实际构成的一个个人自身,忽略了最终决定社会本质的人的内在精神。无论社会如何被改造,社会如何变换,当社会中的一个个具体的人自身是怀恨的人、凶恶的人、不善良的人的时候,社会的变换就没有意义。还是像小时候一样(我内心盼望有知识有学问的人容忍我只有小时候的这么一点点见解,容忍我始终坚持和珍惜小时候的这么一点点智慧,而且理解我的真实感受:童年理想往往是一个人一生中最美好、最宝贵和最有价值的,与宏大知识无关),我想,事情应该反过来,我想人们应该朝善良的方向走,应该抓住善良不放手(而不是抓住社会改造不放手),应该朝好的方向盼望和培育,而且必须用好的方法,善良的方法,应该对人善良,应该感受善良,应该爱人,应该让人爱,我想,这是最重要的,而且是唯一重要的。现在我已经是介于不惑与知天命之间的人了,说实在话,我常常盼望人与人之间的关系简单,人的生活状态简单,人各自有尊严,人各自有尊贵的爱心和自由。我想,一个人、一个社会的人若以仇恨和不善的心意去行事为人,那么,无论这样的愿望能否实现,无论这样的行为能否取胜,这样的人和社会的根本命运永远是灾难型的,对自己、对人类、对大地都是灾难型的。比如非常简单的相关事:比如面对大自然环境,如果你对大自然的态度和行动是恨和斗,是改造和征服,那么,这样的自然环境注定会变成灾难型的,本来美好赐福的雨水降在这样的土地上就是洪灾,本来灿烂光明的太阳照在这样的土地上就是旱灾,本来正常的风从这样的土地上吹过就是沙尘暴,这样的被征服、被毁坏的大地渐渐会丧失天然的良性生态而慢慢变成无力承接任何本来福分的灾害型大地。人心生态、社会生态和自然生态演变的道理是一样的。

鲁迅在揭示真相,在造假和伪装太多的历史现实中,揭示真相的工作有重要价值意义。但进一步,揭穿真相之后要做的事同样有价值。有人常常以鲁迅的名义,以鲁迅继承者、同道者、

后记

335

保卫者、看管者的姿态恰恰在向与真正幸福人生状况相反的方向拼命呼喊和奋斗，恰恰在背弃和辱没善良、诚实、爱、宽容、怜悯、慈悲、天理、秩序和信仰等正面建设的良性精神资源，在辱没善良本身，而选择和宣扬凶恶、欺骗、仇恨、狭隘、冷漠、自私、混乱和无信仰等负面的因素。令人担忧的局面是，由这些负面精神资源相互造就和相互回应的人生与社会就是混乱的灾害型人生和社会。对这种情况，我一直感到遗憾，这个遗憾关涉较多自以为鲁迅同道者或继承者的高言大智的学者，关涉被这些知识者同声喝彩的"五四"文化的某些本质，关涉好长时间以来我自己所接受的整个知识体系、文化资源结构及价值判断依据。

我认为钱理群先生是有基本认知能力和赤子之心的真正的鲁迅研究专家，这样真实的鲁迅研究专家非常稀少，非常宝贵，我从内心非常珍惜钱理群先生在这个时代的存在。钱理群先生认为，鲁迅一生对任何思想体系、任何人都保持着拒绝收编的姿态。钱理群的意思是，鲁迅是一个真正文化立场的人，一个独立思想的人，一个始终力争自由可能性的人，一个给别人充分尊重的人。如果钱理群对鲁迅的判断是正确的，依我的简朴眼光看，在整个人类生存经验和知识资源体系当中连一样都不接受，连一样都不赞同，那么，这不能说是人类的问题，而可能是鲁迅自身的问题，不能说是人类的不幸，而可能是鲁迅的不幸或某种文化的不幸。进一步，如果追随鲁迅追随到怀疑一切，拒绝一切，那么，这样的追随本身可能就凸显成一个需要进一步冷静思考的问题。冷静地说，如果说鲁迅的努力和话语系统确实是处在必须对假象进行怀疑、否定、揭穿的特殊历史阶段和特殊现实环境，那么，就必须进一步说，基于对鲁迅努力和话语系统阶段性的认识，在鲁迅阶段之后进行正面稳健的哺育、培养、造就和建设的工作，就应该是鲁迅后人的责任和义务，也就是鲁迅研究最重要的价值意义所在。把鲁迅的工作重复着做是重要的,因为普遍社会远没有达到鲁迅的期望,社会中多有人未在根本上脱离鲁迅所揭示的虚伪、麻木、冷酷等负面精神状况而呈现出正面状况,整个社会仍然需要鲁迅的声音时刻提醒和警告。但另一方面,或更进一步,呼唤正面的精神资源,完全按照正面精神资源的取向一心一意造就好的人生和良性的社会,应该是鲁迅后人主要的文化承担和基本的责任和义务。

文化的现象非常奇妙,很多不同的文化源流和支系所关注的基本文化要素原来非常相似,比如鲁迅与基督教文化,二者所关注的主要文化因素实际上基本相同。但在价值取向方面往往显出各自的特点。在这一点上,我发现,基督教文化对文化构成因素中的众多取向刚好选择、追求和捍卫的是信念(而不是怀疑)、永恒(而不是临时)、无限(而不是眼前)、绝对(而不是相对)、爱(而不是恨)、善(而不是恶)、宽容(而不是复仇)、和解(而不是斗争)、怜悯(而不是冷漠)、谦卑(而不是狂飙)、诚实(而不是诡诈)、拯救(而不是逍遥)、盼望(而不是绝望)——在这些选择点上,我发现,基督教文化恰好是对我以前极端、尖锐、紧张、痛苦的文化经验的一个缓冲,我的心真正安静了下来,我安静地回到了小时候的那个起点。

"我开始感觉像是回到家里"。这种前所未有的心理安慰很相似于泰国的一位农民。泰国一位40多岁名叫唐本(Tang-bun)的稻农说,不知为什么,她从小就不理解,也不喜欢那么多人过度的物质掠夺和浪费,从小就从心里热爱简朴、安静的生活,"我不喜欢暴力,我不喜欢罪恶,我不喜欢杀害动物,我不喜欢压迫,我也不喜欢剥削,我想我应该做什么呢?我觉得如果只有我一个人有这种想法,我就是疯子,——我不敢和任何人说话。我的内心似乎很深邃,但找不到答案。世上没有这样的社会：人人道德高尚，没有压迫，不杀害动物和人，不盖高楼大厦或其他巨型建筑物破坏大自然。"在较长时间里，唐本以为世人都热衷于物质挥霍和现代化，但后来，她发现，泰国其实有一些拒绝现代生活而过与大自然和谐相处的简单生活的社区——善地阿索——这时候，唐本终于发现，"我打算要做的事情我可以随心意而做了，我敢于贫穷了，我开始感觉我像是回到家里。"①

鲁迅是近现代中国思想文化的一座高峰，鲁迅说出了中国文化背景下极有价值的话，是必须说出来必须思考必须付出改进行动的。但我同时感觉到，许多确实有价值的话，许多关乎健全人生的道理仍然需要在鲁迅之后接着继续往下说，不是重复鲁迅的话，而是在鲁迅之后继续往下说。1999 年底，钱理群先生读了我的"基督教文化关联中的鲁迅研究"系列论文之后，回信说："凭借我的知觉，我认为青汉的文章提出了十分重大的问题。是有较大的理论与实践价值的，对我特别有启发的是如何接着鲁迅往下讲的问题。我是曾给自己提出过'接着鲁迅往下讲的'的命题的（见我的《拒绝遗忘》序言）。但我的所谓'接着讲'却仍局限于鲁迅思想范围之内，也就是讲鲁迅思想的'现实意义'，或者说接着鲁迅之后发生的事至今天中国的现状，来谈鲁迅思想的意义。而你们现在提出的是，首先要清楚鲁迅思想发展的终点、极限在哪里，同时又孕育着怎样的问题，然后提出应以鲁迅的终点（鲁迅思想的止步之处）作为今天自己的探索的起点，从而形成自己的突破与超越——这才是真正的'接着往下讲'。我以为你们的这一思路是正确的，比我的想法大大向前跨越了一步。正是在这个意义上，我认为青汉文章里所提出的'鲁迅人性努力的终点应该成为中国人神性关怀的起点'

①　吴蓓：《泰国的善地阿索》，《天涯》2007 年第 6 期。

的观点是极为重要与极有启发性的。"

上世纪 90 年代开始,我发现,对一些看似简单的文化要素,鲁迅和基督教文化的解释和取舍存在着极微妙的差别,而这一点微妙的差别实际上正好是决定文化价值取向和人生社会性质的。比如关于耶稣基督受难的描述和解释,在鲁迅那里:"他不肯喝那用没药调和的酒,要分明地玩味以色列人怎样对付他们的神之子,而且较永久地悲悯他们的前途,然而仇恨他们的现在,""他腹中波动了,悲悯和咒诅的痛楚的波"①;而在《圣经》的四福音书那里:"当下耶稣说,'父啊,赦免他们,因为他们所作的,他们不晓得'。"②面对同一个故事,发现的意义不同,取舍重心不同,给人的启发不同,在社会人生中的践行不同,由此形成的一代一代的新的人生品质就不同。鲁迅感觉到了人性思考中的怀恨、咒诅、绝望和死亡,《圣经》强调的是神性启示中永远的宽恕、无条件的爱和永恒盼望中的复活与拯救。我感觉这样的细微区别和取向有极其深远的人生意义。我愿意把这样的点点滴滴的发现记录下来,我愿意把阅读鲁迅文字和基督教文化信息所获得的细微体验表达出来,一开始是极小的感悟,后来就形成关于一些文化要素的集中的讨论,比如关于爱、关于暴力、关于忏悔、关于忍耐、关于仇恨等。一开始是点点滴滴的,后来就有了层次、条理和系统,成了一个书稿的样子。

上世纪 90 年代开始,有成型的论题先后向鲁迅研究方面的前辈和专家请教,先后承蒙林非、王晓明、钱理群、摩罗、王富仁、李继凯、孙郁、张梦阳等先生赐教,论述不断得到修正和完善。

---

① 《鲁迅全集》第 3 卷,第 138 页。
② 《新旧约全书》,路 23:24。

后

记

339

　　承蒙钱理群先生邀请,于 2001 年 12 月 10 日,我去北京大学中文系做了"基督教文化关联中思想鲁迅"的报告,参加讨论的有来自北京大学中文系、哲学系、物理系、宗教学系、法律系的部分师生以及摩罗等评论家。这种学习和交流对我非常有帮助。

　　2002 年 5—6 月间,承蒙刘小枫、杨熙楠先生邀请,我去香港汉语基督教文化研究所做访问学人,期间,初步接触了基督教文化的基本经典著作,对我以前拥有的知识结构和前一阶段的鲁迅研究资料是一次较为重要的补充,对课题研究的进一步深入有一定拓展意义。访问期间,刘小枫先生给我的一次谈话让我终生受益。当时我的研究题目是"基督教文化关联中思想鲁迅",其中一些章节曾请教过,刘先生直截了当地说,你的研究有一点学术价值,但学术成色不够,既然你研究的题目中有思想两个字,那么,我建议你静下心来读 5 年书,读中国思想史和外国思想史,这 5 年不写一篇文章,不参加任何讨论,老老实实掌握思想一个问题所需要的基本的知识资源和思想资源,以使得你的讨论是有基础的,可靠的,正确的。刘先生说,不要写很多书,要多读,而不是多写,要紧的是拥有看清道理的足够的知识资源。当时我没有读博士,刘先生说,一定要读博士,不是要读文凭,而是要读够该读的书,而且,既然你的研究与基督教文化相关,那么,建议你在读博时学希腊文,因为基督教文化的早期经典著作是希腊文写成的,知识体系的来龙去脉很重要。我插话说,我学语言的天分很差,刘先生说,我也不是语言天才,我也是花了汗水苦学的。我本来准备了一大堆问题要请教,但刘先生这么简单的几句话之后,我觉得再没有任何话要问了,这种严谨的学术品格让我衷心感佩,没齿难忘。

　　2003—2006 年,我非常荣幸地师从雷达先生在兰州大学文学院读博士,雷达先生胸襟开阔、宽厚待人,兰州大学学风正、要求严,这几年读书对我完成这个书稿帮助很大。

刘 青 汉

2008 年春　于兰州交通大学中文系

组稿编辑:张振明
责任编辑:吴继平
装帧设计:肖　辉

图书在版编目(CIP)数据

跨文化鲁迅论略/刘青汉 著.
-北京:人民出版社,2008.8
ISBN 978 - 7 - 01 - 007149 - 7

Ⅰ. 跨… Ⅱ. 刘… Ⅲ. 鲁迅(1881~1936)-人物研究
Ⅳ. K825.6

中国版本图书馆 CIP 数据核字(2008)第 100693 号

跨文化鲁迅论略

KUA WENHUA LUXUN LUN LUE

刘青汉　著

人民出版社 出版发行
(100706　北京朝阳门内大街 166 号)

北京瑞古冠中印刷厂印刷　新华书店经销

2008 年 8 月第 1 版　2008 年 8 月北京第 1 次印刷
开本:880 毫米×1230 毫米 1/32　印张:11.25
字数:260 千字　印数:0,001-3,000 册

ISBN 978 - 7 - 01 - 007149 - 7　定价:25.00 元

邮购地址 100706　北京朝阳门内大街 166 号
人民东方图书销售中心　电话 (010)65250042　65289539